:: 中華文化促進會主持編纂

:: 國家“十一五”~“十四五”重點圖書出版規劃項目

:: 中國社會科學院哲學社會科學創新工程學術出版資助項目

出品人 王石 段先念

今注本二十四史

遼史

元 脱脱等 撰

李錫厚 劉鳳翥 主持校注

八 傳【二】

中國社會科學出版社

遼史　卷七四

列傳第四

耶律敵剌　蕭痕篤　康默記　延壽　韓延徽　德樞
紹勳　紹芳　資讓　韓知古　匡嗣　德源　德凝[1]

[1]"耶律敵剌"至"德凝"：原本、南監本和明抄本均無，據北監本和殿本補。

　　耶律敵剌字合魯隱，遙輦鮮質可汗之子。[1]太祖踐阼，[2]與敵穩海里同心輔政。[3]太祖知其忠實，命掌禮儀，且諉以軍事。後以平内亂功，[4]代轄里爲奚六部吐里。[5]卒。敵剌善騎射，頗好禮文。

　　[1]遙輦：契丹氏族名。開元二十三年（734），可突于殘黨泥禮殺李過折，立阻午可汗，傳九世，至907年阿保機建國。遙輦九可汗繼位後各建宮衛，遼朝立國後，有遙輦九帳大常袞司之設，掌遙輦九世宮分之事務。亦指唐朝中晚期至契丹建國前的可汗姓氏，或稱這一時期爲遙輦氏時期。　鮮質可汗：契丹遙輦氏部落聯盟時期的第五任可汗。可汗，鮮卑語、突厥語和契丹語稱"王"或

"皇帝"爲"可汗"或"可寒"。

　　[2]太祖：遼代皇帝耶律阿保機的廟號。　踐阼：皇帝即位。

　　[3]敞穩：【李注】又作"常袞"，契丹語音譯詞。官名。遙輦九帳有常袞司之設，掌遙輦九宮分事務。此外奚六部也設常袞。據本書卷八五《高勳傳》，統和八年上表曰："臣竊見太宗之時，奚六部二宰相、二常袞，誥命大常袞班在酋長左右，副常袞總知酋長五房族屬，二宰相匡輔酋長，建明善事。今宰相職如故，二常袞別無所掌，乞依舊制。"從之。　海里：人名。即耶律海里。本書卷七三有傳。

　　[4]內亂：指以刺葛爲首的遼太祖諸弟的多次叛亂。

　　[5]轄里：人名。本書卷七三作"霞里"。　奚六部：亦稱"六部奚"。奚族六個部的總稱。奚族最初衹有遙里、伯德、奧里、梅只、楚里五部。天贊二年（923），東扒里廝胡損恃險抗命，被遼太祖消滅，遂以奚府給役戶，併括諸部隱丁，收合流散而置墮瑰部。連同以前的五部共爲六部。遼聖宗時又把奧里、梅只、墮瑰三部合爲一部，另外特設了兩個剋部，仍爲六部之數。【李注】另據《五代會要》卷二八《奚》："奚，本匈奴別種，即東胡之地，人物風俗與突厥同。族有五姓：一曰阿會部，管縣六；二曰啜米部，管縣四；三曰奧質部，管縣六；四曰奴皆部，管縣四；五曰黑訖支部，管縣三；每部有刺史，每縣有令，酋長號奚王。"此奚王是被契丹降伏以後的奚部族酋長。《新五代史》卷七四《四夷附錄第三》所記奚各部名稱與《五代會要》相同：奚"分爲五部：一曰阿薈部，二曰啜米部，三曰粵質部，四曰奴皆部，五曰黑訖支部。後徙居琵琶川，在幽州東北數百里。地多黑羊，馬趫前蹄堅善走，其登山逐獸，下上如飛。"詳本書卷三三《營衛志下》"部族下"。

　　吐里：亦作"禿里"，契丹語音譯詞。官名。經常以音譯和意譯相結合的"禿里太尉"的形式出現，因而"禿里"含有"太尉"之義，但不是漢語中的"太尉"本意。官名"禿里"也被金代採用。據《金史》卷五五《百官志一》，"鎮撫邊民之官曰禿里"。又據《金史》卷五七《百官志三》，“禿里一員，從七品，掌部落詞訟，防察違背之事”。

蕭痕篤字兀里軫，[1]迭剌部人。[2]其先相遙輦氏。

[1]兀里軫：諸本均作“元里軫”。中華修訂本校勘記云，契丹人字“兀里軫”者屢見，如耶律覿烈字兀里軫。今據改。中華點校本和補注本徑改。長箋本引《初校》出校。

[2]迭剌部：契丹部族名。遙輦部落聯盟時期八部之外的強不可制的大部。遼代建國之後把此部析爲五院、六院二部。【李注】據本書卷三二《營衛志中·部族上》，遙輦氏時期，原來耶律（即世里）有七部，後合併爲一，成爲迭剌部。

痕篤少慷慨，以才能自任。早隸太祖帳下，[1]數從征討。既踐阼，除北府宰相。[2]痕篤事親孝，爲政尚寬簡。

[1]早隸太祖帳下：“早”原本誤作“旱”，明抄本、南監本、北監本和殿本作“早”。中華點校本、修訂本和補注本徑改。

[2]北府宰相：契丹部族官名。遼朝官分南、北面。北面官中又有北、南宰相府。北府宰相掌佐理軍國之大政。后族世預其選。本書卷一《太祖本紀上》太祖四年（910）條載，“秋七月戊子朔，以后兄蕭敵魯爲北府宰相。后族爲相自此始”。《蕭義墓誌銘》稱：“其先迪烈寧，太祖姑表弟，應天皇后之長兄也。佐佑風雲，贊翊日月。初置北宰相，首居其位。”

康默記本名照。少爲薊州衙校。[1]太祖侵薊州得之，愛其材，隸麾下。一切蕃、漢相涉事屬默記折衷之，悉合上意。

[1]薊州：州名。州治故址在今天津市薊州區。　衙校：州衙中的軍官。

時諸部新附，文法未備，默記推析律意論決重輕，不差毫釐，罹禁網者人人自以爲不冤。頃之，拜左尚書。[1]神册三年始建都，[2]默記董役，人咸勸趨，百日而訖事。五年爲皇都夷离畢。[3]會太祖出師居庸關，[4]命默記將漢軍進逼長蘆水寨，[5]俘馘甚衆。[6]

[1]左尚書：官名。本書卷一《太祖本紀上》神册三年（918）二月條作“禮部尚書康默記”。

[2]神册：遼太祖耶律阿保機年號（916—922）。

[3]皇都：地名。亦稱“上京”。遼朝的首都。故址在今内蒙古自治區巴林左旗林東鎮。　夷离畢：契丹語音譯詞。官名。爲執政官。掌刑獄。

[4]居庸關：【李注】要塞名。在今北京市昌平區西北。《畿輔通志》卷四〇：“居庸關在昌平州西北二十四里，關門南北相距四十里。兩山夾峙，下有巨澗、懸崖峭壁，稱爲絶險。《淮南子》：天下九塞，居庸其一也……《水經注》：居庸關在上谷沮陽城東南六十里，絶谷累石，崇墉峻壁，山岫層深，側道褊狹，林障邃險，路僅容軌。”杜氏《通典》：“北齊改居庸爲納欵關，《唐十道志》居庸亦名薊門關，《新唐書·地理志》居庸關亦謂之軍都關。”

[5]漢軍：【李注】也稱“漢兵”。遼朝有衆多的漢軍，其中有阿保機收編的“山北八軍”以及趙延壽的軍隊。此外，遼朝還有自己按照中原軍隊編制組建的漢軍，其中最重要的是燕京等地的禁軍。據《長編》卷五五宋真宗咸平六年（1003）七月己酉記李信

云："國中所管幽州漢兵，謂之神武、控鶴、羽林、驍武等，約萬八千餘騎。"其中"羽林""控鶴"是唐、五代禁軍舊有的名號。因此可以斷定李信所說的遼燕京的"漢兵"就是戍衛京城的禁軍。

長蘆：地名。故址在今河北省滄州市西。《明一統志》卷三有"長蘆溝"條："在冀州西二里，《金史·地志》衡水、武邑下皆有長蘆河，即此溝也。"

[6]馘（guó）：割取敵人的耳朵以計軍功。

　　天贊四年親征渤海，[1]默記與韓知古從。[2]後大諲譔叛，[3]命諸將攻之。默記分薄東門，[4]率驍勇先登。既拔，與韓延徽下長嶺府。[5]軍還，已下城邑多叛，默記與阿古只平之。[6]

　　[1]天贊：遼太祖耶律阿保機年號（922—926）。　渤海：唐代中國東北地區的割據政權名。粟末靺鞨族人大祚榮於公元698年所建，共傳15王，歷229年，於公元926年亡於契丹。其事詳見《新唐書》卷二一九《渤海傳》和今人王承禮著《渤海簡史》。

　　[2]韓知古：人名。本書本卷有傳。

　　[3]大諲譔：人名。渤海國末代王。其世不詳。公元906年即位，926年春正月，契丹攻陷渤海都城，大諲譔降而復叛，被俘，送遼上京西，築城居之。契丹更其名爲烏魯古，其妻名阿里只。烏魯古與阿里只爲遼太祖及述律后受諲譔降時所乘二馬之名。

　　[4]東門：指渤海國國都忽汗城的東門。忽汗城故址在今黑龍江省寧安市渤海鎮。

　　[5]韓延徽：人名。其後人韓佚的墓誌銘稱延徽"諱潁"。本書本卷有傳。　長嶺府：渤海國府名。府治故址在今吉林省梅河口市山城鎮。【李注】一說治所故址在今吉林省樺甸市蘇密城遺址。參李殿福等《渤海國》（文物出版社1987年版，第65頁）。

[6]阿古只：人名。本書卷一《太祖本紀上》太祖七年（913）四月條作"遏古只"，神册二年（917）三月條作"阿骨只"。即蕭阿古只，字撒本，遼代初年名將。總領遼太祖的警衛部隊腹心部。平定剌葛等人的叛亂和征渤海均有功。本書卷七三有傳。

　　既破回跋城，[1]歸營太祖山陵畢，[2]卒。佐命功臣其一也。

　　[1]回跋城：渤海國的地名。故址在今吉林省輝南縣輝發城。
　　[2]山陵：【李注】帝、后的墳墓。《水經注》卷一九《渭水三》："秦名天子塚曰山，漢曰陵，故通曰山陵矣。"

　　孫延壽字胤昌，少倜儻，謂其所親："大丈夫爲將，當效節邊垂，[1]馬革裹屍。"景宗特授千牛衛大將軍。[2]宋人攻南京，[3]諸將既成列，延壽獨奮擊陣前，敵遂大潰。以功遙授保大軍節度使。[4]乾亨三年卒。[5]

　　[1]邊垂：垂，據羅繼祖《遼史校勘記》："'垂'當作'陲'。"
　　[2]景宗：遼代皇帝耶律賢的廟號。　千牛衛大將軍：禁衛官名。據《莊子·養生主》，庖丁宰牛十九年，解牛數十頭，所用刀刃仍像在磨刀石新磨過一樣鋒利。後世因稱鋒利的刀爲千牛刀，禁衛叫千牛衛、千牛備身、千牛仗等。北魏、北齊、北周都有千牛備身，執掌御刀。領左、右二府，所以有左、右千牛衛的名稱。唐置左、右千牛衛，各設大將軍一員，正三品；將軍二員，從三品。遼因襲唐制，亦設左、右千牛衛，每衛亦設大將軍、將軍。
　　[3]南京：亦稱"燕京"，遼代的五京之一。爲遼代文化和用兵中原的重要陪都，南京道的治所。故址在今北京市西城區南部。
　　[4]遙授：授給空頭官銜，不去任所任職。　保大軍：唐、五

代方鎮名。北宋初廢。治鄜州（今陝西省富縣）。　節度使：官名。唐初，武將行軍稱總管，本道則稱都督。永徽以後，都督帶使持節者稱節度使。唐代節度使一般封郡王，總掌軍旅，專誅殺。起初，僅在邊地設置，目的在於使軍事行動敏捷靈活。一節度使總管一道或數州。以後遍設於國內。祇管一州的軍事民政，用人理財，皆得自專。五代、遼、宋、金皆設此官。元廢。

[5]乾亨：原本、明抄本、南監本、北監本和殿本均誤作"乾寧"，據馮家昇《遼史初校》改。中華點校本和補注本徑改。長箋本引《初校》出校。乾亨爲遼景宗耶律賢年號（979—983）。

　　韓延徽字藏明，幽州安次人。[1]父夢殷累官薊、儒、順三州刺史。[2]延徽少英，燕帥劉仁恭奇之，[3]召爲幽都府文學、平州錄事參軍，[4]同馮道祇候院，[5]授幽州觀察度支使。[6]

　　[1]幽州：州名。州治故址在今北京市西城區南部。　安次：縣名。縣治故址在今河北省廊坊市境內。韓延徽後人的墓誌中關於其籍貫的記載各不一樣。《韓佚墓誌銘》作"其先昌黎人也。昔自起家。世居於薊"。《韓資道墓誌銘》作"其先南陽人也"。《韓詠墓誌》作"中都宛平人"。昌黎是韓氏名族的郡望。凡姓韓者，往往因攀附而自稱昌黎韓氏。韓延徽的祖籍最先可能是南陽（今屬河南省），後來落籍於幽州的依郭縣薊縣。唐朝建中二年（781），又從薊縣分出幽都縣。遼代開泰元年（1012），又改幽都縣爲宛平縣。因此，薊縣、幽都縣、宛平縣實際是同一地方的不同時期的名字。其縣治故址在今北京市西城區南部。韓延徽籍貫爲安次之説似不足信。

　　[2]夢殷：人名。《韓佚墓誌》稱"曾祖諱夢殷，太子庶子"。　儒：州名。州治故址在今北京市延慶區。　順：州名。州治故址

在今北京市順義區。　刺史：官名。秦朝初設刺史，監督各郡。刺，檢舉不法；史，皇帝所使。漢武帝元封五年（前106）設部（州）刺史，督察郡國，官階低於郡守。成帝綏和元年（前8）改爲州牧。東漢建武十八年（42）復設刺史。魏晉時期，重要的州均由都督兼任刺史，權力更大。隋以後，刺史爲一州的行政長官。唐代刺史的品階爲從三品至正四品下階。遼承唐制，在某些州設刺史，作爲一州之長。這種州稱刺史州。

[3]燕：地名。泛指今北京市、天津市與河北省北部地區。因爲周代曾在此地建立燕國而得名。　劉仁恭（？—914）：【李注】唐末割據軍閥。深州樂壽（今河北省獻縣）人。早年爲晉王李克用壽陽鎮將，乾寧元年（894）又爲盧龍軍節度使。其子守文爲橫海軍節度使，父子率兩鎮兵十萬，號稱三十萬，稱雄一方。仁恭後爲另一子守光所囚禁。乾化元年（911），守光自號大燕皇帝。次年仁恭父子爲晉王所擒殺。《新唐書》卷二一二有傳。據《舊五代史》卷一三七《外國列傳》：“劉仁恭鎮幽州，素知契丹軍情僞，選將練兵，乘秋深入，逾摘星嶺討之，霜降秋暮，即燔塞下野草，以困之，馬多饑死，即以良馬賂仁恭，以市牧地。仁恭季年荒恣，出居大安山，契丹背盟，數來寇鈔。”看來，劉仁恭的攻擊，使契丹受到了嚴重的損失。

[4]幽都：縣名。幽州的依郭縣薊縣。縣治故址在今北京市西城區南部。　文學：官名。漢代州郡皆置文學，略如後世的教官。唐初，州縣置經學博士。德宗時改稱文學。　平州：唐置，治所在今河北省盧龍縣。　録事參軍：官名。晉朝置録事參軍，本爲公府官，非州郡職。掌總録衆官文簿，舉彈善惡。後代刺史領軍而開府者並置此官，省稱録事。隋初以録事參軍爲郡官，相當於漢代州郡的主簿之職。唐代上州的録事參軍爲從七品上階。五代和宋的州均設此官，元廢。

[5]馮道（882—954）：【李注】字可道，瀛州景城（今河北省滄州市）人，歷仕後唐、後晉、後漢、遼和後周，居相位二十餘

年。晚年自稱“長樂老”，頗以能在時勢多變的情況下自保榮華富貴而得意。但亦能提醒統治者不忘民間疾苦。此外，他還是首先宣導雕印“九經”者。《舊五代史》卷一二六和《新五代史》卷五四均有傳。　祗候院：州政府下屬的機關名。祗候，官署中辦雜務的衙役。

[6]觀察度支使：官名。觀察使和度支使的合稱。唐於諸道置觀察使，地位次於節度使。唐中葉以後，多以節度使兼領其職。無節度使之州，亦特設觀察使，管轄一道或數州，並兼領刺史之職。後來改爲採訪處置使，又改爲觀察處置使。凡兵甲賦稅民俗之事無所不領，謂之都府，權任甚重。度支使掌管財賦的統計和支調。

　　後守光爲帥，[1]延徽來聘，[2]太祖怒其不屈，[3]留之。[4]述律后諫曰：[5]“彼秉節弗撓，賢者也，奈何困辱之？”太祖召與語，合上意，立命參軍事。[6]攻党項、室韋，[7]服諸部落，延徽之籌居多。乃請樹城郭、分市里，以居漢人之降者。又爲定配偶、教墾藝，以生養之。以故逃亡者少。

[1]守光（？—914）：【李注】即劉守光。唐末割據軍閥劉仁恭之子，深州樂壽（今河北省獻縣）人。《通鑑》卷二六八後梁太祖乾化元年（911）八月載：“守光即皇帝位，國號大燕，改元應天。以梁使王瞳爲左相，盧龍判官齊涉爲右相，史彥群爲御史大夫。受册之日，契丹陷平州，燕人驚撓。”次年仁恭父子爲晉王李存勗所擒殺。《舊五代史》卷一三五和《新五代史》卷三九有傳。

[2]來聘：《契丹國志》卷一六作“求援”。

[3]不屈：《契丹國志》卷一六作“不拜”。

[4]留之：《契丹國志》卷一六作“留之，使牧馬於野”。

[5]述律后：即遼太祖的皇后述律平。本書卷七一有傳。述律

后對遼太祖説的話在《契丹國志》卷一六作"延徽能守節不屈，此今之賢者。奈何辱以牧圉，宜禮用之"。

[6]命參軍事：《契丹國志》卷一六作"以爲謀主，舉動訪焉"。

[7]党項：又稱党項羌，中國西北古代民族名。是古代羌人的一支。南北朝末期（6世紀後期）開始活動於今青海省東南部黃河上游和四川省松潘縣以西山谷地帶。當時"每姓別爲一部落，大者五千餘騎，小者千餘騎"，"俗尚武力，無法令，各爲生業，有戰陣則相屯聚，無徭役，不相往來。牧養犛牛、羊、豬以供食，不知稼穡"。隋、唐時期歸順朝廷並不時北遷。至宋朝寶元元年（1038），李元昊正式稱帝，建西夏國。詳見《隋書》卷八三《党項傳》和《舊唐書》卷一九八《党項羌傳》。　室韋：亦作"失韋""失圍"，中國東北古代民族名。公元5至10世紀主要活動在今嫩江、綽爾河、額爾古納河、黑龍江流域一帶。

居久之，慨然懷其鄉里，賦詩見意，遂亡歸唐。[1]已而與他將王緘有隙，[2]懼及難，[3]乃省親幽州，匿故人王德明舍。[4]德明問所適，延徽曰："吾將復走契丹。"德明不以爲然。延徽笑曰："彼失我，如失左右手，其見我必喜。"既至，太祖問故。延徽曰："忘親非孝，棄君非忠。臣雖挺身逃，臣心在陛下。臣是以復來。"上大悅，賜名曰"匣列"。匣列，遼言"復來"也。[5]即命爲守政事令、崇文館大學士，[6]中外事悉令參決。

[1]唐：五代時期的朝代名。史稱後唐。李存勗於公元923年所建。936年亡於後晉。

[2]王緘（？—921）：原爲劉仁恭的故吏，博學善屬文。後歸

順後唐，官至檢校司空、魏博節度副使。參加了胡柳之役，後被張文禮所殺。《舊五代史》卷六○有傳。

[3]懼及難：據《契丹國志》卷一六，韓延徽給晉王李存勗的信說：“非不戀英主，非不思故鄉，所以不留，正懼王緘之讒耳。”

[4]王德明（？—922）：原名張文禮，燕（今北京市）人。初爲劉仁恭裨將，性兇險，多奸謀。後來投奔鎮州（今河北省正定縣）節度使王鎔。王鎔收他爲義子，賜他姓王，改名德明。每令將兵。自柏鄉戰勝之後，常從莊宗行營。隨從周德威討滅了劉守光。殺王鎔父子而奪其權。身在晉境，南通朱氏，北結契丹。莊宗遣將討伐，驚恐而死。《舊五代史》卷六二有傳。

[5]遼言：遼朝的語言，即契丹語。

[6]守：官階低而所擔任的官職高稱守。 政事令：【李注】官名。遼朝南面宰相。遼世宗天祿四年（950）建政事省之前，漢人宰相無定稱；建政事省之後，南面宰相稱“政事令”，且多由契丹貴族擔任這一職務。 崇文館大學士：官名。宰相的兼職和榮譽銜。唐貞觀十三年（639），爲太子設崇賢館，招生就讀。上元二年（675），因避太子名諱改稱崇文館，掌經籍圖書及教授學生。有學士、直學士及讎校（後改稱校書郎）等職。皆無常員。乾元初，以宰相爲學士，總領館事，遂成定制。遼承唐制，在南面官中設崇文館大學士以作爲宰相的榮譽銜。

　　天贊四年從征渤海，大諲譔乞降，既而復叛，與諸將破其城，以功拜左僕射。[1]又與康默記攻長嶺府，拔之。師還，太祖崩，哀動左右。

[1]左僕射：官名。據本書卷四七《百官志三》，屬南面朝官，爲尚書省的官員，是尚書令的副貳。【李注】遼承唐制。唐不設尚書令，最初以左、右僕射與中書令、侍中同爲宰相。中宗以後，不

加同中書門下平章事者即不爲宰相。

　　太宗朝,[1] 封魯國公,[2] 仍爲政事令。使晉還,[3] 改南京三司使。[4]

　　[1] 太宗：遼代皇帝耶律德光的廟號。

　　[2] 魯國公：封爵。

　　[3] 晉：五代時期的朝代名。史稱後晉。石敬瑭於公元 936 年所建。946 年被遼太宗耶律德光所滅。據《新五代史》卷八《晉本紀》，韓頑（即韓潁，亦即韓延徽）使晉，册封石敬瑭爲英武明義皇帝是在天福三年（938）十月。

　　[4] 三司使：【李注】官名。三司之長官。唐宋以鹽鐵、度支、户部爲三司，主理財賦。其長官爲三司使。《通鑑》卷二六五唐昭宣帝天祐三年（906）三月戊寅："以朱全忠爲鹽鐵、度支、户部三司都制置使。三司之名始於此。"遼在南京設三司使司，此外上京設鹽鐵使司、東京設户部使司、中京設度支使司、西京設計司。

　　世宗朝遷南府宰相。[1] 建政事省,[2] 設張理具，稱盡力吏。天禄五年六月,[3] 河東使請行册禮,[4] 帝詔延徽定其制，延徽奏一遵太宗册晉帝禮，從之。

　　[1] 世宗：遼代皇帝耶律阮的廟號。　南府宰相：官名。南宰相府長官，屬北面朝官。分左、右。掌佐理軍國之大政。神册六年（921）遼太祖始以其弟蘇爲此官。雖説皇族四帳世預其選，但國舅和漢人任此官者亦不少。

　　[2] 政事省：遼代南面朝官的最高行政機關。其首長爲政事令。

　　[3] 天禄五年六月：據中華點校本校勘記，"五"原作"三"，"按《紀》天禄五年正月，劉崇子立于太原；六月，求册封。據

改”。今從。天禄爲遼世宗耶律阮年號（947—951）。

[4]河東：地名。約當今山西省。此處指劉崇所建立的北漢政權。據本書卷五《世宗本紀》，天禄五年（951）“六月辛卯朔，劉崇爲周所攻，遣使稱侄乞援，且求封册”。

應曆中致仕。[1]子德樞鎮東平，[2]詔許每歲東歸省。九年卒，年七十八。[3]上聞震悼，贈尚書令，[4]葬幽州之魯郭，[5]世爲崇文令公。[6]

[1]應曆：遼穆宗耶律璟年號（951—969）。　致仕：辭官歸里。典出《公羊傳·宣公元年》條：“古之道不即人心，退而致仕。”注：“致仕，還禄位於君。”原本、南監本、北南監、明抄本和殿本“仕”均誤作“事”。據中華點校本改。

[2]德樞：人名。本書本卷有傳。　東平：郡名。治所故址在今遼寧省遼陽市。

[3]年七十八：應曆九年爲公元959年。據此推算，韓延徽應當生於唐僖宗中和二年（882）。

[4]贈：死後追封。　尚書令：官名。尚書省長官。遼代屬南面朝官。

[5]魯郭：里名。即今北京市石景山區魯谷村。韓延徽的後人韓資道、韓佚、韓詠等人的墓地均發現於今魯谷村北八寶山革命公墓院內。此處曾爲韓延徽的家族墓地。

[6]崇文：崇文館大學士的簡稱。　令公：尚書令的別稱。

初，延徽南奔，太祖夢白鶴自帳中出；比還，復入帳中。詰旦，謂侍臣曰：“延徽至矣。”已而果然。太祖初元，庶事草創，凡營都邑、建宮殿、正君臣、定名分，法度井井，延徽力也。爲佐命功臣之一。子德樞。[1]

[1]子德樞：據《韓佚墓誌》和《韓資道墓誌》，韓延徽除了長子德樞之外，還有次子德鄰。德鄰有三個兒子，分別叫佚、倬、偉。倬的兒子叫紹文。紹文的兒子叫造。造的兒子叫資道。資道的兒子叫迎恩奴。

德樞年甫十五，太宗見之，謂延徽曰："是兒卿家之福，朕國之寶，真英物也！"未冠，守左羽林大將軍，[1]遷特進、太尉。[2]

[1]左羽林大將軍：官名。左羽林軍的首長。掌禁軍。
[2]特進：文散官。漢制諸侯功德優盛者得封此官，位在三公下。唐制文散官正二品爲特進。遼因唐制，設此特進文散官以表示品階。　太尉：官名。實際爲"檢校太尉"的簡稱。爲表示榮譽的散官，並無實權。

時漢人降與轉徙者多寓東平。丁歲菑，[1]饑饉疾厲，德樞請往撫字之，[2]授遼興軍節度使。[3]下車整紛剔蠹，恩煦信孚。勸農桑、興教化，期月民獲蘇息。

[1]丁歲菑（zāi）：丁，當也。菑，同"災"。
[2]字：撫養。典出《逸周書·本典》："字民之道，禮樂所生。"
[3]遼興軍：遼代行政區劃名，即平州。治所在今河北省盧龍縣。

入爲南院宣徽使，[1]遙授天平軍節度使，[2]平、灤、營三州管内觀察處置等使，[3]門下平章事。[4]已而加開府儀同三司、行侍中，[5]封趙國公。保寧元年卒。[6]孫紹勳、紹芳。[7]

[1]南院宣徽使：官名。宣徽南院的首長。遼代屬北面朝官。掌南院朝會、宴饗、禮儀、祭祀及御前祗應事。【李注】遼設北、南宣徽，分隸北南樞密院之下。另，宣徽北院使常執行軍事使命。

[2]天平軍：五代時期的行政區劃名，即鄆州。不在遼境。治所在今山東省東平縣。

[3]灤：州名。今屬河北省。　營：州名。治所在今河北省昌黎縣。　觀察處置等使：官名。唐於諸道設觀察使，位次於節度使。唐中葉以後，多以節度使兼領其職。無節度使之州，亦特設觀察使，管轄一道或數州，並兼領刺史之職。後來改爲採訪處置使，又改爲觀察處置使。凡兵甲賦稅民俗之事無所不領，謂之都府。遼承唐制，在某些州内亦設觀察處置等使。

[4]門下平章事：官名。“同中書門下平章事”的簡稱。唐代原爲宰相銜，後來逐漸成爲加在節度使、觀察使等地方官身上的虛銜，稱爲使相。

[5]開府儀同三司：官名。文散官，表示一品官階。　行：官階高而所擔任的官職低稱“行”。　侍中：官名。門下省長官。掌受天下之成事、審查詔令、駁正違失、收發通進奏狀、進請寶印等。遼代屬南面朝官。

[6]保寧：遼景宗耶律賢年號（969—979）。

[7]孫：此處指韓德樞之孫。韓德樞的兒子與韓佚、韓倬、韓偉是叔伯兄弟。雖然史書失載其名，但根據按字輩起名的規律，其名也應爲類似佚、倬、偉等字的立人旁的單字。韓延徽的曾孫除了這裏提到的紹勳、紹芳和《韓資道墓誌》提到的紹文之外，還應有

紹雍、紹榮、紹一、紹昇等人。《丁文道墓誌》有"其配韓氏，故樞密使、守司空兼中書令韓紹雍之孫女也。子男二人：曰元孫，曰洪。洪，韓氏之出也"。《丁洪墓誌》有"父文道，太子左翊衛率府率。母即大族韓氏崇文公五代孫也"。崇文公即韓延徽。從而可以確定丁文道之妻韓氏的祖父韓紹雍是韓延徽的曾孫之一。至於韓紹雍之父、祖則待考。本書卷一六《聖宗本紀七》太平三年（1023）條有"閏九月壬辰朔，以蕭伯達、韓紹雍充賀宋正旦使副"。《契丹國志》卷一九有"韓紹雍，行宮都部署兼侍中"。《秦晉國大長公主墓誌銘》有"特遣樞密使兼侍中南陽韓紹雍夙夜襄事"。韓紹一之名見於本書卷一七《聖宗本紀八》太平九年（1029）六月條。韓紹榮之名見於本書卷二〇《興宗本紀三》重熙十六年（1047）十二月條。韓紹昇之名見於《長編》卷九七天禧五年（1021）十二月條。從字輩和時間上推測，紹一、紹榮和紹昇也均應爲韓延徽的曾孫。

　　紹勳，仕至東京户部使。[1]會大延琳叛，[2]被執，辭不屈，賊以鋸解之，憤罵至死。

　　[1]東京：遼代五京之一。亦爲東京道遼陽府的治所。故址在今遼寧省遼陽市。　户部使：官名。遼代東京户部使司的首長。爲南面京官，掌户口賦税之事。

　　[2]大延琳（？—1030）：人名。渤海國遺民的後裔，官至東京舍利軍詳穩。據本書卷一七《聖宗本紀八》，遼東地區自神册年間歸附遼朝之後，本來没有榷酤鹽麴之税，關市之徵也甚寬弛。馮延休、韓紹勳相繼把燕京地區的一些徵税辦法用在了遼東，民不堪命。又值燕京地區連年鬧饑荒。東京户部副使王嘉向户部使韓紹勳建議造船從海上運東京的糧食去賑濟燕京地區。水路艱險，許多人因翻船而喪命。大延琳則利用民怨思亂的情緒，於太平九年

（1029）八月殺死韓紹勳等人而叛亂。大延琳自立爲帝，國號興遼，年號天慶。至次年八月纔被鎮壓下去。

紹芳，重熙間參知政事，[1]加兼侍中。[2]時廷議征李元昊，[3]力諫不聽，出爲廣德軍節度使。[4]聞敗，嘔血卒。

[1]重熙：遼興宗耶律宗真年號（1032—1055）。　參知政事：爲副宰相的職稱。唐代武德、貞觀年間，以尚書省左右僕射、侍中、中書令爲宰相，以其他官參議國政，稱爲“參知政事”。位次於宰相，不押班，不知印。遼承唐制，在中書省設參知政事，屬南面朝官。據本書卷四七《百官志三》，韓紹芳曾在開泰九年（1020）任樞密都承旨。又據本書卷一六《聖宗本紀七》，韓紹芳曾於太平四年（1024）任樞密直學士。

[2]加兼侍中：據本書卷一八《興宗本紀一》，重熙七年（1038）十二月己巳（初七日），“宰相韓紹芳加侍中”。

[3]李元昊（1003—1048）：西夏開國皇帝。党項羌族人，生於靈州（今寧夏回族自治區靈武市）。公元1038年正式建國稱帝。漢語國號爲大夏，西夏語國號爲“白上”，年號爲天授禮法延祚。晚年被他的兒子寧令哥刺死。謚武烈皇帝，廟號景宗。其事詳載《宋史》卷二四四《夏國傳上》。

[4]廣德軍：遼代軍號，即乾州。治所故址在今遼寧省北鎮市西南七里小常屯古城。據本書卷一九《興宗本紀二》，韓紹芳出任廣德軍節度使是在重熙十二年（1043）十月辛亥（十七日）。又據本書卷八六《杜防傳》，韓紹芳不是因爲力諫征李元昊而被調任廣德軍節度使，而是因爲嫉妒杜防出使西夏，調解宋、夏罷兵議和有功。

孫資讓，[1]壽隆初拜中書侍郎、平章事。[2]會宋徽宗
嗣位，[3]遣使來報，[4]有司按籍，有"登寶位"文，[5]坐
是，出爲崇義軍節度使。[6]改鎮遼興，卒。

[1]孫資讓：韓紹芳之孫韓資讓。據《韓詠墓誌》，韓紹芳有
子名述，任諸行宮都部署。述生子名資愨，任安州團練使。資愨生
三子分別叫詠、該、諒，皆仕金朝。韓詠官至威州同知事，天德二
年（1150）卒於應州私第，享年六十一歲。韓該官至輔國上將軍、
寧邊州同知。韓諒官至閤門舍人。韓詠有子四人"長景彰，供奉；
次景隆，不仕；次景莊，顯武將軍、相州都軍；次景修，承信校
尉、秦州臑家城主簿"。韓詠還有孫四人：汶、淑、汴、洙。韓資
讓的父親是否爲韓述，史書和相關墓誌均失載。韓資讓的父親如果
不是韓述，則應是韓述的親兄弟和韓造的堂兄弟。其名也應是類似
述、造等字的"辶"部首的單字。本書卷二一《道宗本紀一》清
寧元年（1055）九月條載遣翰林學士韓運以先帝遺物遺宋。從時間
和字輩上推測，韓運也應是韓紹芳子侄輩的人。

[2]壽隆：據中華修訂本校勘記，"壽隆"當爲"壽昌"之誤。
按此係陳大任《遼史》避金欽慈皇后"壽昌"諱而改，後爲元修
《遼史》所承襲。遼道宗耶律洪基年號（1095—1101）。據本書卷
二十五《道宗本紀五》，韓資讓在壽昌年間之前就已經做大官。例
如大安八年（1092）十一月戊子（初九日），以權參知政事韓資讓
爲參知政事。　中書侍郎：官名。中書省的官員，屬南面朝官。
平章事：官名。即"中書門下平章事"的簡稱。

[3]宋徽宗：宋代皇帝趙佶的廟號。據《宋史》卷一九《徽宗
本紀》，宋徽宗嗣位在元符三年（1100）正月己卯（十二日）。

[4]遣使來報：據《宋史》卷一九《徽宗本紀》，元符三年三
月"庚午（初三日），遣韓治、曹譜告即位於遼"。

[5]有"登寶位"文：據本書卷二六《道宗本紀六》，壽昌六

年（1100）"六月庚子（初五日），遣使賀宋主。辛丑（初六日），以有司案牘書宋帝'嗣位'爲'登寶位'詔奪宰相鄭顒以下官，出顒知興中府事，韓資讓爲崇義軍節度使，御史中丞韓君義爲廣順軍節度使"。從而得知，不是宋朝遣使來報的文件中有"登寶位"的文字，而是遼朝遣使賀宋帝即位的文件中把"嗣位"寫成了"登寶位"。爲此事而被奪官外放的有上自宰相下至御史中丞的一大批人。

［6］崇義軍：遼代軍號。治宜州（今遼寧省義縣）。

　　韓知古薊州玉田人，[1]善謀有識量。太祖平薊時知古六歲，[2]爲淳欽皇后兄欲穩所得。[3]后來嬪，知古從焉，[4]未得省見。久之，負其有，[5]怏怏不得志，[6]挺身逃庸保以供資用。

　　［1］韓知古：據劉鳳翥編著《契丹文字研究類編》所收《韓匡嗣墓誌銘》拓本："曾祖（知古祖父）諱懿，不仕。王父（知古之父）諱融，任薊州司馬。或林泉長往，或簪裻暫維。不辱其身，共得伯夷之道；必有餘慶，竟符尼父之言。烈考諱知古，彰武軍節度使、太師、中書令。會九五龍飛之主，當經綸草昧之時。征伐四方，鄧禹贊開基之略；參謀萬務；葛亮成佐命之功，直氣陵雲。精誠介石，居然廊廟之器，真爲社棱之臣。事載朝經，美談人口。"又據《契丹文字研究類編》所收《耶律宗福（韓滌魯）墓誌銘》，韓知古契丹語名字曰"延你"，其夫人契丹語名字曰"麼散"。所收契丹小字《耶律（韓）高十墓誌銘》，韓知古夫人的契丹字名字作**叉及岁为**。　玉田：縣名。今屬河北省。關於韓知古的籍貫，其後人墓誌的記載與《遼史》有歧異。《韓德威墓誌銘》稱"世爲昌黎人"。據《契丹文字研究類編》所收《耶律隆祐（韓德凝）墓誌銘》稱"本昌黎人也"；所收《耶律遂正墓誌銘》稱"世出昌黎郡

人也”。《韓相墓誌銘》則稱“大燕國人也”。昌黎是韓氏名族郡望，如唐代的韓愈，凡姓韓者，往往因攀附郡望而自稱昌黎韓氏。大燕國即劉守光割據幽州時僭越國號。韓知古籍貫應以本傳所書玉田爲準。

[2]太祖平薊時知古六歲：據中華點校本校勘記，按下文其子匡嗣已得“親近太祖，因間言”，則與六歲被掠不合，疑有漏字。

[3]淳欽皇后：遼太祖的皇后述律平的謚號。本書卷七一有傳。
欲穩：人名。應姓述律或蕭。本書僅此一見。

[4]焉：原本作“馬”，據明抄本、南監本、北監本和殿本改。中華點校本、修訂本和補注本徑改。長箋本引《羅校》出校。

[5]負其有：從文意推斷，“有”字下似有脫字。

[6]不得志：原本作“不得忠”，據明抄本、南監本、北監本和殿本改。中華點校本、修訂本和補注本雖然也作“不得志”，但未出注。長箋本引《羅校》出校。

其子匡嗣得親近太祖，[1]因間言。太祖召見與語，賢之，命參謀議。神册初遙授彰武軍節度使。[2]久之，信任益篤，總知漢兒司事兼主諸國禮儀。[3]時儀法疏闊，知古援據故典、參酌國俗、與漢儀雜就之，使國人易知而行。

[1]匡嗣（917—982）：人名。本書本卷有傳。據《耶律遂忠墓誌》，韓匡嗣字昌世。又據《耶律宗福墓誌銘》，韓匡嗣契丹語名字曰“天你”，據劉鳳翥編著《契丹文字研究類編》所收契丹小字《耶律（韓）迪烈墓誌銘》和《耶律（韓）高十墓誌銘》，韓匡嗣的契丹小字全名作🈂🈂（天你·堯治）。又據《韓匡嗣墓誌銘》和本書卷一〇《聖宗本紀一》，韓匡嗣卒於乾亨四年（982），享年六十六歲。以此推算，韓匡嗣當生於神册二年（917）。遼太祖死時

（926），韓匡嗣纔九歲。又據本書卷一《太祖本紀上》，太祖三年
（909）"夏四月乙卯，詔左僕射韓知古建碑龍化州大廣寺，以記功
德"。太祖七年（913）十月，"詔群臣分決滯訟，以韓知古録其
事"。韓匡嗣誕生前八年，韓知古就任左僕射的大官。因此，所謂
韓匡嗣因親近太祖而向太祖推薦其父韓知古，韓知古纔得以做官的
説法不足信。

　　[2]彰武軍：霸州軍號。後升興中府，治所在今遼寧省朝陽市。

　　[3]總知漢兒司事：官名。漢兒司的首長。掌漢人兵馬之政。
遼太宗時，漢兒司改稱漢人樞密司，其首長稱漢人樞密使。

　　頃之，拜左僕射。與康默記將漢軍征渤海，有功遷
中書令。[1]天顯中卒，爲佐命功臣之一。[2]子匡嗣。[3]

　　[1]中書令：官名。遼代南面朝官中書省的首長。關於韓知古
的官銜，《韓匡嗣墓誌銘》作"彰武軍節度使、太師、中書令"。
《韓瑜墓誌銘》作"臨潢府留守、守尚書左僕射兼政事令"。《韓橁
墓誌銘》作"彰武軍節度使、東南路處置使、開府儀同三司、守尚
書左僕射兼中書令"。契丹小字《耶律（韓）高十墓誌銘》作"上
京留守兼政事令"。

　　[2]佐命功臣：《韓橁墓誌》作"推忠契運宣力功臣"。

　　[3]子匡嗣：據《韓匡嗣墓誌銘》，韓知古共有十一個兒子。
長子匡圖，彰國軍衙内都將；次子匡業，天成軍節度使、司徒；三
子匡嗣；四子匡祐，臨海軍節度使、太傅；五子匡美，燕京統軍
使、天雄軍節度使、太師、政事令、鄴王；六子匡胤，鎮安軍節度
使、司徒；八子匡文，殿中侍御史；九子匡道，東頭供奉官；十子
圖育氏，彰武軍中軍使；十一子唐兀都，熊軍將軍。

　　匡嗣以善醫直長樂宮，[1]皇后視之猶子。應曆十年，

爲太祖廟詳穩。[2] 後宋王喜隱謀叛，[3] 辭引匡嗣，上置不問。

[1]善醫：韓匡嗣除了"善醫"的特長外，他的墓誌還説他"善騎射而敦詩書，尊德義而重然諾"。　長樂宫：遼代宫衛中並没有長樂宫。根據其所處的時代，應爲"長寧宫"之誤。長寧宫是應天皇太后的宫衛。

[2]應曆十年，爲太祖廟詳穩：《韓匡嗣墓誌銘》稱"嗣聖皇帝（指遼太宗）以勳舊之胤，有幹濟之材，乃議襃昇，罔循資級，特授右驍衛將軍。在公既彰於勤瘁；進秩宜處於深嚴。改授二儀殿將軍。此官之設，自公始也"。據本書卷三七《地理志一》，二儀殿在祖州。裏面供奉着用白金鑄造的遼太祖的神像。因此，二儀殿將軍即太祖廟詳穩。授此官於韓匡嗣者是遼太宗而不是遼穆宗。所以此處的"應曆十年"應移至"爲太祖廟詳穩"的後面。下文的"喜隱謀叛"恰在應曆十年（960）。　詳穩：【李注】契丹官名。遼在元帥府下設大詳穩司。本書卷一一六《國語解》："詳穩，諸官府監治長官。""詳穩"即漢語"將軍"的轉譯。【劉注】"詳穩"即漢語"將軍"的轉譯的説法似有值得商榷之處。在契丹小字中，"詳穩"作 ⿰各火，"將軍"作 ⿱今並 几亦，或 ⿱今弁 几亦、⿱今弁 几亦。在契丹大字中，"詳穩"作 ⿱文𡥀，"將軍"作 将景。"詳穩"不是漢語"將軍"的轉譯，而是音譯的契丹語，契丹語中"將軍"是漢語借詞。

[3]宋王：封爵名。　喜隱：即耶律喜隱（？—981），字完德。耶律李胡之子，遼太祖之孫。初封趙王。穆宗時曾兩次謀反，下獄。景宗保寧初，宥之，妻以皇后之姊，封宋王，授西南面招討使。稍見進用，復誘群小謀叛，囚於祖州。乾亨三年（981）宋降卒二百餘人欲劫立喜隱，以城堅不得入，立其子留禮壽，上京留守除室擒之。留禮壽伏誅，賜喜隱死。本書卷七二有傳。

初，景宗在藩邸，善匡嗣。^[1]即位，拜上京留守。^[2]頃之，王燕，改南京留守。^[3]保寧末，以留守攝樞密使。^[4]

[1]善匡嗣："匡"，原本誤作"国"，據明抄本、南監本、北監本和殿本改。中華點校本、修訂本和補注本雖然也作"匡"，但未出注。長箋本引《羅校》出校。據本書卷八《景宗本紀上》，"（景宗）既長，穆宗酗酒怠政，帝（指景宗）一日與韓匡嗣語及時事，耶律賢適止之"。景宗未稱帝時能與韓匡嗣説知心話，足見他們相善的程度。

[2]拜上京留守：《韓匡嗣墓誌銘》稱"孝成皇帝（即景宗）纘紹宗桃，振拔淹滯。一見奇表，便錫徽章。授始平軍節度使、特進、太尉，封昌黎縣開國公。尋加推誠奉上宣力功臣。靈鶴飛來，暫留華表；仙查上去，須泛明河。俄授上京留守、同政事門下平章事、臨潢尹"。

[3]改南京留守：《韓匡嗣墓誌銘》稱"雄燕之地，皇朝所都。宗九服而表則諸侯；屯萬旅而控則南夏。非威武不可以統率；非仁惠不可以保釐。授南面行營都統、燕京留守、盧龍軍節度使、幽都尹。封燕王，加匡運協贊功臣"。

[4]攝：代理。　樞密使：官名。此處指漢人樞密院的首長。爲南面朝官，掌漢人兵馬之政。

時耶律虎古使宋還，^[1]言宋人必取河東，^[2]合先事以爲備。匡嗣詆之曰："寧有是！"已而宋人果取太原，^[3]乘勝逼燕。匡嗣與南府宰相沙、惕隱休哥侵宋，^[4]軍于滿城，^[5]方陣，宋人請降。匡嗣欲納之，休哥曰："彼軍氣甚鋭，疑誘我也。可整頓士卒以禦。"匡嗣不聽。俄

而宋軍鼓譟薄我，衆躘踐，塵起漲天。匡嗣倉卒諭諸
將，無當其鋒。衆既奔，遇伏兵扼要路，匡嗣棄旗鼓
遁，其衆走易州山，[6]獨休哥收所棄兵械，全軍還。

[1]耶律虎古：人名。本書卷八二有傳。

[2]言宋人必取河東：河東指北漢。據本書卷八二《耶律虎古
傳》：“（保寧）十年，（虎古）使宋還，以宋取河東之意聞於上。
燕王韓匡嗣曰：‘何以知之？’虎古曰：‘諸僭號之國，宋皆並取，
惟河東未下。今宋講武習戰，意必取漢。’匡嗣力阻，乃止。”

[3]太原：地名。當時爲北漢首都。今屬山西省。

[4]沙：人名。即耶律沙，本書卷八四有傳。　惕隱：官名。
大惕隱司的首長。掌皇族之政教。　休哥：【李注】人名。即耶律
休哥（？—998），字遜寧。應曆末爲惕隱。乾亨元年（979）與耶
律斜軫分左右翼，擊敗宋軍於高梁河。是年冬，休哥率本部兵從韓
匡嗣等戰於滿城。匡嗣敗績。休哥整兵進擊，敵乃却。詔總南面戍
兵，爲北院大王。聖宗即位太后稱制，令休哥總南面軍務，多有戰
功。統和四年（986）封宋國王。本書卷八三有傳。

[5]滿城：縣名。今屬河北省。

[6]易州：州名。治所故址在今河北省易縣。

帝怒匡嗣，數之曰：“爾違衆謀，[1]深入敵境，爾罪
一也；號令不肅，行伍不整，爾罪二也；棄我師旅，挺
身鼠竄，爾罪三也；偵候失機，守禦弗備，爾罪四也；
捐棄旗鼓，損威辱國，爾罪五也。”促令誅之。皇后引
諸內戚徐爲開解，[2]上重違其請。良久，威稍霽，乃杖
而免之。

[1]爾違：原本、南監本、北監本、明抄本和殿本均作“違爾”，據馮家昇《遼史初校》改。中華點校本、修訂本、補注本徑改。長箋本引《初校》出校。

[2]皇后：指遼景宗的皇后蕭倬（小名燕燕）。她與韓匡嗣的四兒子韓德讓有着特殊的關係。《契丹國志》卷一八稱“隆運（即韓德讓）自在景宗朝翼決庶政，帝后少年，有辟陽之幸”。基於這種關係，皇后當然要爲韓匡嗣講情。

　　既而遙授晉昌軍節度使。[1]乾亨三年改西南面招討使，[2]卒。[3]睿智皇后聞之，[4]遣使臨弔，賻贈甚厚，[5]後追贈尚書令。五子：[6]德源，德讓——後賜名隆運，德威，德崇，德凝。德源、德凝附傳，餘各有傳。[7]

[1]晉昌軍：五代時期的行政區劃名。後晉始在京兆府（今陝西省西安市）設晉昌軍。此地不在遼境。遼景宗時，中原已是宋朝，已經裁撤了晉昌軍的建制。從時間和地點兩方面說，韓匡嗣的這一徒有其名的職務祇能是“遙授”。據本書卷九《景宗本紀下》，乾亨元年（979）“十二月乙卯（初十日），燕王韓匡嗣遙授晉昌軍節度使，降封秦王”。《韓匡嗣墓誌銘》稱“東井分野，西漢河山。將啓真封，允歸元輔。授晉昌軍節度使，加尚父、京兆尹，進封秦王”。把“降封”寫成“進封”是墓誌作者馬得臣爲墓主人避諱的筆法。

[2]乾亨三年：據中華點校本校勘記，“三”，原作“二”，按本書卷九《景宗本紀下》，乾亨三年三月乙卯“以秦王韓匡嗣爲西南面招討使”。今據改。　西南面招討使：官名。西南面招討司的首長。負責對西夏的用兵。屬北面邊防官。

[3]卒：本書卷一〇《聖宗本紀一》稱，乾亨四年（982）十二月“辛未（十四日），西南面招討使秦王韓匡嗣薨”。《韓匡嗣墓

誌》稱"乾亨五年，孝成皇帝登遐。公思鳳翼之早依，龍髯之遽謝。因懷永歎，旋遘沈痾。以當年十二月八日薨於神山之行帳，享年六十六"。《韓匡嗣妻蕭氏墓誌》稱"乾亨五年壬午冬，秦王先夫人而薨"。《遼史》記載的年月是對的，但日期不對，書中把接到韓匡嗣死亡奏報的日期記成了死亡的日期。而《韓匡嗣墓誌銘》說韓匡嗣與孝成皇帝（即遼景宗）同年而死是對的，但據本書卷九和卷一〇《景宗本紀》，孝成皇帝不是死於乾亨五年，而是死於乾亨四年九月壬子（二十四日）。因此，《韓匡嗣墓誌銘》說韓匡嗣死於十二月八日的記載也是對的。《韓匡嗣妻蕭氏墓誌銘》說韓匡嗣死於壬午冬也是對的，但壬午不是乾亨五年，而是乾亨四年。綜合上述正確記載，韓匡嗣應卒於乾亨四年十二月八日。享年六十六歲。以此推算，他應生於神冊二年（917）。

[4]睿智皇后：遼景宗皇后蕭綽的謚號。

[5]賻贈甚厚：《韓匡嗣墓誌銘》稱"聖上方賴殿邦，忽聞捐館。傷悼之意，有異於常倫；祭贈之恩，有加於常典"。

[6]五子：《韓匡嗣墓誌銘》稱"有子九人：長曰德源，始平軍節度使、太尉；次曰德慶，左監門衛將軍、司徒，早亡；次曰德彰，氈毯使、左散騎常侍，早亡；次曰德讓，樞密使、太師兼侍中；次曰德威，西南面招討使兼五押、彰武軍節度使、太師；次曰德沖，戶部使、威勝軍節度使、太尉；次曰德顒，右神武大將軍、太尉；次曰德晟，未仕而卒；次曰德昌，任盧龍軍節院使，後公一年而終。浮葉十枝，擢秀而高低捧日；洪河九派，激濁而遠近朝宗。閱世者不泯令名，肯構者多膺大用。有女七人：一適昭義軍節度使、太傅耿紹紀；一適遼興軍節度使、太尉、同政事門下平章事蕭猥恩；一適大國舅蕭罕。餘皆早亡"。本書中的"德崇"即墓誌中的"德沖"，屬同音異寫。本書中的"德凝"即墓誌中的"德顒"，屬音近異寫。

[7]餘各有傳：本書中並無韓德崇傳，其事蹟僅在其子韓制心傳中追述了幾句。此處當是沿襲耶律儼或陳大任的舊史之文。元代

修《遼史》時已把舊史中的韓德崇傳刪去了。

德源性愚而貪，早侍景宗邸。及即位，列近侍。統和間官崇義、興國二軍節度使，[1]加檢校太師。[2]以賄名，德讓貽書諫之，[3]終不悛。以故論者少之。後加同政事門下平章事，遙攝保寧軍節度使。[4]開泰初卒。[5]

[1]統和：遼聖宗耶律隆緒年號（983—1012）。原本、明抄本、南監本、北監本和殿本此處均作"統和"，是。中華點校本根據下文"乾亨初卒"與此矛盾而改爲"保寧"，誤。《韓匡嗣墓誌銘》撰於統和三年（985），《韓匡嗣妻蕭氏墓誌銘》撰於統和十一年。兩墓誌提到他們的九個兒子時，凡是已經去世者均注明。兩墓誌均未説德源已死。足見直至統和十一年韓德源還活著。所以此處維持原本原貌不變。　興國：遼代軍號名，治龍化州（今內蒙古自治區奈曼旗平安地鄉西孟家段村村北古城址）。

[2]檢校：官職用語。初謂代理，隋及唐初皆有。中唐以後，使職、外官多帶中央臺省官銜，其加三公、尚書僕射、尚書、丞郎等高級官銜者，稱檢校官，爲寄銜之意，僅表示官品高下，不掌其職事。五代、遼、宋因之。　太師：官名。爲加官、贈官的最高階，正一品。名崇位尊，無實際執掌。

[3]貽：原本誤作"貼"，據明抄本、南監本、北監本和殿本改。中華點校本、修訂本和補注本雖然也作"貽"，但未出注。長箋本引《羅校》出校。

[4]保寧軍：遼代軍號名。治定州（今遼寧省丹東市）。

[5]開泰：遼聖宗耶律隆緒年號（1012—1021）。開泰，原本、明抄本、南監本、北監本、殿本以及中華點校本、補注本、長箋本此處均作"乾亨"。"乾亨"爲"統和"之前的年號。前已考定，韓德源在統和十一年還活着，不可能死於乾亨初。此處的"乾亨"

應是"開泰"之誤。據改。

德凝謙遜廉謹。[1]保寧中遷護軍司徒。[2]統和中累遷護衛太保、都宮使、崇義軍節度使。[3]移鎮廣德，秩滿，部民請留，從之。改西南面招討使，党項隆益答叛，[4]平之。遷大同軍節度使，[5]卒于官。[6]

[1]德凝（953—1010）：據其父韓匡嗣的墓誌應作"德顒"。據其本人的《耶律隆祐墓誌銘》，他晚年隨其四兄韓德讓一起被"賜之已國姓，仍連御署，得系皇親，今氏歸耶律"。"連御署"就是按遼聖宗名諱的字輩起名。因此，韓德凝起了"隆祐"的名字，字道寧。遼聖宗叫耶律隆緒，韓德讓叫耶律隆運，韓德凝叫耶律隆祐。從字面上看，三人像兄弟一般。而且遼聖宗有一個親弟弟也叫耶律隆祐（其實是本書誤作"隆祐"，根據《契丹國志》和《秦晉國大長公主墓誌銘》應作"隆裕"）。

[2]護軍司徒：官名。護軍司的首長。屬北面朝官。據其本人的《耶律隆祐墓誌銘》，"乾亨四年，自燕京山河都指揮使特授崇禄大夫、檢校太尉、行右神武大將軍"。

[3]統和：各本均作"開泰"，據其本人的《耶律隆祐墓誌銘》："以庚戌歲季冬壬戌日薨於雲州之官舍。"即於統和二十八年（1010）十二月十八日卒於雲州即大同軍的官署。"開泰"是"統和"之後的年號。"統和"年間就死了，不可能在"開泰"年間還做官。今據改。又據本書卷一〇《聖宗本紀一》，統和三年五月，以彰武軍節度使韓德凝爲崇義軍節度使。進一步證明此處的"開泰"應作"統和"。　護衛太保：官名。北護衛府和南護衛府均有此官。掌護衛之事。屬北面御帳官。　都宮使：官名。宮衛的首長。屬北面著帳官。

[4]隆益答：人名。本書僅此一見。

[5]大同軍：遼代軍號名。治西京大同府（今山西省大同市）。據其本人的《耶律隆祐墓誌銘》：“（統和）二十八年，授大同軍節度使。晨辭宮闕，夕判山河。涉二千里之康莊，逾川跨谷；帶八百口之生聚，犯露蒙霜。”

[6]卒于官：據其本人的《耶律隆祐墓誌銘》：“以庚戌歲季冬壬戌日薨於雲州之官舍，享年六十有四。”即於統和二十八年（1010）十二月十八日卒於雲州即大同軍的官署。

侄郭三，[1]終天德軍節度使。[2]孫高家奴，[3]終南院宣徽使；高十，[4]終遼興軍節度使。

[1]侄：原本、明抄本、南監本、北監本和殿本均作“子”。據《韓德昌墓誌銘》《耶律隆祐墓誌銘》《耶律遂忠（韓郭三）墓誌銘》和契丹小字《耶律（韓）高十墓誌銘》改。《韓德昌墓誌銘》稱“有子二人：郭三、解里·阿鉢”。《耶律遂忠（韓郭三）墓誌銘》稱“烈考諱德昌，字克柔，盧龍軍節度使檢校太保”。契丹小字《耶律（韓）高十墓誌銘》第九行有一段話譯爲漢字爲“富哥（韓德昌契丹語名字的音譯）妻歐妮·偶寧娘子，兒子一個：留寧·郭三宰相”。《耶律隆祐墓誌銘》稱韓德凝“有子二人，女一人。渤海娘子大氏之所出也。先公而亡。長曰遂贇，右千牛衛將軍。勾陳就列，寧欠父風。次曰遂成，衛內都指揮使。啓戟從戎，豈無公器。女適奚王府相之息也”。韓德凝的兒子中僅有遂贇和遂成，並沒有郭三。這從正反兩方面都説明韓郭三爲韓德昌之子，並不是韓德凝之子，而是韓德凝之侄。之所以把韓德昌之子説成韓德凝之子，是因爲元代修《遼史》時所依據的底本——遼朝耶律儼編的《皇朝實錄》和金朝陳大任修的《遼史》中，給包括韓德昌在內的韓匡嗣的八個做過官的兒子都立了傳，韓郭三附在韓德昌傳後。元代修《遼史》時覺得韓德昌官太小，僅是盧龍軍節度

使，二十九歲就死了，没有突出的政績。於是删除韓德昌傳。又覺得韓德昌之子韓郭三是宰相，不能删。又保留了"子郭三"等内容。因爲韓德昌傳緊挨着前面韓德凝傳，删去韓德昌傳時，没有進行編輯加工，所以"子郭三"就成了韓德凝之子了。　郭三：契丹語人名音譯。根據對契丹小字《耶律（韓）高十墓誌銘》的解讀，韓郭三的契丹語全名應音譯爲"留寧·郭三"，簡稱"郭三"。契丹小字《耶律（韓）高十墓誌銘》稱，郭三官至宰相。有妻二人。大者爲解里夫人，爲國舅小翁帳迪里駙馬郡王之女，生男孩四個。長曰馮家奴相公，次曰□□將軍，三曰撻不里將軍，四曰□□郎君。第二妻有別胥的封號，爲國舅□□相公之女，生男孩四個，女孩兩個。另據契丹小字《蕭特每·闊哥駙馬第二夫人韓氏墓誌銘》，韓郭三拜惕隱、南府宰相。他的第二夫人所生四男爲"大者何魯寧·高家奴相公，第二個五□郎君，第三個揚九郎君，第四個王寧·高十宰相。女孩子兩個，大者滿夫人"。第二個女孩即蕭特每·闊哥駙馬第二夫人韓氏。

[2]天德軍：遼代軍號名。治豐州（今内蒙古自治區呼和浩特市東郊太平莊鄉白塔村）。

[3]孫：指韓德昌之孫。　高家奴：人名。據契丹小字《蕭特每·闊哥駙馬第二夫人韓氏墓誌銘》，韓郭三的第二個妻子所生的第一個兒子是"何魯寧·高家奴相公"，就是此人。本書僅此一見。

[4]高十：契丹語人名音譯。根據對契丹小字《耶律（韓）高十墓誌銘》的尚不完全的解讀，韓高十的契丹語名字全名是王寧·高十。他是韓知古的玄孫，韓匡嗣的曾孫，韓德昌之孫，韓郭三的第八子，生於開泰四年（1015）六月二日。至重熙八年（1039）二十四歲時出任牌印司郎君。十一年，封小將軍之號。十三年，拜積慶宮副宮使，封大將軍之號。十七年，拜興聖宮都宮使。十九年正月，拜四□之詳穩。該年冬，統領南京之步軍。二十二年，封節度使之號，復拜興聖宮都宮使。清寧元年（1055），罷都宮使，復封節度使之號。四年，復統領南京之步軍。六年，任淥州之節度

使。七年，任詳穩。八年冬，封金吾衛上將軍，拜西南面招討。九年冬，封工部尚書。十年夏，封戶部尚書之號。咸雍元年（1065）春，拜瀋州之節度使，封吏部尚書之號。二年夏，封龍虎軍上將軍，拜東京之通判，復任西南面招討。四年夏，封使相之號。五年冬，任某處同知。七年，復拜東京通判。大康元年（1075）夏，拜南府宰相，賜功臣二字。二年冬，封侍中之號，任奉聖州之知事。由於發現的契丹小字《耶律（韓）高十墓誌銘》僅有一半，韓高十的結局尚不得而知。有待另一半墓誌的發現。

（劉鳳翥校注　李錫厚補）

遼史　卷七五

列傳第五

耶律覿烈　羽之　耶律鐸臻　古　突呂不　王郁
耶律圖魯窘[1]

[1]“耶律覿烈”至“耶律圖魯窘”：原本、南監本、明抄本無。據北監本、殿本補。

耶律覿烈字兀里軫，[1]六院部蒲古只夷离堇之後。[2]父偶思，[3]亦爲夷离堇。

[1]兀里軫：本書卷一《太祖本紀上》神册三年（918）十二月條有“于越曷魯弟汙里軫”。《耶律羽之墓誌》稱“次兄汙里”。“汙里軫”“汙里”和“兀里軫”爲同名異譯。根據《耶律羽之墓誌》，耶律羽之的曾祖諱勤德·迭列，祖父諱曷魯·匣麥，烈考諱漚思·涅列。名字均由兩個單詞組成。我們用間隔號“·”把兩個單詞隔開。在本書中往往把一個契丹語名字的兩個單詞處理爲一個是名，一個是字。耶律覿烈的名字在契丹語中很可能作“覿烈·兀里軫”。曷魯·匣麥，《耶律元寧墓誌銘》作“曷魯·轄麥哥”。

[2]六院部蒲古只夷离堇之後：據中華修訂本校勘記，由契丹小字《耶律迪烈墓誌》《故耶律氏銘石》及漢文《耶律羽之墓誌》可知，耶律覿烈爲蒲古只弟匣馬葛之後。六院部，遼代契丹的部族名。天贊元年（922），由迭剌部分化出來。因有六個“爪”而得名。“爪”是契丹語“百”的音譯。【李注】遼太祖析迭剌部爲五院部和六院部。太宗會同元年（938）改夷离堇爲大王。北院大王和南院大王即是五院部和六院部的首領。蒲古只，人名。夷离堇，契丹語音譯詞。官名。漢語意思爲“部長”。源於突厥語官名“俟斤”（Irkin）。突厥各部的最高元首稱“可汗”（Qaghan），其他各部酋長則稱爲俟斤。初，契丹“其君大賀氏，有勝兵四萬，臣於突厥，以爲俟斤”（《新唐書》卷二一九《契丹傳》）。後，契丹首領自立爲可汗，其下所屬各部酋長則稱爲“俟斤”，亦即夷离堇。契丹立國後，大部族之夷离堇稱王，小部族之夷离堇則稱爲節度使。舉凡一部之軍政、民政皆由其統掌。參韓儒林《穹廬集》（上海人民出版社1982年版，第314—316頁）。

[3]偶思：人名。《耶律羽之墓誌》作“漚思·涅列”。

初，太祖爲于越時，[1]覿烈以謹愿、寬恕見器使。既即位，兄曷魯典宿衛，[2]以故覿烈入侍帷幄，與聞政事。神册三年曷魯薨，[3]命覿烈爲迭剌部夷离堇，[4]屬以南方事。會討党項，[5]皇太子爲先鋒，[6]覿烈副之。軍至天德、雲內，[7]分道並進。覿烈率偏師渡河力戰，[8]斬獲甚衆。

[1]太祖：遼代皇帝耶律阿保機的廟號。原本誤作“本祖”，據明抄本、南監本、北監本和殿本改。中華點校本、修訂本、補注本和長箋本徑改。　于越：契丹語音譯詞。官名。本書卷一一六《國語解》稱“于越，貴官，無所職。其位居北、南大王上，非有

大功德者不授"。

[2]曷魯（872—918）：人名。即耶律曷魯。本書卷七三有傳。
典宿衛：即統率稱爲腹心部的警衛部隊。據本書卷七三《耶律曷魯傳》，"太祖行營始置腹心部，選諸部豪健二千餘充之，以曷魯及蕭敵魯總焉"。

[3]神册：遼太祖耶律阿保機年號（916—922）。

[4]迭剌部：契丹部族名。遙輦部落聯盟時期八部之外的強不可制的大部。遼代建國之後把此部析爲五院、六院二部。

[5]党項：又稱党項羌，中國西北古代民族名。古代羌人的一支。南北朝末期（6世紀後期）開始活動於今青海省東南部黃河上游和四川省松潘縣以西山谷地帶。當時"每姓別爲一部落，大者五千餘騎，小者千餘騎"，"俗尚武力，無法令，各爲生業，有戰陣則相屯聚，無徭役，不相往來。牧養犛牛、羊、豬以供食，不知稼穡"。隋、唐時期歸順朝廷並不時北遷。至宋朝寶元元年（1038），李元昊正式稱帝，建西夏國。詳見《隋書》卷八三《党項傳》和《舊唐書》卷一九八《党項羌傳》。

[6]皇太子：指遼太祖的皇太子耶律倍。本書卷七一有傳。

[7]天德：遼軍號。治豐州。唐天寶中於大同川西築城，名曰天安軍。乾元後改爲天德軍。【李注】遼太祖阿保機於神册五年（920）平党項，仍以此地爲天德軍。其地在今内蒙古自治區呼和浩特市東白塔一帶。　雲内：州名。本中受降城地。遼初置代北雲朔招討司，改雲内州。明初廢。故城在今内蒙古自治區土默特右旗西北。【李注】據陳得芝考證，應在天德軍以東，大黑河下游，即《古豐識略》所記歸化城西南八十里西白塔古城。

[8]河：此指黃河。

天贊初析迭剌部爲北、南院，[1]羅夷离堇。[2]時大元帥率師由古北口略燕地，[3]覘烈徇山西，[4]所至城堡皆下，太祖嘉其功，錫賚甚厚。從伐渤海，^[5]拔扶餘城，^[6]留覿烈與寅底石守之。^[7]

[1]天贊：遼太祖耶律阿保機年號（922—926）。　北、南院：此處指五院部和六院部。

[2]羅夷离堇：據中華點校本校勘記，按"羅"字誤，似應作"置"或"罷"。

[3]大元帥："天下兵馬大元帥"的簡稱。此處指遼太宗耶律德光，因爲他當時正擔任天下兵馬大元帥。　古北口：【李注】地名。在今北京市密雲區東北，爲長城上的要塞之一。《畿輔通志》卷四〇："古北口關在密雲縣東北百二十里，兩崖壁立，中有路僅通一車，下有深澗，巨石磊砢，凡四十五里，爲險絶之道。亦曰虎北口。"是遼東平原和内蒙古通往中原地區的"咽喉"，古往今來都是兵家必爭之地。　燕：地名。指今河北省北部地區。因此地古代曾建立過燕國而得名。

[4]山西：地名。指太行山以西地區，約當今山西省北部地區。

[5]渤海：唐代中國東北地區的割據政權名。粟末靺鞨族人大祚榮於公元698年所建，共傳十五王，歷二百二十九年，於公元926年亡於契丹。其事詳見《新唐書》卷二一九《渤海傳》和今人王承禮著《渤海簡史》。

[6]扶餘城：渤海國的地名。故址在今吉林省松原市。

[7]寅底石（？—926）：人名。字阿辛，亦作亞思。官至守太師兼政事令。追封許國王。遼太祖命他去輔佐東丹王，淳欽皇后遣司徒劃沙殺於路。其事詳載本書卷六四《皇子表》。

天顯二年留守南京。^[1]十年卒，年五十六。^[2]弟羽之。

　[1]天顯：遼太祖耶律阿保機和遼太宗耶律德光共用的年號
（926—938）。　南京：地名。遼代天顯三年（928）始升東平爲南
京。會同元年（938）又改此地爲東京。故址在今遼寧省遼陽市。
　[2]年五十六：以此推算，耶律覿烈生於唐僖宗廣明元年
（880）。

　　羽之小字兀里，[1]字寅底哂。幼豪爽不群，長嗜
學，[2]通諸部語。太祖經營之初，多預軍謀。

　[1]羽之（890—941）：據其本人墓誌，他的父親是温思·涅
列，夷离堇，金雲大王。他的母親邈屈耐奇是叔劃宰相之女。羽之
是金雲大王第四子。
　[2]嗜學：其本人墓誌稱“公星辰誕粹，河嶽降靈。德符九
三；賢當五百。幼勤事業，長負才能。儒、釋、莊、老之文，盡窮
旨趣；書、算、射、御之藝，無不該通。咸謂生知，亦曰天性。事
有寓目歷耳者，終身不忘；言有可記堪録者，一覽無遺。博辯洽
聞，光前絶後”。

　　天顯元年渤海平，立皇太子爲東丹王，[1]以羽之爲
中臺省右次相。[2]時，人心未安，左大相迭剌不踰月
薨，[3]羽之莅事勤恪，威信並行。

　[1]東丹王：此即遼朝藩屬東丹國的人皇王耶律倍。
　[2]中臺省：東丹國的最高行政機關。　右次相：官名。東丹
國最高行政機關中臺省的第四位長官。《耶律羽之墓誌銘》作“乃
授公中臺右平章事。雖居四輔之末班；獨承一人之顧命。尋授鉞專
征，克致大功”。
　[3]左大相：官名。東丹國最高行政機關中臺省的長官。　迭

剌：即耶律迭剌，字雲獨昆（《耶律琮神道碑》作“匀賭衮”），性敏給。遼太祖的三弟。曾創契丹小字。其事蹟詳載本書卷六四《皇子表》。

太宗即位上表曰：[1]“我大聖天皇始有東土，[2]擇賢輔以撫斯民，不以臣愚而任之，國家利害敢不以聞。渤海昔畏南朝，阻險自衛，居忽汗城。[3]今去上京遼邈，既不爲用，又不罷戍，果何爲哉？先帝因彼離心，乘釁而動，故不戰而克。天授人與，彼一時也。遺種浸以蕃息，今居遠境，恐爲後患。梁水之地乃其故鄉。[4]地衍土沃，有木鐵鹽魚之利。乘其微弱，徙還其民，萬世長策也。彼得故鄉，又獲木鐵鹽魚之饒，必安居樂業。然後選徒以翼吾左，突厥、党項、室韋夾輔吾右，[5]可以坐制南邦，混一天下，成聖祖未集之功，貽後世無疆之福。”表奏，帝嘉納之。是歲，詔徙東丹國民於梁水，時稱其善。

[1]太宗：遼代皇帝耶律德光的廟號。

[2]大聖天皇：遼太祖耶律阿保機的尊號。

[3]忽汗城：亦稱“上京城”，地名。渤海國的首都。故址在今黑龍江省寧安市渤海鎮。

[4]梁水：河名。即今遼寧省境內的太子河。

[5]突厥：古民族名。居於中國古代北方和西北地區。曾建立強大的突厥汗國，至公元6世紀分裂爲東、西兩汗國。當阿保機建立契丹王朝時，突厥汗國早已滅亡。《周書》《北史》《隋書》《新唐書》《舊唐書》均有傳。　室韋：亦作“失韋”“失圍”，中國東北地區古代民族名。公元5至10世紀主要活動在今嫩江、綽爾河、

額爾古納河、黑龍江流域。【李注】北魏始見於記載，唐時分爲許多部。契丹多爲其役屬。

人皇王奔唐，[1]羽之鎮撫國人，一切如故。以功加守太傅，[2]遷中臺省左相。會同初，[3]以册禮赴闕，加特進。[4]表奏左次相渤海蘇貪墨不法事，[5]卒。[6]子和里，[7]終東京留守。[8]

[1]人皇王：東丹國的國王耶律倍的尊號。 唐：五代時期的朝代名。史稱後唐。李存勖於公元 923 年所建。936 年亡於後晉。據本書卷三《太宗本紀上》，人皇王浮海適唐是在天顯五年（930）十一月。

[2]守：官階低而所擔任的官職高稱守。 太傅：官名。加官、贈官的最高階，正一品名崇位尊，無實際執掌。《耶律羽之墓誌銘》稱"旋加太尉，招撫邊城。比及班師倒載，又加太傅，判鹽鐵，封東平郡開國公"。

[3]會同：遼太宗耶律德光年號（938—947）。

[4]特進：文散官。漢制諸侯功德優盛者得封此官，位在三公下。唐制文散官正二品爲特進。遼因唐制，設此特進以表示文散官品階。《耶律羽之墓誌銘》稱"嗣聖皇帝受大晉之册禮也，即表公通敏博達啓運功臣，加特進，階上柱國，食邑二千五百户"。

[5]左次相渤海蘇：據中華點校本校勘記，本書卷四《太宗本紀下》載，會同三年（940）六月條作渤海相大素賢。

[6]卒：據《耶律羽之墓誌銘》，耶律羽之卒於會同四年（941）八月十一日。享年五十二歲。据此推算，他应生於唐大順元年（890）。

[7]和里：人名。據《耶律羽之墓誌銘》，耶律羽之的夫人"生子十一人，諸夫人生子四人。嫡子佛奴，幼年謝世"。耶律羽之

的孫子耶律元寧墓誌銘説，耶律羽之有子曰甘露。不知甘露與和里是否爲同一個人。

　　[8]東京留守：官名。東京留守司的最高行政長官。

　　耶律鐸臻字敵輦，六院部人。祖蒲古只，遙輦氏時再爲本部夷离堇。[1]耶律狼德等既害玄祖，[2]暴横益肆。蒲古只以計誘其黨悉誅夷之。

　　[1]遙輦氏：契丹氏族名。開元二十三年（735），可突于殘黨泥禮殺李過折，立阻午可汗，傳九世，至907年阿保機建國。遙輦九可汗繼位後各建宫衛，遼朝立國後，有遙輦九帳大常袞司之設，掌遙輦九世宫分之事務。亦指唐朝中晚期至契丹建國前的契丹族可汗姓氏，或稱這一時期爲遙輦氏時期。

　　[2]耶律狼德：人名。本書卷七一作“狼德”。　玄祖：遼太祖耶律阿保機的祖父匀德實的廟號。重熙二十一年（1052）七月追封。【李注】本書卷五九《食貨志上》載：“匀德實爲大迭烈府夷离堇，喜稼穡，善畜牧，相地利以教民耕。”

　　鐸臻幼有志節，太祖爲于越，常居左右。後即位，梁人遣使求轅軸材，[1]太祖難之。鐸臻曰：“梁名求材，實覘吾輕重。宜答曰：‘材之所生，必深山窮谷，有神司之，須白鼻赤驢禱祠，然後可伐。’如此則其語自塞矣。”已而果然。

　　[1]梁：五代時期的朝代名。史稱後梁。朱温於公元907年篡唐所建。公元923年亡於後唐。

天贊三年將伐渤海，鐸臻諫曰："陛下先事渤海，則西夏必躡吾後。[1]請先西討，庶無後顧憂。"太祖從之。及淳欽皇后稱制，[2]惡鐸臻，囚之，誓曰："鐵鎖朽，當釋汝！"既而召之，使者欲去鎖，鐸臻辭曰："鐵未朽，可釋乎？"后聞嘉歎，趣召釋之。天顯二年卒。弟古、突呂不。

[1]則西夏必躡吾後：據中華修訂本校勘記，"必"字原置於"西夏"上，據明抄本及南監本、北監本、殿本乙正。今從。西夏，朝代名。黨項族首領李元昊（1003—1048）於公元1038年所建。漢語國號爲"大夏"，西夏文字的國號譯爲漢字爲"白上"，宋人稱其爲"西夏"，後世沿用。首都興慶府（後改稱中興府，今寧夏回族自治區銀川市）。初期疆域"東盡黃河，西界玉門，南極蕭關，北控大漠"，轄二十二州。極盛時期包括今寧夏、陝北、甘肅西北部、青海東北部、內蒙古西南部以及新疆部分地區。先與北宋和遼鼎峙，後與南宋和金併存。居民有黨項、漢、吐蕃、回鶻等族。制度多倣唐、宋。境內通行西夏文字和漢字，公元1227年亡於蒙古。傳十帝，凡一百九十年。其事詳載《宋史》卷二四四《夏國傳上》。

[2]淳欽皇后：遼太祖的皇后述律平的諡號。重熙二十一年（1052）所諡。

古字涅剌昆，初名霞馬葛。太祖爲于越，嘗從略地山右。[1]會李克用於雲州。[2]古侍，克用異之曰："是兒骨相非常，不宜使在左右。"以故太祖頗忌之。時方西討，諸弟亂作。聞變，太祖問古與否？曰："無。"喜曰："吾無患矣。"趣召古議。古陳殄滅之策，後皆如言，以故錫賚甚厚。

[1]山右：山西。指太行山以西地區。

[2]李克用（849—908）：本姓朱耶氏，沙陀族人。唐末大同軍節度使。因鎮壓黃巢起義有功而升爲河東節度使。唐朝亡後，割據河東與後梁對抗。後唐莊宗即位後，追謚其爲太祖武皇帝。《舊五代史》卷二五至卷二六有本紀。 雲州：治所故址在今山西省大同市。

神册末南伐，以古佐右皮室詳穩老古，[1]與唐兵戰于雲碧店。[2]老古中流矢，傷甚，太祖疑古陰害之。古知上意，跪曰："陛下疑臣恥居老古麾下耶？及今老古在，請遣使問之。"太祖使問老古，對曰："臣于古無可疑者。"上意乃釋。老古卒，遂以古爲右皮室詳穩。既卒，太祖謂左右曰："古死，猶長松自倒，非吾伐之也。"

[1]皮室：亦作"比室"，契丹語音譯詞。軍種名。《契丹官儀》稱"契丹謂金剛爲比室，取其堅利之名也"。《契丹國志》卷二三稱"有皮室兵約三萬人騎，皆精甲也，爲其爪牙"。本書卷一一六《國語解》稱"皮室，軍制。有南、北、左、右皮室及黃皮室，皆掌精兵"。 詳穩：契丹語音譯詞。官名。本書卷一一六《國語解》釋爲"諸官府監治長官"。 老古：又作"樂姑"。人名。即耶律老古，字撒懶。他的母親是淳欽皇后的姐姐。他沉靜有謀略，是遼太祖的佐命功臣之一。本書卷七三有傳。

[2]雲碧店：地名。今地不詳。

突呂不字鐸袞，幼聰敏嗜學。事太祖，見器重。及製契丹大字，[1]突呂不贊成爲多。未幾，爲文班林牙，[2]領國子博士、知制誥。[3]明年，受詔撰《決獄法》。[4]

[1]契丹大字：遼代初年參照漢字的形體結構而創造的記錄契丹語的一種初級拼音文字。因爲後來又創造了一種更加進步的拼音文字，爲了便於區分這兩種文字，把先創造的文字稱契丹大字，後創造的文字稱契丹小字。目前傳世的契丹大字資料有《北大王墓誌銘》《耶律延寧墓誌銘》《蕭孝忠墓誌銘》《蕭袍魯墓誌銘》《永寧郡公主墓誌銘》《耶律昌允墓誌銘》《耶律習涅墓誌銘》《耶律祺墓誌銘》以及印章、錢幣和銅鏡邊款等。

[2]文班："文班司"的簡稱。遼代官署名。屬北面朝官。所掌未詳。置文班太保、文班林牙、文班牙署、文班吏等。　林牙：契丹語音譯詞。官名。相當於漢語的"翰林"。據本書卷一一六《國語解》，"掌文翰官，時稱爲學士"。

[3]國子博士：國子監教師的職稱。　知制誥：官銜名。唐初中書舍人掌草擬詔勑，稱知制誥。玄宗開元以後，或以尚書省諸司郎中領其職，稱兼知制誥。其後翰林學士入院一年即加此銜，專掌內職，草擬機密詔令；以他官兼者，則掌外職，起草政府文書。遼因唐制，於翰林院置此官。

[4]《決獄法》：【李注】遼代法典名。唐稱"斷獄律"。《唐律疏議》卷二〇《斷獄上》疏云："斷獄律之名起自於魏。魏分李悝囚法而出此篇，至北齊與捕律相合，更名捕斷律。至後周復爲斷獄律。《釋名》云：'獄者，確也，以實囚情'……漢以來名獄，然諸篇罪名各有類例，訊捨出入各立章程，此篇錯綜一部條流以爲決斷之法。"【靳注】《決獄法》源於唐律，爲遼代最早頒布的一部法典，契丹從此進入成文法時代。

太祖略燕，詔與皇太子及王郁攻定州。[1]師還，至順州，[2]幽州馬步軍指揮使王千率衆來襲，[3]突呂不射其馬躓，擒之。天贊二年皇子堯骨爲大元帥，[4]突呂不爲副，既克平州，[5]進軍燕趙，[6]攻下曲陽、北平。[7]至易州，[8]易人來拒，踰濠而陣。李景章出降，[9]言城中人無鬥志。大元帥將修攻具，突呂不諫曰："我師遠來，人馬疲憊，勢不可久留。"乃止。軍還，大元帥以其謀聞，[10]太祖大悦，賜賚優渥。

[1]王郁：人名。本書本卷有傳。　定州：州治故址在今河北省定州市。據本書卷二《太祖本紀下》，神册六年（921）十二月"庚申，皇太子率王郁略地定州"。

[2]順州：州治故址在今北京市順義區。

[3]幽州：州治故址在今北京市。　馬步軍指揮使：軍官名。五代時期於各州所設馬步軍指揮使司的首長。統領步兵和騎兵。遼代屬南面方州官。　王千：人名。本書僅此一見。

[4]堯骨：遼太祖的第二子遼太宗耶律德光的契丹語名字。

[5]平州：唐置，州治故址在今河北省盧龍縣。

[6]燕趙：泛指今河北省北部地區。因春秋戰國時期這裏曾建立過燕國和趙國而得名。

[7]曲陽：縣名。治所故址在今河北省曲陽縣。　北平：縣名。治所故址在今河北省順平縣。

[8]易州：州治故址在今河北省易縣。

[9]李景章：易州守將。本書僅此一見。

[10]大元帥以其謀：大元帥，原本誤作"太元帥"。南監本一處爲"大元帥"，一處爲"太元帥"。據明抄本、北監本和殿本改。中華點校本、修訂本和補注本徑改。長箋本引《初校》出校。（下

文的“大元帥爲先鋒”與此同）

車駕西征，突呂不與大元帥爲先鋒，伐党項有功，太祖犒師水精山。大元帥東歸，突呂不留屯西南部，復討党項，多獲而還。太祖東伐，大諲譔降而復叛，[1]攻之，突呂不先登。渤海平，承詔銘《太祖功德》于永興殿壁。班師，已下州郡往往復叛，突呂不從大元帥攻破之。

[1]大諲譔：渤海國末代王。其世不詳。公元906年即位，926年春正月，契丹攻陷渤海都城，大諲譔降而復叛，被俘，送遼上京西，築城居之。契丹更其名爲烏魯古，其妻名阿里只。烏魯古與阿里只爲遼太祖及述律后受諲譔降時所乘二馬之名。

淳欽皇后稱制，有飛語中傷者，后怒，突呂不懼而亡。太宗知其無罪，召還。天顯三年討烏古部，[1]俘獲甚衆。伐唐，以突呂不爲左翼，攻唐軍霞沙寨，降之。十一年送晉主石敬瑭入洛。[2]及大册，突呂不總禮儀事，加特進、檢校太尉。[3]會同五年卒。

[1]烏古：部族名。又稱“嫗厥律”“于厥律”，居契丹西北。
[2]石敬瑭（892—942）：後晉王朝開國皇帝。後唐明宗婿。清泰帝李從珂即位，當時敬瑭爲河東節度使，清泰帝令其移鎮天平（鄆州軍號）。由於雙方本來相互猜忌，於是敬瑭不受命，並上表論從珂不當立。清泰帝下詔討除，敬瑭向契丹稱臣、稱兒、割地以求援，遂被契丹册立爲皇帝，國號晉，都汴州（今河南省開封市）。天福七年（942）病死。

[3]檢校：職官制度用語。唐宋皆有檢校官，屬加官而非正受。

王郁京兆萬年人，唐義武軍節度使處直之孽子。[1]伯父處存鎮義武，卒，三軍推其子郜襲，處直爲都知兵馬使。[2]光化三年梁王朱全忠攻定州，[3]郜遣處直拒于沙河。兵敗，入城逐郜，郜奔太原。亂兵推處直爲留後，[4]遣人請事梁王。梁與晉王克用絶好，表處直爲義武軍節度使。

[1]義武軍：後唐軍鎮名。治定州（今河北省定州市）。
[2]都知兵馬使：【靳注】官名。唐、五代方鎮軍將，唐肅宗至德以後爲藩鎮儲師。
[3]光化：唐昭宗李曄年號（898—901）。　朱全忠：即朱溫（852—912）。後梁王朝的建立者。公元907年至912年在位。宋州碭山（今屬安徽省）人。早年曾參加黃巢起義，中和二年（882）降唐，被任爲河中行營招討副使。因鎮壓起義有功，受封爲梁王。天祐四年（907）代唐稱帝，建立後梁。
[4]留後：官名。唐朝節度使如遇事故，往往自擇將吏以統馭其軍，稱"兵馬留後"。那些殺長官而自立的野心家也往往自稱"留後"，並迫使朝廷予以承認。

初，郜之亡也，郁從之。晉王克用妻以女，用爲新州防禦使。[1]處直料晉必討張文禮，[2]鎮亡則定不獨存，益自疑。陰使郁北導契丹入塞以牽晉兵，且許爲嗣。郁自奔晉，常恐失父心，得使，大喜。神册六年奉表送款，舉室來降。太祖以爲養子。未幾，郁兄都囚父自爲留後，帝遣郁從皇太子討之。至定州，都堅壁不出，掠居民而還。

[1]新州：治所在今河北省涿鹿縣。　防禦使：原爲唐官名。在遼爲防禦州的長官，官階低於團練使而高於刺史。

[2]張文禮（？—921）：燕（今河南省延津縣東北）人。鎮州趙王王鎔養子，原姓王名德明。後背叛王鎔，李存勗前來討伐，憂懼而卒。其子處瑾等秘不發喪，仍以文禮名義向遼求援。

　　明年，從皇太子攻鎮州，[1]遇唐兵于定州，破之。天贊二年秋，郁及阿古只略地燕趙，攻下磁窯務。[2]從太祖平渤海，戰有功，加同政事門下平章事，[3]改崇義軍節度使。[4]

[1]鎮州：治所在今河北省正定縣。

[2]磁窯務：據中華點校本校勘記，按本書卷七三《阿古只傳》作“磁窯鎮”。

[3]同政事門下平章事：唐制，大臣中有此名義者即爲事實上的宰相。遼襲唐制，在分設北南面官之後，以同中書門下平章事或同政事門下平章事爲南面宰相。

[4]崇義軍：宜州軍號。治所在今遼寧省義縣。

　　太祖崩，郁與妻會葬，其妻泣訴於淳欽皇后，求歸鄉國，許之。郁奏曰：“臣本唐主之壻，主已被弒，此行夫妻豈能相保。願常侍太后。”后喜曰：“漢人中惟王郎最忠孝。”以太祖嘗與李克用約爲兄弟故也。尋加政事令。[1]還宜州，卒。

[1]政事令：遼朝南面宰相。遼世宗天禄四年（950）建政事省之前，漢人宰相無定稱；建政事省之後，南面宰相稱"政事令"，且多由契丹貴族擔任這一職務。

耶律圖魯窘字阿魯隱，蕭祖子洽睿之孫,[1]勇而有謀略。

[1]蕭祖：遼太祖耶律阿保機之四代祖耨里思的廟號，重熙二十一年（1052）七月追封。據本書卷六三《世表》，耶律儼《紀》云，唐玄宗天寶年間，太祖四代祖耨里思爲迭剌部夷离堇，曾遣將只里姑、括里，大敗范陽安禄山於潢水。

太宗立晉之役，其父敵魯古爲五院夷离堇,[1]殁于兵。帝即以其職授圖魯窘。會同元年改北院大王，嘗屏左右與議大事，占對合上意。

[1]五院：契丹部族名。天贊元年（922），以迭剌部強大難制，析五石烈爲五院，六爪爲六院，各置夷离堇。會同元年（938），更夷离堇爲大王，部隸北府，以鎮南境。

從討石重貴,[1]杜重威擁十萬餘衆拒滹沱橋,[2]力戰數日不得進。帝曰："兩軍爭渡，人馬疲矣，計安出？"諸將請緩師，爲後圖，帝然之。圖魯窘屬色進曰："臣愚竊以爲陛下樂於安逸，則謹守四境可也；既欲擴大疆宇，出師遠攻，詎能無屬聖慮！若中路而止，適爲賊利，則必陷南京、夷屬邑。若此則爭戰未已，吾民無奠枕之期矣。且彼步我騎，何慮不克。況漢人足力弱而行緩，如選輕銳騎先絕其餉道，則事蔑不濟矣。”帝喜曰：
“國強則其人賢，海巨則其魚大。”於是塞其餉道，數出
師以牽撓其勢，重威果降如言。以功獲賜甚厚。明年
春，卒軍中。

[1]石重貴（914—964）：即後晉出帝。後晉高祖石敬瑭之侄，
後晉末代皇帝。公元942年至946年在位。即位後與契丹交惡，開
運三年（946）契丹攻入開封，被俘，後死於建州（今遼寧省朝陽
市西南）。

[2]杜重威（？—948）：朔州（今山西省朔州市）人。其妻石
氏是晉高祖石敬瑭之妹。出帝與契丹絕好，契丹連歲入侵。重威爲
北面行營招討使、鄴都留守。開運三年（946）秋重威有異志，遣
人向契丹請降，契丹許以重威爲中原皇帝，重威信以爲然，乃伏甲
士召諸將，出降表，令諸將署名，並告軍士以糧盡出降，軍士解甲
大哭，聲震原野。明年契丹北歸，漢高祖劉知遠攻鄴，重威食盡請
降。爲漢大臣共誅之。《舊五代史》卷一〇九、《新五代史》卷五
二有傳。　溥沱：河流名。溥沱河流經今山西、河北境內，匯入子
牙河，歷史上河道屢次變遷。

論曰：神册初元，將相大臣拔起風塵之中，翼扶王
運以任職取名者，固一時之材，亦由太祖推誠御下，不
任獨斷，用能揔攬群策而爲之用歟！[1]其投天隙而列功
庸，至有心腹、耳目、手足之諭，豈偶然哉！討党項，
走敵魯，平剌葛，[2]定渤海，功亦偉矣。若默記治獄不
冤，頗德持論不撓，延徽立經陳紀，紹勳秉節而死，圖
魯窨料敵制勝，豈器博者無近用，道長者其功遠歟！稱
爲“佐命”，固宜。

　　[1]用能：【靳注】任用賢能。

　　[2]剌葛：阿保機兄弟，排行第二。關於他與諸弟謀作亂事，《通鑑》卷二七〇後梁均王貞明四年（918）於事後追述道："初，契丹主之弟撒剌阿撥號北大王，謀作亂於其國。事覺，契丹主數之曰：'汝與吾如手足，而汝興此心，我若殺汝，則與汝何異！'乃囚之期年而釋之。撒剌阿撥帥其衆奔晉，晉王厚遇之，養爲假子，任爲剌史。"天祐十五年（918），晉軍渡河攻汴州，與梁戰於胡柳，失利，撒剌攜妻子奔梁。另據本書卷六四《皇子表》，剌葛後南竄。所謂"撒剌阿撥"可能就是剌葛，爲後唐莊宗李存勗所殺。《通鑑》卷二七二後唐莊宗同光元年（923）（冬十月）詔："契丹撒剌阿撥叛兄棄母，負恩背國，宜與［趙］巖等並誅於市。"

　　　　　　　　　　（劉鳳翥校注　李錫厚補）

遼史　卷七六

列傳第六

耶律解里　耶律拔里得　耶律朔古　耶律魯不古
趙延壽　高模翰　趙思温　耶律漚里思　張礪[1]

[1]“耶律解里”至“張礪”：【劉校】原本、南監本、明抄本
無。據北監本和殿本補。

　　耶律解里字潑單，突呂不部人。[1]世爲小吏。解里
早隸太宗麾下，擢爲軍校。天顯間唐攻定州，[2]既陷，
解里爲唐兵所獲。晉高祖立，[3]始歸國，太宗貰其罪，
拜御史大夫。

[1]突呂不部：契丹部族名。據本書卷三三《營衛志下》，該
部爲太祖二十部之一，創建於阻午可汗之時，隸北府，節度使屬西
北路招討司，司徒居長春州西。
[2]天顯：遼太祖耶律阿保機年號。天顯元年遼太宗耶律德光
即位而未改元（926—938）。　唐：指五代第二個王朝。同光元年
（923）由李存勗建立，國號唐，都洛陽（今屬河南省），史稱“後

唐”。　定州：五代州名。治所在今河北省定州市。

　　[3]晉高祖：即後晉王朝開國皇帝石敬瑭。

　　會同九年伐晉,[1]師次滹沱河,[2]奪中渡橋，降其將
杜重威。[3]上命解里與降將張彥澤率騎兵三千疾趨河
南,[4]所至無敢當其鋒。既入汴，解里等遷晉主重貴于
開封府。[5]彥澤恣殺掠、亂宮掖，解里不能禁，百姓騷
然，莫不怨憤。車駕至京，數彥澤罪，斬于市，汴人大
悅；解里亦被詰責，尋釋之。

　　[1]會同：遼太宗耶律德光年號（938—947）。　晉：此指石
敬瑭創立的後晉（936—946），五代第三個王朝。初，石敬瑭獲得
契丹耶律德光支持，並向德光割地、稱臣、稱兒。少帝石重貴繼位
後，與契丹交惡，爲契丹所滅。

　　[2]滹沱河：流經今山西省、河北省境內，匯入子牙河，歷史
上河道屢次變遷。

　　[3]杜重威（？—948）：朔州（今山西省朔州市）人。其妻石
氏是晉高祖石敬瑭之妹。出帝與契丹絕好，契丹連歲入侵。重威爲
北面行營招討使、鄴都留守。開運三年（946）秋重威有異志，遣
人向契丹請降，契丹許以重威爲中原皇帝，重威信以爲然，乃伏甲
士召諸將，出降表，令諸將署名，並告軍士以糧盡出降，軍士解甲
大哭，聲震原野。明年契丹北歸，漢高祖劉知遠攻鄴，重威食盡請
降。爲漢大臣共誅之。《舊五代史》卷一○九、《新五代史》卷五
二有傳。

　　[4]張彥澤（？—947）：其先突厥部人。以善射爲騎將，與石
敬瑭聯姻。開運初，契丹入侵，彥澤在兵間，數立戰功，拜彰國軍
節度使。開運三年（946）隨杜重威投降契丹。隨即率先攻入汴京。
德光入城後，聞彥澤在城內劫掠及殺害無辜，將其處死。

[5]重貴（914—964）：即後晉出帝石重貴。後晉高祖石敬瑭之侄，後晉末代皇帝，公元942年至946年在位。即位後與契丹交惡，開運三年（946）契丹攻入開封，被俘，後死於建州（今遼寧省朝陽市西南）。

天禄間加守太子太傅。[1]應曆初置本部令穩，[2]解里世其職。卒。

[1]天禄：遼世宗耶律阮年號（947—951）。
[2]應曆：遼穆宗耶律璟年號（951—969）。 令穩：據本書卷三三《營衛志下・部族下》："太祖更諸部夷离菫爲令穩。統和中。又改節度使。"

耶律拔里得字孩鄰，太祖弟剌葛之子。[1]太宗即位以親愛見任。

[1]剌葛：阿保機兄弟，排行第二。關於他曾與諸弟謀作亂，《通鑑》卷二七〇後梁均王貞明四年（918）年末於事後追述道："初，契丹主之弟撒剌阿撥號北大王，謀作亂於其國。事覺，契丹主數之曰：'汝與吾如手足，而汝興此心，我若殺汝，則與汝何異！'乃囚之期年而釋之。撒剌阿撥帥其衆奔晉，晉王厚遇之，養爲假子，任爲剌史。"同年晉軍渡河攻汴州，與梁戰於胡柳，失利，撒剌攜妻子奔梁。另據本書卷六四《皇子表》，剌葛後南竄。所謂"撒剌阿撥"可能就是剌葛，爲後唐莊宗李存勖所殺。《通鑑》卷二七二後唐莊宗同光元年（923）（冬十月）詔："契丹撒剌阿撥叛兄棄母，負恩背國，宜與［趙］巖等並誅於市。"

會同七年討石重貴，拔里得進圍德州，[1]下之，擒刺史師居璠等二十七人。[2]九年再舉兵，次滹沱河，降杜重威，戰功居多。太宗入汴，以功授安國軍節度使，[3]總領河北道事。師還，州郡往往叛以應劉知遠，[4]拔里得不能守而歸。

[1]德州：治所故址在今山東省陵縣。

[2]擒刺史師居璠等：【劉校】據中華點校本校勘記，師居璠，本書卷二《太宗本紀下》會同七年（945）五月及《舊五代史》卷八二、《通鑑》卷二八四並作"尹居璠"。此是陳大任避金章宗父允恭嫌名改。

[3]安國軍：遼代軍號。治邢州（今河北省邢臺市）。

[4]劉知遠（894—948）：後漢開國皇帝。其先是沙陀部人。初爲後唐明宗偏將。後與桑維翰一同爲石敬瑭謀劃，助其稱帝。後晉天福間，爲鄴都留守，後拜河東節度使、北京留守。出帝即位，封北平王。開運四年（947）初，契丹滅後晉，同年二月稱帝。六月至汴京，改國號漢。

世宗即位，遷中京留守，[1]卒。

[1]中京：遼太宗耶律德光以鎮州（今河北省正定縣）爲中京。

耶律朔古字彌骨頂，橫帳孟父之後。[1]幼爲太祖所養。既冠爲右皮室詳穩。[2]從伐渤海，[3]戰有功。

[1]橫帳：契丹以玄祖之後爲皇族，分爲三房：孟父房、仲父房和季父房。季父房一系太祖阿保機子孫爲"橫帳"。本書卷一六

《聖宗本紀七》載，開泰八年冬十月癸巳，詔"橫帳、三房不得與卑小帳族爲婚；凡嫁娶，必奏而後行"。本書卷四五《百官志一》："玄祖伯子麻魯無後，次子巖木之後曰孟父房；叔子釋魯曰仲父房；季子爲德祖，德祖之元子是爲太祖天皇帝，謂之橫帳；次曰剌葛，曰迭剌，曰寅底石，曰安端，曰蘇，皆曰季父房。"【劉注】契丹小字"橫帳"爲才苩火，本義是"兄弟的"，即與皇帝稱兄道弟的，就是皇族。

　　[2]皮室：契丹軍名。意爲"金剛"。初爲阿保機所置，稱"腹心部"。後有南、北、左、右皮室及黃皮室等，皆掌精甲。　詳穩：遼朝軍官名。元帥府下設大詳穩司。"詳穩"即漢語"將軍"的轉譯。【劉注】右皮室：原本作"右度室"，據明抄本、南監本、北監本和殿本改。中華點校本、修訂本、補注本和長箋本雖然也作"右皮室"，但均未出注。"詳穩"即漢語"將軍"的轉譯的説法似有值得商榷之處。在契丹小字中，"詳穩"作仐各火，"將軍"作仐並 几亦，或仐弗 几亦、仐弗 几亦；在契丹大字中，"詳穩"作乜省，"將軍"作将景。"詳穩"不是漢語"將軍"的轉譯，而是音譯的契丹語。契丹語中"將軍"是漢語借詞。

　　[3]渤海：靺鞨粟末部在今東北地區建立的政權。唐武后聖曆元年（698），靺鞨粟末部首領大祚榮建立振國（亦稱"震國"）。唐玄宗先天二年（713，當年十二月改元開元）遣使封大祚榮爲左驍衛大將軍、渤海郡王，又設置忽汗州，加授大祚榮爲忽汗州大都督，並改稱渤海。寶應元年（762）晉爲國。天顯元年（926）爲遼所滅，改稱東丹。【劉注】渤海國最初的國號爲"靺鞨"，不爲"震國"或"振國"。《新唐書》卷二一九《渤海傳》："睿宗先天中（應爲'玄宗先天二年'），遣使拜祚榮爲左驍衛大將軍、渤海郡王。以所統爲忽汗州，領忽汗州都督，自是始去靺鞨號，專稱渤海。"這裏不稱"始去震國之號，專稱渤海"，而稱"始去靺鞨之號，專稱渤海"。可見，稱"大祚榮建立震國"是混淆了封號與國

號的區別。《新唐書》卷二一九《渤海傳》稱"武后封乞四比羽爲許國公，乞乞仲象（大祚榮之父）爲震國公"。"許國公"和"震國公"都是封號，並不意味着有"許國""震國"等政权。乞乞仲象死後。他兒子大祚榮繼承了"震國公"的封號，但他不滿足"公"級別，所以"自號震國王"。"震國王"僅僅是封號，並不意味着有"震國"。少數民族往往以其民族名爲國號，如"契丹""蒙古"等。渤海也應如此。

天顯七年授三河烏古部都詳穩。[1]平易近民，民安之，以故久其任。會同間爲惕隱。[2]時晉主石重貴渝盟，帝親征，晉將杜重威擁衆拒滹沱。月餘，帝由他渡濟。朔古與趙延壽據中渡橋，重威兵却，遂降。是歲入汴。

[1]烏古：部族名。又稱"嫗厥律""于厥律"，居契丹西北。
[2]惕隱：契丹官名。又稱"梯里己"，掌皇族政教。

世宗即位，朔古奉太宗喪歸上京，[1]佐皇太后出師，坐是免官，卒。

[1]上京：遼五京之一。前期都城，稱臨潢府，故址在今内蒙古自治區巴林左旗林東鎮波羅城。

耶律魯不古字信寧，[1]太祖從姪也。初，太祖制契丹國字，[2]魯不古以贊成功授林牙、監修國史。[3]

[1]耶律魯不古：【劉注】人名。據其六代孫耶律習涅的契丹大字《耶律習涅墓誌銘》，耶律魯不古爲横帳季父房人。其契丹大

字全名爲**序齐伏军**（信寧·魯不古）。

[2]契丹國字：即指神册五年（920）創製的"契丹大字"。契丹大字是一種採用漢字横豎點撇捺的筆劃結構而創製的表意與拼音相結合文字，用以記錄契丹語。【劉注】據契丹大字《耶律習涅墓誌銘》，契丹大字又稱"大禮之字"或"大印之字"。

[3]林牙：契丹官名。掌文翰，相當於翰林學士。

後率偏師，[1]爲西南邊大詳穩，從伐党項有功。[2]會河東節度使石敬瑭爲其主所討，[3]遣人求援，魯不古導送于朝，如其請。帝親率師往援，魯不古從擊唐將張敬達于太原北，[4]敗之。會同初從討党項，俘獲最諸將，師還。

[1]偏師：非主力之師。《左傳·桓公八年》："季梁曰：'楚人上左，君必左，無與王遇。且攻其右，右無良焉，必敗。偏敗，衆乃攜矣。'"

[2]党項：中國古代族名。又稱党項羌，唐以後主要活動於靈、慶、銀、夏等州，即今甘肅、寧夏、陝西和内蒙古等省區交界地區。

[3]石敬瑭（892—942）：後晉王朝開國皇帝。後唐明宗婿。清泰帝李從珂即位，當時敬瑭爲河東節度使，清泰帝令其移鎮天平（鄆州軍號）。由於雙方本來相互猜忌，於是敬瑭不受命，並上表論從珂不當立。清泰帝下詔討除，敬瑭向契丹稱臣、稱兒、割地以求援，遂被契丹册立爲皇帝，國號晉，都汴州（今河南省開封市）。天福七年（942）病死。

[4]張敬達（？—936）：代州（今山西省代縣）人。字志通，小字生鐵。少以騎射事唐莊宗。明宗時，爲河東馬步軍都指揮使，累遷彰國、大同軍節度使。清泰二年（935），契丹數犯邊，清泰帝

以河東節度使石敬瑭有異志，乃以敬達爲北面副總管，以分其兵。明年夏，敬瑭反。即以敬達爲太原四面招討使，率兵圍太原。敬瑭求救於契丹。九月，契丹耶律德光自鴈門入。敬達收軍於晉安寨，契丹圍之。救兵不至，副招討使楊光遠斬敬達降。契丹耶律德光聞敬達死，哀其忠，遣人收葬之。

天册中拜于越。[1]六年爲北院大王。[2]終年五十五。

[1]于越：契丹語音譯詞。官名。爲契丹貴官，非有大功德者不授，位在北、南大王之上。

[2]“天册中”至“爲北院大王”：【劉校】據中華修訂本校勘記，“天册”，諸本皆同，馮家昇《遼史初校》謂遼無“天册”紀元，疑作“天禄”。按天禄無六年，且本書卷四《太宗本紀下》會同五年（942）二月云：“詔以明王覿恩代于越信恩爲西南路招討使以討之。”“信恩”當即“信寧”之異譯。據此，“天册”或爲“天會”之誤。

趙延壽本姓劉，恒山人。[1]父邟，令蓚。梁開平初，[2]滄州節度使劉守文陷蓚，[3]其稗將趙德鈞獲延壽，[4]養以爲子。

[1]恒山：郡名。治所在今河北省正定縣，漢初稱恒山郡，後避漢文帝諱改常山郡。

[2]開平：後梁太祖朱温年號（907—911）。

[3]劉守文（？—909）：劉守光之兄。據《新五代史》卷三九《劉守光傳》：“其兄守文聞父且囚，即率兵討守光，至於盧臺，爲守光所敗，進戰於玉田，又敗，乞兵於契丹。明年，守文將契丹、吐渾兵四萬人戰於雞蘇，守光兵敗，守文陽爲不忍，出陣而呼其衆

曰：毋殺我弟！守光將元行欽識守文，躍馬而擒之，又囚之於別室，既而殺之。"守文與守光戰於玉田，《通鑑》繫於開平二年（908）。此後守文借契丹兵與守光復戰於雞蘇，則是在開平三年五月。雞蘇，據胡三省注在薊州（今天津市薊州區）西。　蓚：縣名。治所在今河北省景縣。

[4] 趙德鈞：幽州（今北京市）人。本名行實。先事劉守文、劉守光。唐莊宗伐幽州，德鈞又遁歸莊宗。遷滄州節度使。同光三年（925），移鎮幽州。明宗即位，尤承倚重，始改名德鈞。其子延壽尚明宗女興平公主。鎮幽州凡十餘年，有善政，累官至檢校太師兼中書令，封北平王。清泰三年（936），石敬瑭在晉陽（今山西省太原市）起兵，邀契丹入援。唐以德鈞爲諸道行營都統，以其子延壽爲太原南面招討使。德鈞父子首鼠兩端，一方面向朝廷要求委任延壽爲節度使，另一方面德鈞又要求契丹立自己爲帝。契丹由於已經決定立石敬瑭，德鈞求爲傀儡不果，最後父子雙雙作了俘虜。德鈞羞憤而死。

少美容貌，好書史。唐明宗先以女妻之，[1] 及即位，封其女爲興平公主，拜延壽駙馬都尉、樞密使。[2] 明宗子從榮恃權跋扈，內外莫不震懾，延壽求補外避之，出爲宣武軍節度使。[3] 清泰初加魯國公，[4] 復爲樞密使，鎮許州。[5] 石敬瑭發兵太原，唐遣張敬達往討。會敬達敗保晉安寨，[6] 延壽與德鈞往救，聞晉安已破，走團柏峪。[7] 太宗追及，延壽與其父俱降。

[1] 唐明宗：即李克用養子李嗣源。因屢建戰功，爲宣武軍節度使，兼蕃漢內外馬步軍總管。後唐莊宗李存勗當面許諾"天下與爾共之"。同光元年（923）拜中書令。以名位高，見疑忌。天成元年（926），趙在禮反於魏，嗣源奉命討除，與叛軍合，南下入汴

州。莊宗在洛陽爲亂軍所殺。嗣源隨即入洛陽，即位。更名亶，是爲唐明宗。卒於長興四年（933）。

[2]樞密使：官名。樞密院之首長。

[3]宣武軍節度使：【劉注】官名。唐朝在今河南省東部設立的節度使。中和三年（883）朱溫爲節度使，以此爲根據地，兼併中原，建立後梁。治所在汴州（今河南省開封市）。

[4]清泰：後唐末帝李從珂年號（934—936）。

[5]許州：【劉注】治所在今河南省許昌市。

[6]晉安寨：地名。據《大清一統志》，地在今山西省太原市晉源區西南三十餘里，晉祠南。

[7]團栢峪：地名。又稱團栢谷、團栢鎮，在今山西省祁縣境内。

　　明年，德鈞卒，以延壽爲幽州節度使，[1]封燕王；及改幽州爲南京，遷留守，總山南事。天顯末，以延壽妻在晉，詔取之以歸。自是益自激昂圖報。

[1]幽州：治所在今北京市。

　　會同初，帝幸其第，加政事令。[1]六年冬晉人背盟，[2]帝親征，延壽爲先鋒，下貝州，[3]授魏、博等州節度使，封魏王。敗晉軍于南樂，[4]獲其將賽項羽。軍元城，[5]晉將李守貞、高行周率兵來逆，[6]破之。至頓丘，會大霖雨，帝欲班師。延壽諫曰：“晉軍屯河濱，不敢出戰，若徑入澶州，[7]奪其橋，則晉不足平。”上然之。適晉軍先歸澶州，高行周至析城，[8]延壽將輕兵逆戰，上親督騎士突其陣，敵遂潰。師還，留延壽徇貝、冀、深三州。[9]

[1]政事令：遼朝南面宰相。遼世宗天禄四年（950）建政事
省之前，漢人宰相無定稱；建政事省之後，南面宰相稱“政事令”，
且多由契丹貴族擔任這一職務。

[2]六年冬晉人背盟：【劉校】據中華點校本校勘記，“六年”
二字原脱，據本書卷四《太宗本紀下》同六年（943）十二月
補。今從。

[3]貝州：治所在今河北省清河縣。

[4]南樂：縣名。治所在今河南省南樂縣。

[5]元城：縣名。治所在今河北省大名縣。

[6]李守貞（？—947）：河陽（今河南省孟州市）人。後晉高
祖時爲宣徽使。出帝即位後，楊光遠反，召契丹入寇，守貞率軍抗
禦契丹有功。開運三年（946），與杜重威一同降契丹。後漢初，爲
河中節度使。隱帝時，守貞反，失敗後與妻子自焚而死。《新五代
史》卷五二有傳。　高行周（？—951）：嬀州（今河北省懷來縣）
人。字尚質。父思繼兄弟皆以武勇雄於北邊，爲幽州節度使李匡威
成將。李克用以劉仁恭守幽州，高氏兄弟分掌燕兵，後爲克用盡誅
之。時行周年十餘歲，爲劉仁恭收之帳下，稍長，補以軍職。劉守
光背晉，行周與其兄行珪以武州降晉。初，行周隸嗣源帳下，爲
裨將，莊宗滅梁，以功領端州刺史。明宗時，從討朱守殷，克王
都，遷潁州團練使、振武軍節度使。晉高祖時，爲西京留守，徙鎮
天雄。出帝時，代景延廣爲侍衛親軍都指揮使。契丹滅晉，漢高祖
入京師，加行周守中書令，徙鎮天平軍，封臨清王。周太祖入立，
封齊王。卒，贈尚書令，追封秦王。《舊五代史》卷一二三有傳。

[7]澶州：治所在今河南省濮陽市。

[8]高行周至柘城：【劉校】據中華點校本校勘記，《舊五代
史》卷八二、《新五代史》卷九、《弘簡録》卷二〇三及《通鑑》

並稱"戰高行周於戚城"。

[9]徇貝、冀、深三州:【劉校】"貝"原本作"具",據明抄本、南監本、北監本和殿本改。中華點校本、修訂本和補注本徑改。長箋本引《羅校》出校。

八年再伐晉,晉主遣延壽族人趙行實以書來招。時晉人堅壁不出,延壽紿曰:"我陷虜久,寧忘父母之邦?若以軍逆,我即歸。"晉人以爲然,遣杜重威率兵迎之。[1]延壽至滹沱河,據中渡橋,與晉軍力戰,手殺其將王清。[2]兩軍相拒,太宗潛由他渡濟,留延壽與耶律朔古據橋,敵不能奪,屢敗之,杜重威堮厥衆降。上喜,賜延壽龍鳳赭袍,且曰:"漢兵皆爾所有,[3]爾宜親往撫慰。"延壽至營,杜重威、李守貞迎謁馬首。

[1]率兵迎之:【劉校】"率"原本作"卒",據明抄本、南監本、北監本和殿本改。中華點校本、修訂本徑改。長箋本引《初校》出校。

[2]手殺其將王清:【劉校】"清"原作"靖"。中華點校本據本書卷四《太宗本紀下》會同九年(946)十一月、《舊五代史》卷九五、《新五代史》卷三三本傳、《契丹國志》卷三及《通鑑》改。今從。

[3]漢兵:也稱"漢軍"。遼朝有衆多的漢軍,其中有阿保機收編的"山北八軍"以及趙延壽的軍隊。此外,遼朝還有自己按照中原軍隊編制組建的漢軍,其中最重要的是燕京等地的禁軍。據《長編》卷五五宋真宗咸平六年(1003)七月己酉記李信云:"國中所管幽州漢兵,謂之神武、控鶴、羽林、驍武等,約萬八千餘騎。"其中"羽林""控鶴"是唐、五代禁軍舊有的名號。因此可以斷定

李信所説的遼燕京的“漢兵”就是戍衛京城的禁軍。

　　後太宗克汴，延壽因李崧求爲皇太子，[1]上曰：“吾於魏王雖割肌肉亦不惜，但皇太子須天子之子得爲，魏王豈得爲也？”蓋上嘗許滅晉後，以中原帝延壽，以故摧堅破敵，延壽常以身先。至是以崧達意，上命遷延壽秩。翰林學士承旨張礪進擬“中京留守、大丞相、録尚書事、都督中外諸軍事”，上塗“録尚書事、都督中外諸軍事”。世宗即位，以翊戴功，授樞密使。天禄二年薨。

　　[1]李崧（？—947）：深州饒陽（今屬河北省）人。初爲唐魏王李繼岌掌書記，從繼岌破蜀。明宗時，力薦以石敬瑭捍衛太原，其後晉高祖石敬瑭以兵入京師，拜中書侍郎、同中書門下平章事兼樞密使。出帝即位，以崧兼判三司，與馮玉對掌樞密。崧等又信趙延壽詐降，並數稱杜重威之材，晉卒以重威將大兵，其後敗於中渡。晉亡，契丹耶律德光入汴，稱：“吾破南朝，得崧一人而已！”乃拜崧太子太師。契丹北還，崧與馮道等得還。北漢初，河中李守貞反，崧因被誣以蠟丸書通守貞，族誅。《舊五代史》卷一〇八及《新五代史》卷五七有傳。

　　高模翰，一名松，渤海人。有膂力，善騎射，好談兵。初，太祖平渤海，模翰避地高麗，[1]王妻以女。因罪亡歸。坐使酒殺人下獄，太祖知其才，貰之。[2]

　　[1]高麗：古國名。即王建創建的高麗王朝（918—1392）。統治地域在今朝鮮半島，首都在開京（今朝鮮開城市）。

[2]貰（shì）：赦免。

天顯十一年七月，唐遣張敬達、楊光遠帥師五十萬攻太原，[1]勢銳甚。石敬瑭遣人求救，太宗許之。九月，徵兵出鴈門，[2]模翰與敬達軍接戰，敗之。太原圍解，敬瑭夜出謁帝，約爲父子。帝召模翰等賜以酒饌，親饗士卒，士氣益振。翌日復戰，又敗之，敬達鼠竄晉安寨，模翰獻俘于帝。會敬瑭自立爲晉帝，光遠斬敬達以降，諸州悉下。上諭模翰曰：“朕自起兵百餘戰，卿功第一，雖古名將無以加。”乃授上將軍。會同元年，冊禮告成，宴百官及諸國使于二儀殿。[3]帝指模翰曰：“此國之勇將，朕統一天下，斯人之力也。”群臣皆稱萬歲。

[1]楊光遠（？—944）：沙陀部人。字德明，初名阿檀。爲後唐莊宗騎將，從周德威戰契丹於新州。久之，以爲幽州馬步軍都指揮使。光遠不通文字，然有辨智。明宗時爲嬀、瀛、冀、易四州刺史，以治稱。後自易州刺史拜振武軍節度使。清泰二年（935）徙鎮中山，兼北面行營都虞候，禦契丹於雲、應之間。石敬瑭起兵太原，清泰帝以光遠佐張敬達爲太原四面招討副使，爲契丹所敗，退守晉安寨。契丹圍之數月，乃殺敬達出降。德光令其“事晉”。晉高祖以光遠爲宣武軍節度使、侍衛馬步軍都指揮使。陰以寶貨奉契丹。出帝即位乃反，召契丹入寇，陷貝州、博州，但爲晉軍所敗，契丹已北。開運元年（944）年末，青州陷，李守貞遣客省副使何延祚殺之於其家。《新五代史》卷五一有傳。

[2]鴈門：古鴈門關在今鴈門關西鴈門山上，又稱西陘關。元廢。今鴈門關在今山西省代縣西北，係明代所置。

[3]二儀殿：遼上京宮殿之一。會同元年（938）十一月，晉

遣使爲德光及太后上尊號，並行再生册禮。據本書卷四《太宗本紀下》，册禮是在上京舉行，故知二儀殿亦在上京。【劉注】據本書卷三七《地理志一》“祖州”：“殿曰兩明，奉安祖考御容；曰二儀，以白金鑄太祖像。”説明二儀殿在祖州，不在上京。

及晉叛盟，出師南伐。模翰爲統軍副使，與僧遏前驅，拔赤城，破德、貝諸寨。是冬兼總左、右鐵鷂子軍，[1]下關南城邑數十。三月，勑虎官楊罩赴乾寧軍，[2]爲滄州節度使田武名所圍，模翰與趙延壽聚議往救。俄有光自模翰目中出，縈繞旗矛，燄燄如流星久之。模翰喜曰：“此天贊之祥！”遂進兵，殺獲甚衆。以功加侍中。略地鹽山，[3]破饒安，[4]晉人震怖，不敢接戰。加太傅。

[1]鐵鷂子軍：據《通鑑》卷二八四開運二年（945）三月胡注：契丹謂精騎爲“鐵鷂”，謂其身被鐵甲，而馳突輕疾，如鷂之搏鳥雀也。

[2]乾寧軍：據《續通典》卷一二六《州郡》：“清州，本乾寧軍，幽州蘆臺軍之地，晉陷契丹。”另據《明一統志》卷二《保定府》：“蘆臺城在青縣衛河西岸，周迴三里，唐於此置蘆臺軍，基址猶存。”蘆臺，位於今天津市寧河區。

[3]鹽山：【劉注】縣名。治所故址在今河北省滄州市鹽山縣。

[4]饒安：【劉注】縣名。治所故址在今河北省滄州市鹽山縣千童鎮。20世紀50年代千童鎮叫舊縣，當時注者在舊縣鎮北關原爲一座古廟的殘碑上親眼所見有“饒安縣”字樣，故注。

晉以魏府節度使杜重威領兵三十萬來拒，[1]模翰謂左右曰："軍法在正不在多。以多陵少，不義必敗，其晉之謂乎！"詰旦，[2]以麾下三百人逆戰，殺其先鋒梁漢璋，[3]餘兵敗走。手詔褒美，比漢之李陵。頃之，杜重威等復至滹沱河，帝召模翰問計。上善其言曰："諸將莫及此。"乃令模翰守中渡橋。及戰，復敗之，上曰："朕憑高觀兩軍之勢，顧卿英銳無敵，如鷹逐雉兔。當圖形麟閣，爵貤後裔。"已而杜重威等降。車駕入汴，加特進、檢校太師，[4]封恝郡開國公，賜璽書、劍器。爲汴州巡檢使，[5]平氾水諸山土賊，遷鎮中京。

天禄二年加開府儀同三司，賜對衣、鞍勒、名馬。應歷初召爲中臺省右相。至東京，父老歡迎曰："公起戎行，致身富貴，爲鄉里榮，相如、買臣輩不足過也。"九年正月遷左相，卒。

[1]魏府：即大名府。唐魏州，爲天雄軍治。後唐曰興唐府。治所在今河北省大名縣。

[2]詰旦：次日清晨。【劉注】原本作"誥旦"，據明抄本、南監本、北監本和殿本改。中華點校本、修訂本、補注本和長箋本徑改。

[3]梁漢璋（897—946）：晉永清軍節度使。多次率軍抵禦契丹。後陣亡。《舊五代史》卷九五有傳。

[4]檢校：職官制度用語。唐宋皆有檢校官，屬加官而非正受。

[5]汴州：治所在今河南省開封市。

趙思温字文美，盧龍人。[1]少果鋭，膂力兼人，[2]隸燕帥劉仁恭幕。[3]李存勖問罪于燕，[4]思温統偏師拒之。

流矢中目，裂裳漬血，戰猶不已。爲存勗將周德威所擒，[5]存勗壯而釋其縛。久之，日見信用。與梁戰於莘縣，以驍勇聞，授平州刺史兼平、營、薊三州都指揮使。[6]

[1]盧龍：縣名。治所在今河北省盧龍縣。

[2]膂力兼人：【劉校】"力"原本誤作"方"，據明抄本、南監本、北監本和殿本改。中華點校本、修訂本、補注本和長箋本徑改。

[3]劉仁恭（？—912）：深州樂壽（今河北省獻縣）人。唐末割據軍閥。早年爲晉王李克用壽陽鎮將，乾寧元年（894）又爲盧龍軍節度使。其子守文爲橫海軍節度使，父子率兩鎮兵十萬，號稱三十萬，稱雄一方。仁恭後爲另一子守光囚禁。乾化元年（911）守光自號大燕皇帝。次年仁恭父子爲晉王所擒殺。《新唐書》卷二一二有傳。

[4]李存勗（885—926）：即後唐莊宗，五代時期後唐的建立者，晉王李克用之子。初嗣位爲晉王，據太原，與梁逐鹿中原。龍德三年（923）稱帝，國號唐，史稱後唐，都洛陽（今屬河南省）。同年十月攻陷大梁（今河南省開封市），梁末帝死於兵間。三年後，李存勗也死於內亂。

[5]周德威（？—918）：晉王李克用的一員勇將。後事後唐莊宗李存勗。天祐十年（913）平幽州，擒劉守光，授幽州盧龍軍節度使。天祐十五年攻汴州，死於是役。

[6]平州：唐置，治所在今河北省盧龍縣。

神冊二年太祖遣大將經略燕地，思溫來降。及伐渤海，以思溫爲漢軍都團練使，[1]力戰拔扶餘城。[2]身被數創，太祖親爲調藥。[3]

〔1〕漢軍：也稱“漢兵”。參上文“漢兵”注。

〔2〕扶餘城：渤海國地名。故址在今吉林省松原市。

〔3〕太祖親爲調藥：【劉校】“太祖”，原本誤作“大祖”，據明抄本、南監本、北監本和殿本改。中華點校本、修訂本、補注本和長箋本雖然都作“太祖”，但均未出注。

太宗即位，以功擢檢校太保、保靜軍節度使。[1]天顯十一年，唐兵攻太原，石敬瑭遣使求救，上命思溫自嵐、憲間出兵援之。[2]既罷兵，改南京留守、盧龍軍節度使、管内觀察處置等使、開府儀同三司，[3]兼侍中，賜協謀靜亂翊聖功臣，尋改臨海軍節度使。

〔1〕保靜軍：遼代軍號。治建州（今遼寧省朝陽市）。

〔2〕嵐：即嵐州。【靳注】治所在今山西省嵐縣。　憲：即憲州。【靳注】治所在今山西省婁煩縣。

〔3〕觀察處置等使：唐乾元元年（758），改採訪處置使爲觀察處置使，掌考察州縣官吏政績，後兼理民事，轄一道或數州。凡不設節度使者即以觀察使爲一道的行政長官；設節度使之處，亦兼觀察使。至宋代，觀察使一職成爲武將升遷時兼帶的虛銜。

會同初從耶律牒蠟使晉行冊禮還，加檢校太師。二年有星隕于庭，卒。上遣使賻祭，贈太師、衛國公。子延照、延靖，[1]官至使相。[2]

〔1〕延照、延靖：均爲趙思温子。據《秋澗先生大全文集》卷四八《盧龍趙氏家傳》，趙思温十二子，但祇列出十一人名。分別爲延照、延祚、延卿、延構、延威、延希、延誨、延光、延玉、延

熙、延旭。第五子延威之後定居建州（今遼寧省朝陽縣境內）。延
威官至保靜軍節度使、特進檢校太師。趙思溫有一女嫁韓知古之子
韓匡美；還有一女嫁韓延徽之子韓德樞。兩韓氏都是遼朝漢族第一
等高門。據鄧寶學等《遼寧朝陽遼趙氏族墓》（《文物》1983 年第
9 期），1972 年、1977 年和 1979 年，在遼寧省朝陽縣先後發現三座
遼代趙氏墓葬，即商家溝 1 號墓、趙匡禹墓和趙爲幹墓。商家溝 1
號墓位於朝陽西南 35 公里的大凌河南岸商家溝村東南 0.5 公里的
山谷北坡上。趙匡禹墓東北隔山與商家溝 1 號墓相距 6.5 公里。而
趙爲幹墓則與趙匡禹墓爲同一墓地。據《趙匡禹墓誌》載，爲幹是
趙匡禹第五子，而匡禹則係趙思溫之孫。匡禹和爲幹生前都曾在遼
朝爲官，匡禹於開泰八年（1019）九月十日"薨於建州之私第"，
表明建州正是趙氏定居之地。《趙匡禹墓誌》還記載，匡禹"葬於
州之南白楊□"。據《盧龍趙氏家傳》，匡禹之父延威（匡禹墓誌
作延寧），"葬建州永霸縣白羊峪"。則趙匡禹墓地，當年應屬建州
永霸縣，因此，上引墓誌中的"白楊□"，即延威葬地"白羊峪"。
墓誌證實家傳所記無誤。上述趙氏三墓葬，都是規模較大的磚室
墓，雖早期經嚴重破壞，但仍可發現繪有壁畫，並有許多隨葬器
物，顯示趙氏在當地不僅政治上有很高的地位，同時經濟上也相當
富裕。【劉校】延照，原本作"延昭"，據明抄本、南監本、北監
本和殿本改。

[2]使相：【靳注】官名。唐末常以宰相官銜（同平章事）加
予節度使，作爲榮典，叫做使相。遼、宋相延。

耶律漚里思，六院夷离堇蒲古只之後。負勇略，每
戰被重鎧，揮鐵槊所向披靡。會同間伐晉，上至河而
獵，適海東青鶻搏雉，[1] 晉人隔水以鴿引去。上顧左右
曰："誰爲我得此人？"漚里思請內廄馬，濟河擒之，並
殺救者數人還。上大悅，優加賞賚。

[1]海東青鶻（hú）：動物名。猛禽，能擊殺天鵝。渤海國故地以東大海盛産珍珠，天鵝食蚌，珍珠藏於蚌嗉内。契丹人放出海東青鶻擊殺天鵝，獲取珍珠。

既而晉將杜重威逆于望都，[1]據水勒戰。漚里思介馬突陣，餘軍繼之，被圍。衆言“陣薄處可出”。漚里思曰：“恐彼有他備。”竟引兵衝堅而出。迴視衆所指，皆大塹也。其料敵多此類。

是年總領敵烈皮室軍。坐私免部曲奪官，卒。

[1]望都：縣名。治所在今河北省望都縣。

張礪，磁州人，[1]初仕唐爲掌書記，遷翰林學士。會石敬瑭起兵，唐主以礪爲招討判官，從趙德鈞援張敬達于河東。及敬達敗，礪入契丹。

[1]磁州：治所在今河北省磁縣。

後太宗見礪剛直，有文彩，擢翰林學士。礪臨事必盡言，無所避，上益重之。未幾，謀亡歸，爲追騎所獲。上責曰：“汝何故亡？”礪對曰：“臣不習北方土俗、飲食、居處，意常鬱鬱，以是亡耳。”上顧通事高彦英曰：[1]“朕嘗戒汝善遇此人，何乃使失所而亡？礪去，可再得耶？”遂杖彦英而謝礪。

[1]通事：官名。掌翻譯。契丹以熟習漢俗、精通漢語者爲之。

　　會同初陞翰林承旨兼吏部尚書。從太宗伐晉，入汴。諸將蕭翰、耶律郎五、麻答輩肆殺掠，[1]礪奏曰："今大遼始得中國，宜以中國人治之，不可專用國人及左右近習。苟政令乖失，則人心不服，雖得之亦將失之。"上不聽。改右僕射兼門下侍郎、平章事。

　　[1]蕭翰（？—949）：契丹外戚。應天皇太后述律氏之侄。大同元年（947）從太宗入汴，爲宣武軍節度使。世宗即位後，附世宗反對應天皇太后，娶世宗妹阿不里。天祿間，一再謀反，伏誅。本書卷一一三有傳。　麻答（？—947）：即太祖阿保機弟刺葛之子耶律拔里得。他隨德光南下滅後晉，於大同元年入汴，以功授安國軍節度使，總領河北道事。德光北返之後，州郡多叛遼以應劉知遠，拔里得不得不北歸。世宗即位後，遷中京留守，尋即病死。

　　頃之，車駕北還，至欒城崩。[1]時礪在恒州，蕭翰與麻答以兵圍其第。礪方臥病，出見之。翰數之曰："汝何故於先帝言國人不可爲節度使？我以國舅之親，有征伐功，先帝留我守汴以爲宣武軍節度使，汝獨以爲不可。又譖我與解里好掠人財物、子女。今必殺汝！"趣令鎖之。礪抗聲曰："此國家大體，安危所繫，吾實言之。欲殺即殺，奚以鎖爲！"麻答以礪大臣，不可專殺，乃救止之。是夕，礪恚憤卒。

　　[1]欒城，縣名。治所在今河北省石家莊市欒城區。　至欒城崩：【劉注】據本書卷四《太宗本紀下》大同元年（947）四月"丁丑，崩于欒城"。

　　論曰：初，晉因遼之兵而得天下，故兼臣禮而父事之：割地以爲壽、輸帛以爲貢。未久也，而會同之師次滹沱矣。[1]豈群帥貪功黷武而致然歟，抑所謂信不由衷也哉！模翰以功名自終，可謂良將。若延壽之勳雖著，至於覬覦儲位，謬矣。利令智昏，固無足議。若乃成末釁以虧儁功如解里者，何譏焉！

　　[1]滹沱：河流名。流經山西省、河北省境內，匯入子牙河，歷史上河道屢次變遷。

（李錫厚注　劉鳳翥校）

遼史　卷七七

列傳第七

耶律屋質　耶律吼　何魯不　耶律安摶　耶律洼
耶律頹昱　耶律撻烈[1]

　　[1]“耶律屋質”至“耶律撻烈”：【劉校】原本、南監本、明抄本無。據北監本、殿本補。

　　耶律屋質字敵輦，系出孟父房。[1]姿簡靜，有器識，重然諾。遇事造次，處之從容，人莫能測。博學，知天文。

　　[1]孟父房：契丹以玄祖之後爲皇族，分爲三房：孟父房、仲父房和季父房。本書卷四五《百官志一》：“玄祖伯子麻魯無後，次子巖木之後曰孟父房；叔子釋魯曰仲父房，季子爲德祖，德祖之元子爲太祖天皇帝，謂之橫帳，次曰剌葛，曰寅底石，曰安端，曰蘇，皆曰季父房。”

　　會同間爲惕隱。[1]太宗崩，諸大臣立世宗。太后聞之怒甚，遣皇子李胡以兵逆擊，[2]遇安端、劉哥等于泰德泉，[3]敗歸。李胡盡執世宗臣僚家屬，謂守者曰："我戰不克，先殲此曹！"人皆恟恟相謂曰："若果戰，則是父子兄弟相夷矣！"軍次潢河橫渡，[4]隔岸相拒。

[1]會同：遼太宗耶律德光年號（938—947）。　惕隱：契丹語音譯詞。官名。又稱梯里己，掌皇族政教。據本書卷一六《國語解》："惕隱，典族屬官，即宗正職也。"

[2]李胡（912—960）：阿保機第三子。一名洪古，字奚隱。爲其母述律氏所鍾愛。太宗即位後，天顯五年（930）立爲皇太弟，兼天下兵馬大元帥。太宗死後，應天皇太后反對世宗兀欲而欲立李胡，失敗，母子被囚。穆宗時因參與其子喜隱謀反事而下獄死。興宗時，更謚"章肅皇帝"。本書卷七二有傳。

[3]安端：在阿保機兄弟中排行第五，也曾參與"謀反"。世宗天祿初，賜號"明王"，成爲東丹國的統治者。　泰德泉：契丹地名。據本書卷三三《營衛志下》，六院部大王及都監春夏居泰德泉之北，以鎮南境。

[4]潢河：河流名。即今内蒙古自治區境内的西拉木倫河，爲西遼河上游。

時屋質從太后，世宗以屋質善籌，[1]欲行間，乃設事奉書以試太后。太后得書以示屋質。屋質讀竟，言曰："太后佐太祖定天下，[2]故臣願竭死力。若太后見疑，臣雖欲盡忠，得乎？爲今之計，莫若以言和解，事必有成；否，即宜速戰，以決勝負。然人心一搖，國禍不淺，惟太后裁察。"太后曰："我若疑卿，安肯以書示汝？"屋質對曰："李胡、永康王皆太祖子孫，神器非移他族，[3]何不可之有？太后宜思長策，與永康王和議。"太后曰："誰可遣者？"對曰："太后不疑臣，臣請往。萬一永康王見聽，廟社之福。"太后乃遣屋質授書於帝。

[1]善籌：言其善於出謀劃策。《舊唐書》卷一九五《回紇傳》："菩薩勁勇，有膽氣，善籌策，每對敵臨陣，必身先士卒，以少制衆。"

[2]定天下：【劉校】原本作"宜天下"，據明抄本、南監本、北監本、殿本改。中華點校本、修訂本和補注本徑改。長箋本引《初校》出校。

[3]神器：帝王之權柄。《漢書》卷一〇〇上《敘傳上》："游説之士至比天下於逐鹿，幸捷而得之，不知神器有命，不可以智力求也。"顏師古注引劉德曰："神器，璽也。"李奇曰："帝王賞罰之柄也。"顏師古曰："李説是也。"

帝遣宣徽使耶律海思復書，[1]辭多不遜。屋質諫曰："書意如此，國家之憂未艾也。能釋怨以安社稷，則臣以爲莫若和好。"帝曰："彼衆烏合，安能敵我？"屋質曰："即不敵，奈骨肉何？況未知孰勝。借曰幸勝，諸臣之族孰於李胡者無噍類矣。[2]以此計之，惟和爲善。"左右聞者失色。帝良久，問曰："若何而和？"屋質對曰："與太后相見，各紓忿恚，和之不難；不然，決戰非晚。"帝然之，遂遣海思詣太后約和。往返數日，議乃定。

[1]宣徽使：遼朝官名。遼設北、南宣徽，分隸北、南樞密院之下。宣徽北院使常執行軍事使命。此外，宣徽使還掌領朝會、宴

饗、禮儀、祭祀及御前祗應之事。

[2]無噍（jiào）類：言全部死掉。《漢書》卷一《高帝本紀》言項羽"嘗攻襄城，襄城無噍類"。如淳曰："無復有活而噍食者也。青州俗呼'無子遺'爲無噍類。"

始相見，怨言交讓，殊無和意。太后謂屋質曰："汝當爲我畫之。"屋質進曰："太后與大王若能釋怨，臣乃敢進説。"太后曰："汝第言之。"屋質借謁者籌執之，謂太后曰："昔人皇王在，[1]何故立嗣聖？"[2]太后曰："立嗣聖者，太祖遺旨。"又曰："大王何故擅立，不稟尊親？"帝曰："人皇王當立而不立，所以去之。"屋質正色曰："人皇王捨父母之國而奔唐，子道當如是耶？大王見太后，不少遜謝，惟怨是尋；太后牽于偏愛，託先帝遺命，妄授神器。如此何敢望和？當速交戰！"擲籌而退。太后泣曰："向太祖遭諸弟亂，天下荼毒，瘡痍未復，庸可再乎！"乃索籌一。帝曰："父不爲而子爲，又誰咎也？"亦取籌而執。左右感激大慟。

[1]人皇王：即遼太祖耶律阿保機長子倍（898—936）。契丹名圖欲（突欲），生母爲淳欽皇后述律氏。天顯元年（926），阿保機滅渤海建東丹國，突欲被册爲人皇王，主東丹國政。據其傳載"神册元年春立爲皇太子"。阿保機死後，其母述律氏立德光，突欲被迫浮海投奔後唐。後唐明宗賜其姓名李贊華。清泰三年（遼天顯十一年，936）石敬瑭率軍攻入洛陽，後唐末帝李從珂約倍與之同死，倍不從，遇害。本書卷七二有傳。

[2]嗣聖：即嗣聖皇帝。遼太宗耶律德光的尊號。

太后復謂屋質曰：“議既定，神器竟誰歸？”屋質曰：“太后若授永康王，順天合人，復何疑？”李胡厲聲曰：“我在，兀欲安得立！”屋質曰：“禮有世嫡，不傳諸弟。[1]昔嗣聖之立，尚以爲非，況公暴戾殘忍，人多怨讟。萬口一辭，願立永康王，不可奪也。”太后顧李胡曰：“汝亦聞此言乎？汝實自爲之！”乃許立永康。

[1]禮有世嫡，不傳諸弟：依禮，世世代代應立嫡子，不當傳於弟。《公羊傳注疏》隱公元年：“立適（嫡）以長不以賢，立子以貴不以長。”注：“適（嫡）謂適（嫡）夫人之子，尊無與敵，故以齒；子謂左右媵及姪娣之子。位有貴賤，又防其同時而生，故以貴也。《禮》：適（嫡）夫人無子，立右媵；右媵無子，立左媵；左媵無子，立嫡姪娣。”

帝謂屋質曰：“汝與朕屬尤近，何反助太后？”屋質對曰：“臣以社稷至重，不可輕付，故如是耳。”上喜其忠。

天禄二年，[1]耶律天德、蕭翰謀反下獄：[2]惕隱劉哥及其弟盆都結天德等爲亂。耶律石剌潛告屋質，屋質遽引入見，白其事。劉哥等不服，事遂寢。未幾，劉哥邀駕觀樗蒲，[3]捧觴上壽，袖刃而進。帝覺，命執之，親詰其事。劉哥自誓，帝復不問。屋質奏曰：“當使劉哥與石剌對狀，不可輒恕。”帝曰：“卿爲朕鞫之。”屋質率劍士往訊之，天德等伏罪，誅天德，杖翰，遷劉哥，以盆都使轄戛斯國。

［1］天禄：遼世宗耶律阮年號（947—951）。

［2］蕭翰（？—949）：契丹外戚。應天皇太后述律氏之侄。大同元年（947）從太宗入汴，爲宣武軍節度使。世宗即位後，附世宗反對應天皇太后，娶世宗妹阿不里。天禄間，一再謀反，伏誅。本書卷一一三有傳。

［3］樗（chū）蒲：古代游戲名。因其用於擲采的投子最初由樗木製成，故而得名。今朝鮮半島還可見到。

　　三年表列泰寧王察割陰謀事，[1]上不聽。五年爲右皮室詳穩。[2]秋，上祭讓國皇帝于行宮，[3]與群臣皆醉，[4]察割弑帝。屋質聞有言"衣紫者不可失"，[5]乃易衣而出，亟遣人召諸王，及喻禁衛長皮室等同力討賊。時壽安王歸帳，屋質遣弟冲迎之。王至，尚猶豫。屋質曰："大王嗣聖子，賊若得之，必不容。群臣將誰事，社稷將誰賴？萬一落賊手，悔將何及？"王始悟。諸將聞屋質出，相繼而至。遲明整兵，出賊不意圍之，遂誅察割。

［1］察割（？—951）：遼皇族。其父即明王安端，爲阿保機同母弟。世宗即位，察割封泰寧王。天禄五年（951）九月，南伐途中行弑逆，隨即爲壽安王誘殺。

［2］皮室：契丹軍名。意爲"金剛"。初爲阿保機所置，稱"腹心部"。後有南、北、左、右皮室及黄皮室等，皆掌精甲。　詳穩：遼朝軍官名。元帥府下設大詳穩司。"詳穩"即漢語"將軍"的轉譯。【劉注】"詳穩"即漢語"將軍"的轉譯的説法似有值得商榷之處。在契丹小字中，"詳穩"作 𘭍，"將軍"作 𘭍，或 𘭍、𘭍；在契丹大字中，"詳穩"作 𘬗，"將軍"

作**持**军。"詳穩"不是漢語"將軍"的轉譯，而是音譯的契丹語，契丹語中"將軍"是漢語借詞。

[3]讓國皇帝：即遼太祖耶律阿保機長子人皇王倍的尊謚。行宮：亦稱行帳，即阿保機轉徙隨時的車帳組成的朝廷。契丹語稱"捺鉢"，遼中葉逐漸形成"四時捺鉢"制度。

[4]與群臣皆醉：【劉校】"群臣"，原本作"郡臣"，據明抄本、南監本、北監本、殿本改。中華點校本、修訂本和補注本徑改。長箋本引《初校》出校。

[5]聞有言：【劉校】原本作"聞有吉"，據明抄本、南監本、北監本、殿本改。中華點校本、修訂本和補注本徑改。長箋本引《初校》出校。

亂既平，穆宗即位，謂屋質曰："朕之性命，實出卿手。"命知國事，以逆黨財產盡賜之，屋質固辭。應曆五年爲北院大王，[1]總山西事。

[1]應曆：遼穆宗耶律璟年號（951—969）。 北院大王：契丹官名。北院大王和南院大王即是五院部和六院部的首領，握有兵權。

保寧初宋圍太原，[1]以屋質率兵往援，至白馬嶺，遣勁卒夜出間道，疾馳駐太原西，鳴鼓舉火。宋兵以爲大軍至，懼而宵遁。以功加于越。[2]四年，漢劉繼元遣使來貢，[3]致幣於屋質，屋質以聞，帝命受之。五年五月薨，[4]年五十七。帝痛悼，輟朝三日。[5]後道宗詔上京立祠祭享，[6]樹碑以紀其功云。

[1]保寧：遼景宗耶律賢年號（969—979）。

[2]于越：契丹語音譯詞。官名。爲契丹貴官，非有大功德者不授。位在北、南大王之上。

[3]劉繼元：北漢開國皇帝劉崇養子。天會十二年（遼應曆十八年，968）九月即位，次年，遼册立其爲大漢皇帝。廣運二年（遼保寧七年，975）遼册繼元爲大漢英武皇帝。廣運六年（宋太平興國四年，979）降於宋，北漢亡。

[4]"四年，漢劉繼元遣使來貢"至"五年五月薨"：【劉校】據中華點校本校勘記，"五年"原作"是年"，即四年。"按《紀》漢遣使來貢，在三年十月。四年二月，漢以皇子生遣使來賀。五年五月癸亥，于越屋質薨。"據改。

[5]輟（chuò）朝：中止臨朝聽政。

[6]上京：遼五京之一。前期都城。稱臨潢府，故址在今内蒙古自治區巴林左旗林東鎮波羅城。

耶律吼字曷魯，六院部夷离堇蒲古只之後。[1]端愨好施，不事生產。太宗特加倚任。

[1]六院部：遼太祖析迭剌部爲五院部和六院部。太宗會同元年（938）改夷离堇爲大王。北院大王和南院大王即是五院部和六院部的首領。　夷离堇：契丹部族官名。源於突厥語官名"俟斤"（Irkin）。突厥各部的最高元首稱"可汗"（Qaghan），其他各部酋長則稱爲俟斤。初，契丹"其君大賀氏，有勝兵四萬，臣於突厥，以爲俟斤"（《新唐書》卷二一九《契丹傳》）。後，契丹首領自立爲可汗，其下所屬各部酋長則稱爲"俟斤"，亦即夷离堇。契丹立國後，大部族之夷离堇稱王，小部族之夷离堇則稱爲節度使。舉凡一部之軍政、民政皆由其統掌。參韓儒林《穹廬集》（上海人民出版社1982年版，第314—316頁）。　蒲古只：【靳注】人名。契丹

遙輦氏部落聯盟貴族。曾在内部爭鬬中誅殺耶律狼德、耶律釋魯等，後又爲阿保機所殺，其家眷淪爲官奴婢。

會同六年爲南院大王，莅事清簡，人不敢以年少易之。時晉主石重貴表不稱臣，[1]辭多踞慢，吼言晉罪不可不伐。及帝親征，以所部兵從。既入汴，諸將皆取内帑珍異，吼獨取馬鎧，帝嘉之。

[1]石重貴（914—964）：即後晉出帝。後晉高祖石敬瑭之姪，後晉末代皇帝，公元942年至946年在位。即位後與契丹交惡，開運三年（946）契丹攻入開封，被俘，後死於建州（今遼寧省朝陽市西南）。

及帝崩于欒城，[1]無遺詔，軍中憂懼不知所爲。吼詣北院大王耶律洼議曰：“天位不可一日曠。若請于太后，則必屬李胡。李胡暴戾殘忍，詎能子民！必欲厭人望，則當立永康王。”洼然之。會耶律安摶來，意與吼合，遂定議立永康王，是爲世宗。

[1]欒城：縣名。治所在今河北省石家莊市欒城區。

頃之，以功加採訪使，賜以寶貨。吼辭曰：“臣位已高，敢復求富！臣從弟的琭諸子坐事籍没，[1]陛下哀而出之，則臣受賜多矣。”上曰：“吼舍重賞，以族人爲請，其賢遠甚。”許之，仍賜宮户五十。[2]時有取當世名流作《七賢傳》者，吼與其一。天禄三年卒，年三十九。子何魯不。

[1]籍没：中國古代依照法律登記罪犯所有的家産，予以没收的稱爲“籍没”。遼代的籍没之法，還包括將犯罪者親屬收爲官奴婢。

[2]宫户：又稱宫分户、“宫分人户”。他們是隸屬宫分斡魯朶而不隸州縣的人户。宫分人户有宫籍，多是統治者的私奴。宫籍是世襲的，未經統治者宣佈廢除，子孫則世代爲宫分人户。

何魯不字斜寧，嘗與耶律屋質平察割亂。穆宗以其父吼首議立世宗，故不顯用。晚年爲本族敞史。[1]

[1]敞史：【靳注】官名。契丹北面官。爲各官衙之佐吏。掌文書案牘之事，有時亦領兵作戰。

及景宗即位，以平察割功，授昭德軍節度使，[1]爲北院大王。時黄龍府軍將燕頗殺守臣以叛，[2]何魯不討之，[3]破於鴨緑江。坐不親追擊，以至失賊，杖之。乾亨間卒。[4]

[1]昭德軍：遼代軍號。治瀋州（今遼寧省瀋陽市）。《武經總要》前集卷一六下《戎狄舊地》：“瀋州，德光所建，仍曰昭德軍，契丹舊地也，東至大遼水。水東即女真界。西南至東京一百三十里，北至雙州八十里。”

[2]黄龍府：治所在今吉林省農安市。

[3]何魯不討之：【劉校】據中華點校本校勘記，本書卷八《景宗本紀上》保寧七年（975）七月，“黄龍府衛將燕頗殺都監張

琚以叛，遣敞史耶律曷里必討之”。曷里必即何魯不。

[4]乾亨：遼景宗耶律賢年號（979—983）。

耶律安搏曾祖巖木，玄祖之長子；祖楚不魯，爲本部夷离堇；父迭里幼多疾，時太祖爲撻馬狘沙里，常加撫育，神册六年爲惕隱，從太祖將龍軍討阻卜、党項有功，[1]天贊三年爲南院夷离堇，[2]征渤海，[3]攻忽汗城，[4]俘斬甚衆。太祖崩，淳欽皇后稱制，[5]欲以大元帥嗣位。迭里建言：“帝位宜先嫡長，今東丹王赴朝，當立。”由是忤旨，以“黨附東丹王”，詔下獄，訊鞠，加以炮烙。[6]不伏，殺之，籍其家。

[1]阻卜：即達旦、韃靼。元人諱言達旦，而稱達旦爲阻卜。詳王國維《觀堂集林》卷一四《達旦考》。 党項：中國古代族名。又稱党項羌，唐以後主要活動於靈、慶、銀、夏等州，即今甘肅、寧夏、陝西和內蒙古等省區交界地區。

[2]天贊：遼太祖耶律阿保機年號（922—926）。

[3]渤海：靺鞨粟末部在今中國東北地區建立的政權。唐武后聖曆元年（698），靺鞨粟末部首領大祚榮建立振國（亦稱震國）。唐玄宗先天二年（713，當年十二月改元“開元”）遣使封大祚榮爲左驍衛大將軍、渤海郡王，又設置忽汗州，加授大祚榮爲忽汗州大都督，並改稱渤海。寶應元年（762）晉爲國。天顯元年（926）爲遼所滅，改稱東丹。【劉注】渤海國最初的國號爲“靺鞨”，不爲“震國”或“振國”。《新唐書》卷二一九《渤海傳》：“睿宗先天中（應爲‘玄宗先天二年’），遣使拜祚榮爲左驍衛大將軍、渤海郡王。以所統爲忽汗州，領忽汗州都督，自是始去靺鞨號，專稱渤海。”這裏不稱“始去震國之號，專稱渤海”，而稱“始去靺鞨

之號，專稱渤海”。可見，稱“大祚榮建立震國”是混淆了封號與國號的區別。《新唐書》卷二一九《渤海傳》稱“武后封乞四比羽爲許國公，乞乞仲象（大祚榮之父）爲震國公”。“許國公”和“震國公”都是封號，並不意味着有“許國”“震國”等政権。乞乞仲象死後，他兒子大祚榮繼承了“震國公”的封號，但他不滿足“公”級別，所以“自號震國王”。“震國王”僅僅是封號，並不意味着有“震國”。少數民族往往以其民族名爲國號，如“契丹”“蒙古”等。渤海也應如此。

[4]忽汗城：即渤海上京龍泉府，故址在今黑龍江省寧安市渤海鎮。

[5]淳欽皇后：遼太祖阿保機皇后述律氏的謚號。遼興宗重熙二十一年（1052）九月追謚。本書卷七一有傳。 稱制：此是北方民族傳統，大汗死後，在選立新汗之前，由大汗之妻權決軍國事。

[6]炮烙：用燒紅的鐵烙人的刑罰。

安摶自幼若成人，居父喪，哀毀過禮，見者傷之。太宗屢加慰諭，嘗曰：“此兒必爲令器。”既長寡言笑、重然諾，動遵繩矩，事母至孝。以父死非罪，未葬，不預宴樂。世宗在藩邸，[1]尤加憐恤，安摶密自結納。

[1]藩邸：藩王的邸第。世宗非太宗子，是以藩邸入繼大統。歸安茅星來撰《近思録集注》：“胡氏曰：唐宋人率稱東宮及諸王邸第爲藩邸，謂藩國邸第也。”

太宗伐晉還，至欒城崩。諸將欲立世宗，以李胡及壽安王在朝，[1]猶豫未決。時安摶直宿衛，世宗密召問計。安摶曰：“大王聰安寬恕，人皇王之嫡長。先帝雖有壽安，天下屬意多在大王。今若不斷，後悔無及。"
會有自京師來者，安摶詐以李胡死傳報軍中，皆以爲
信。於是安摶詣北、南二大王計之。北院大王洼聞而遽
起曰：[2]"吾二人方議此事。先帝嘗欲以永康王爲儲
貳，[3]今日之事有我輩在，孰敢不從！但恐不白太后而
立，爲國家啓釁。"安摶對曰："大王既知先帝欲以永康
王爲儲副，況永康王賢明，人心樂附。今天下甫定，稍
緩則大事去矣。[4]若白太后，必立李胡。且李胡殘暴，
行路共知，果嗣位，如社稷何？"南院大王吼曰："此言
是也。吾計決矣！"乃整軍，召諸將奉世宗即位于太宗
樞前。

[1]壽安王（931—969）：名述律，遼太宗耶律德光長子，生
母爲靖安皇后蕭氏。會同二年（939）封壽安王。天禄五年（951）
即皇帝位，改元應曆，群臣上尊號曰天順皇帝。應曆十九年（969）
遇弒，廟號穆宗。

[2]聞而遽起：【劉校】"遽"原本作"據"，據南監本、北監
本、明抄本及殿本改。中華點校本、修訂本和補注本徑改。長箋本
引《羅校》出校。

[3]儲貳：太子。明人陳耀文《天中記》卷一二《太子》："少
微星一名處士星，儲君副主之宮。儲貳副天庭，延三吏。'儲二'
謂太子。"

[4]稍緩則大事去矣：【劉校】"則"原本爲空格，中華修訂本
據南監本、北監本、明抄本及殿本補，今從。

帝立，以安摶爲腹心，總知宿衛。是歲，約和于潢
河橫渡。太后問安摶曰："吾與汝有何隙？"安摶以父死

爲對，太后默然。[1]及置北院樞密使，[2]上命安摶爲之，賜奴婢百口，寵任無比，事皆取決焉。然性太寬，事循苟簡，豪猾縱恣不能制。天禄末察割兵犯御幄，又不能討，由是中外短之。

［1］太后默然：【劉校】默然，原本作“黜然”，據明抄本、南監本、北監本、殿本改。中華點校本、修訂本和補注本徑改。長箋本引《初校》出校。

［2］北院樞密使：即契丹樞密院之樞密使，爲北面官之最高官職，掌軍事、部族。詳本書卷四五《百官志一》。

穆宗即位，以立世宗之故，不復委用。應曆三年，或誣安摶與齊王罨撒葛謀亂，繫獄死。侄撒給，左皮室詳穩。

耶律洼字敵輦，隋國王釋魯孫，[1]南院夷离堇綰思子。少有器識，人以公輔期之。

［1］釋魯：即述瀾。玄祖勻德實第三子，阿保機的伯父。據本書卷六四《皇子表》，賢而有智，爲迭剌部于越時教民種樹桑麻。年五十七爲子滑哥所弑。重熙中追封爲隋國王。

太祖時雖未官，常任以事。太宗即位爲惕隱。天顯末帝援河東，洼爲先鋒，敗張敬達軍於太原北。[1]會同中遷北院大王。及伐晉，復爲先鋒，與梁漢璋戰於瀛州，[2]敗之。

[1]張敬達（？—936）：代州（今山西省代縣）人。字志通，小字生鐵。少以騎射事後唐莊宗。明宗時，爲河東馬步軍都指揮使，累遷彰國、大同軍節度使。清泰二年（935），契丹數犯邊，清泰帝以河東節度使石敬瑭有異志，乃以敬達爲北面副總管，以分其兵。明年夏，敬瑭反。即以敬達爲太原四面招討使，率兵圍太原。敬瑭求救於契丹。九月，契丹耶律德光自鴈門入。敬達收軍於晉安寨，契丹圍之。救兵不至，副招討使楊光遠斬敬達降。契丹耶律德光聞敬達死，哀其忠，遣人收葬之。

[2]梁漢璋（897—946）：後晉永清軍節度使，多次率軍抵禦契丹。後陣亡。　瀛州：治所在今河北省河間市。

太宗崩于欒城，南方州郡多叛，士馬困乏，軍中不知所爲。洼與耶律吼定策立世宗，乃令諸將曰：“大行在殯，[1]神器無主，永康王，人皇王之嫡長，天人所屬，當立。有不從者以軍法從事。”諸將皆曰：“諾。”世宗即位，賜宮户五十，拜于越。卒，年五十四。

[1]大行在殯：古代稱剛死而尚未定諡號的皇帝、皇后爲“大行皇帝”“大行皇后”。《後漢書》卷五《安帝紀》：“孝和皇帝懿德巍巍，光於四海；大行皇帝不永天年。”李賢注引韋昭曰：“大行者，不反之辭也。天子崩，未有諡，故稱大行也。”【劉校】在殯，原作“上賓”，據文意改。中華點校本、修訂本、補注本和長箋本仍作“上賓”。指死者入殮後停柩以待葬。

耶律頹昱字團寧，[1]孟父楚國王之後。父末掇嘗爲夷离菫。

[1]耶律頹昱：【劉校】原本作“耶律頹立”，據明抄本、南監本、北監本、殿本改。中華點校本、修訂本和補注本逕改。長箋本引《羅校》出校。

頹昱性端直。會同中領九石烈部，政濟寬猛。世宗即位爲惕隱。天禄三年兼政事令，[1]封漆水郡王。

[1]政事令：遼朝南面宰相。遼世宗天禄四年（950）建政事省之前，漢人宰相無定稱；建政事省之後，南面宰相稱“政事令”，且多由契丹貴族擔任這一職務。

及穆宗立，以匡贊功，嘗許以本部大王。後將葬世宗，頹昱懇言於帝曰：“臣蒙先帝厚恩，未能報；幸及大葬，臣請陪位。”帝由是不悅，寢其議。薨。

耶律撻烈字涅魯衮，六院部郎君裹古直之後。沉厚多智，有任重才。年四十未仕。

會同間爲邊部令穩。[1]應曆初陞南院大王，均賦役、勸耕稼，部人化之，户口豐殖。時，周人侵漢，以撻烈都統西南道軍援之。[2]周已下太原數城，漢人不敢戰。及聞撻烈兵至，周主遣郭從義、尚鈞等率精騎拒於忻口，[3]撻烈擊敗之，獲其將史彦超。周軍遁歸，復所陷城邑，漢主詣撻烈謝。及漢主殂，宋師來伐，上命撻烈爲行軍都統，發諸道兵救之。既出鴈門，[4]宋諜知而退。[5]

[1]令穩：據本書卷三三《營衛志下·部族下》：“太祖更諸部夷离堇爲令穩。統和中，又改節度使。”

[2]都統：官名。唐乾元中，始以都統名官，總諸道征伐。後若調諸道兵馬會戰，多置此職，爲臨時軍事長官，不賜旌節，事解即罷。遼設諸路兵馬都統署司，下有諸路兵馬都統署，都統爲其長官。

[3]忻口：關隘名。【靳注】在今山西省忻州市北部。兩峽峙，滹沱河流淌其間，爲晉陽門户。

[4]鴈門：關隘名。古鴈門關在今鴈門關西鴈門山上，又稱西陘關。元廢。今鴈門關位於現在的山西省代縣西北，係明代所置。

[5]諜知：【靳注】探知，暗中察明。

保寧元年加兼政事令，致政。乾亨初召之，上見鬚髮皓然，精力猶健，問以政事，厚禮之。以疾薨，年七十九。

撻烈凡用兵，賞罰信明，得士卒心。河東單弱，不爲周、宋所併者，撻烈有力焉。在治所不修邊幅，百姓無稱，年穀屢稔。時耶律屋質居北院，撻烈居南院，俱有政迹，朝議以爲“富民大王”云。

贊曰：立嗣以嫡，禮也。太宗崩，非安搏、吼、洼謀而克斷策立世宗，非屋質直而能諫，杜太后之私、折李胡之暴，以成橫渡之約，則亂將誰定？四臣者，庶幾《春秋》首止之功哉。[1]

[1]首止之功：即春秋間諸侯於首止會盟，力保周太子鄭繼承王位。事在《左傳·僖公五年》：齊桓公與諸侯“會于首止，會王

大子鄭，謀甯周也。"首止，地名。在今河南省睢縣東南。

（李錫厚注　劉鳳翥校）

遼史　卷七八

列傳第八

耶律夷臘葛　蕭海璃　蕭護思　蕭思温　蕭繼先[1]

[1]"耶律夷臘葛"至"蕭繼先":【劉校】原本、南監本、明抄本無,據北監本、殿本補。

耶律夷臘葛字蘇散,本宮分人檢校太師合魯之子。[1]

[1]宮分人:有宮籍之人。有宮籍的宮分人,多是統治者的私奴,但宮分人中也有契丹權貴。宮籍是世襲的,如未經統治者宣佈廢除,則子孫世代爲宮分人。比如韓德讓,就是即貴並且被賜姓耶律之後纔"出宮籍"的。繼韓德讓之後,興宗時的漢人宮分人姚景行出宮籍也是在其官至翰林學士、樞密副使、參知政事以後。遼亡之後,諸宮衛機構雖已不存,但那些宮户、宮分人的身份並未改變;他們仍隸宮籍。於是,金朝始有宮籍監之設,用以管理這些宮户,並依照新機構的名稱,稱他們爲"宮籍監户"或"監户"。遼朝一部分專門在皇帝身邊服役的"宮户"又稱爲"著帳户"。另

外，散居州縣當中的宮户與民户一樣要向國家交納賦税，説明這些宮户的身份已經發生了改變。統和十五年（997）三月"壬午，通括宮分人户，免南京逋税及義倉粟"。將"通括宮分人户"一事，與"免南京逋税及義倉粟"一併實行，是因爲此二事都與賦税徵收有關。宮户所受剥削和壓迫定是相當沉重的，以至他們被迫逃亡。據壽昌二年（1096）的《孟有孚墓誌銘》載："時朝廷命復慶陵之逋民，詔公乘驛以督之。"（《全遼文》卷九）宮籍起源甚早，遙輦氏時已經有宮分人存在。 檢校：職官制度用語。唐宋皆有檢校官，屬加官而非正受。

　　應曆初以父任入侍，[1]數歲始爲殿前都點檢。[2]時上新即位，疑諸王有異志，引夷臘葛爲布衣交，一切機密事必與之謀。遷寄班都知，[3]賜宮户。[4]

　　[1]應曆：遼穆宗耶律璟年號（951—969）。
　　[2]殿前都點檢：官名。後周世宗設置殿前司，以都點檢、副都點檢爲正副長官，位在都指揮使之上，爲禁軍統帥。宋初廢。遼設殿前都點檢，爲南面軍官，當係模倣周制。
　　[3]寄班都知：屬北面御帳官。左班、右班、寄班合稱"三班"，遼三班院，三班各設都知。本書卷四五《百官志一》"三班以肅會朝"，三班都知其職掌當與糾察百官非違有關。宋代孫逢吉《職官分紀》卷二六《内侍省》載，"寄班供奉、侍禁殿直、奉職（熙寧中定寄班，祇以一十五人爲額）"。
　　[4]宮户：亦稱"宮分户"，是遼代諸宮衛所管轄的具有宮籍的人户。他們隸屬宮分而不隸州縣。

　　時上酗酒，數以細故殺人。有監雉者因傷雉而亡，獲之欲誅，夷臘葛諫曰："是罪不應死。"帝竟殺之，以屍付夷臘葛曰："收汝故人！"夷臘葛終不爲止。復有監鹿詳穩亡一鹿，[1]下獄當死，夷臘葛又諫曰："人命至重，豈可爲一獸殺之！"良久，得免。

[1]詳穩：契丹語音譯詞。官名。遼在元帥府下設大詳穩司。按本書卷一一六《國語解》，"詳穩，諸官府監治長官"。"詳穩"即漢語"將軍"的音譯。【劉注】"詳穩"即漢語"將軍"的轉譯的說法似有值得商榷之處。在契丹小字中，"詳穩"作𝌆，"將軍"作𝌆 几亦，或𝌆 几亦、𝌆 几亦；在契丹大字中，"詳穩"作𝌆 𝌆，"將軍"作𝌆 𝌆。"詳穩"不是漢語"將軍"的轉譯，而是音譯的契丹語，契丹語中"將軍"是漢語借詞。

　　遼法，麚歧角者惟天子得射。[1]會秋獵，[2]善爲鹿鳴者呼一麚至，命夷臘葛射，應弦而踣。上大悦，賜金、銀各百兩，名馬百疋及黑山東抹真之地。[3]後穆宗被弑，坐守衛不嚴，被誅。

[1]麚（jiā）：公鹿。
[2]秋獵：即秋捺鉢，主要活動是狩獵。聖宗以後，其主要地點是在慶州（今内蒙古自治區巴林右旗索博如嘎鎮瓦林茫哈）西部諸山。
[3]黑山：本書卷三二《營衛志中》載，"黑山在慶州北十三里，上有池，池中有金蓮"。黑山近慶陵，故"道宗每歲先幸黑山，拜聖宗、興宗陵，賞金蓮，乃幸子河避暑"。另據本書卷三七《地理志一·慶州》，"在州西二十里。有黑山、赤山、太保山、老翁嶺、饅頭山、興國湖、轄失濼、黑河"。　抹真：當爲"扶真"之誤。扶真，即扶翼正統、扶翼真龍天子。遼標榜自己是正統。黑山

近慶陵，遼之聖地，故其近旁之地亦視爲對遼王朝的扶翼。明人楊爵《楊忠介集》卷二《關帝廟碑記》：“大王生值衰漢，鼎祚將移，扶真抑僞，存夏誅夷，振威德於宇內，昭令聲於千古，本其所以至此者。”

蕭海璃字寅的呬，其先遙輦氏時爲本部夷离堇，[1]父塔列天顯間爲本部令穩。[2]

[1]遙輦氏：契丹氏族名。唐開元二十三年（735），可突于殘黨泥禮殺李過折，立阻午可汗，傳九世，至907年阿保機建國。遙輦九可汗繼位後各建宮衛，遼朝立國後有遙輦九帳大常袞司之設，掌遙輦九世宮分之事務。亦指唐朝中晚期至契丹建國前的契丹族可汗姓氏，或稱這一時期爲遙輦氏時期。　夷离堇：契丹部族官名。源於突厥語官名“俟斤”（Irkin）。突厥各部的最高元首稱“可汗”（Qaghan），其他各部酋長則稱爲俟斤。初，契丹“其君大賀氏，有勝兵四萬，臣於突厥，以爲俟斤”（《新唐書》卷二一九《契丹傳》）。後，契丹首領自立爲可汗，其下所屬各部酋長則稱爲“俟斤”，亦即夷离堇。契丹立國後，大部族之夷离堇稱王，小部族之夷离堇則稱爲節度使。舉凡一部之軍政、民政皆由其統掌。參韓儒林《穹廬集》（上海人民出版社1982年版，第314—316頁）。
[2]天顯：遼太祖耶律阿保機年號。天顯元年（926）遼太宗耶律德光即位而未改元（926—938）。　令穩：據本書卷三三《營衛志下·部族下》：“太祖更諸部夷离堇爲令穩。統和中，又改節度使。”

海璃貌魁偉，膂力過人。天祿間娶明王安端女䔥因翁主。[1]應曆初察割亂，[2]䔥因連坐，繼娶嘲瑰翁主。上以近戚，嘉其勤篤，命預北府宰相選。[3]頃之，總知軍國事。

[1]天祿：遼世宗耶律阮年號（947—951）。 安端：在阿保機兄弟中排行第五，也曾參與"謀反"。世宗天祿初，賜號"明王"，成爲東丹國的統治者。

[2]察割：即耶律察割（？—951），遼皇族，其父即明王安端，爲阿保機同母弟。世宗即位，察割封泰寧王。天祿五年（951）九月，南伐途中行弑逆，隨即爲壽安王誘殺。

[3]宰相：契丹部族官名。契丹可汗之下有北、南二府，各部族則分屬二府，故北宰相亦稱北府宰相，南宰相亦稱南府宰相。

　　時諸王多坐反逆，海璪爲人廉謹，達政體。每被命案獄，多得其情，人無冤者，繇是知名。漢主劉承鈞每遣使入貢，[1]必別致幣物，詔許受之。年五十卒，帝愍悼，輟朝二日。[2]

[1]劉承鈞：北漢皇帝。即位後稱劉鈞，臣服契丹，稱遼穆宗爲父。955年至967在位。在位期間與契丹關係不睦。

[2]輟（chuò）朝：中止臨朝聽政。

　　蕭護思字延寧，世爲北院吏，累遷御史中丞，總典群牧部籍。[1]

[1]群牧：契丹專門管理畜群的機構。諸路設群牧使司，下設某群太保、某群侍中、某群敞史；朝廷設總典群牧使司，有總典群牧部籍使、群牧都林牙。以"群"爲單位設某群牧使、群牧副使。此外，還有僅管理馬及牛群的機構。遼亡之後，金稱契丹群牧爲

“烏魯古”。

應曆初遷左客省使。[1]未幾，拜御史大夫。時諸王多坐事繫獄，上以護思有才幹，詔窮治，稱旨，改北院樞密使，[2]仍命世預宰相選。護思辭曰：“臣子孫賢否未知，得一客省使足矣。”從之。

[1]客省：官署名。會同元年（938）置，掌接待諸國使節。設官有都客省、客省使、左右客省使等。

[2]北院樞密使：即契丹樞密院之樞密使，爲北面官之最高官職，掌軍事、部族。詳本書卷四五《百官志一》。

上晚歲酗酒，用刑多濫，護思居要地，踽踽自保，未嘗一言匡救，議者以是少之。年五十七卒。

蕭思溫，[1]小字寅古，宰相敵魯之族弟忽没里之子。[2]通書史。

[1]蕭思溫：【劉校】思溫，據中華修訂本校勘記，“本書卷七一《后妃傳》同，重熙七年《蕭紹宗墓誌》、《長編》卷一〇太祖開寶二年、《宋史》卷二六四《宋琪傳》及《契丹國志》卷六《景宗孝成皇帝》、卷一五《外戚傳》皆作‘守興’。《長編》卷五五真宗咸平六年七月己酉作‘挾力’”。

[2]敵魯：即蕭敵魯（？—919）。阿保機妻述律氏之弟。阿保機即帝位以後，敵魯與曷魯等總宿衛事，爲佐命功臣。後拜北府宰相。本書卷七三有傳。　忽没里：【劉注】人名。又作“胡毛里”。《蕭紹宗墓誌銘》稱“曾祖諱胡毛里，贈韓王”。

太宗時爲奚禿里太尉，尚燕國公主，[1]爲群牧都林牙。[2]思溫在軍中握齪、修邊幅，[3]僚佐皆言非將帥才。尋爲南京留守。[4]

[1]燕國公主：太宗長女呂不古。應曆間，封沴國長公主。保寧中，進封燕國大長公主。

[2]林牙：契丹語音譯詞。官名。掌文翰，相當於翰林學士。

[3]握齪（chuò）：【靳注】同“齷齪”，拘謹局狹之義。

[4]南京：遼五京之一。故址在今北京市。

初，周人攻揚州，[1]上遣思溫躡其後，憚暑不敢進，拔緣邊數城而還。後周師來侵，圍馮母鎮，[2]勢甚張。思溫請益兵，帝報曰：“敵來則與統軍司併兵拒之，敵去則務農作，勿勞士馬。”會敵入束城，[3]我軍退渡滹沱而屯。[4]思溫勒兵徐行，周軍數日不動。思溫與諸將議曰：“敵衆而銳，戰不利則有後患。不如頓兵以老其師，躡而擊之，可以必勝。”諸將從之。遂與統軍司兵會，飾他說請濟師。周人引退，思溫亦還。

[1]周人攻揚州：【劉校】揚州，原本和南監本作“楊州”，據明抄本、北監本及殿本改。據《新五代史》卷一二《周本紀》顯德三年（遼應曆六年，956）二月丙戌取揚州。中華點校本、修訂本和補注本徑改。長箋本引《初校》出校。

[2]馮母鎮：據《畿輔通志》卷五〇：“馮母廟在饒陽縣治西，祀漢馮異母，始建無考。明萬曆中知縣翟燿重修。”鎮當即廟所在地。

[3]束城：縣名。治所在今河北省河間市東北。

[4]滹沱：河流名。滹沱河流經今山西、河北境內，匯入子牙河，歷史上河道屢次變遷。

已而周主復北侵，與其將傅元卿、李崇進等分道並進，[1]圍瀛州，[2]陷益津、瓦橋、淤口三關，[3]垂迫固安。[4]思溫不知計所出，但云車駕旦夕至；麾下士奮躍請戰，不從。已而陷易、瀛、莫等州，[5]京畿人皆震駭，[6]往往遁入西山。思溫以邊防失利，恐朝廷罪己，表請親征。會周主榮以病歸，思溫退至益津，僞言不知所在。遇步卒二千餘人來拒，敗之。是年，聞周喪，燕民始安，乃班師。

[1]與其將傅元卿、李崇進等分道並進：【劉校】李崇進，據中華點校本校勘記，《舊五代史》卷一一九作“李重進”。

[2]瀛州：治所在今河北省河間市。

[3]三關：宋與契丹分界的三關，淤口關（在今河北省霸縣東）、益津關（在今河北省霸縣）、瓦橋關（在今河北省雄縣）。

[4]固安：縣名。治所在今河北省固安縣。

[5]易：州名。治所在今河北省易縣。　莫：州名。治所在今河北省任丘市。

[6]京畿人皆震駭：【劉校】據中華修訂本校勘記，“畿”原本作“齊”，《初校》謂“齊”當作“畿”，據改。今從。

時穆宗湎酒嗜殺，思溫以密戚預政，無所匡輔，士論不與。十九年，春蒐，[1]上射熊而中，思溫與夷离畢牙里斯等進酒上壽，[2]帝醉還宮。是夜，爲庖人斯奴古等所弑。[3]思溫與南院樞密使高勳、飛龍使女里等立景宗。[4]

[1]春蒐：古代帝王春獵。這裏指遼代春捺鉢的狩獵活動。

[2]夷离畢：遼官名。爲執政官，相當於副宰相參知政事。後來官分南、北，北面官有夷离畢院，主要掌刑政。

[3]爲庖人斯奴古等所弑：【劉校】據中華點校本校勘記，“按《紀》應曆十九年二月作庖人辛古”。

[4]高勳（？—978）：字鼎衛，初仕後晉爲閤門使。會同九年（開運三年，946）隨杜重威降遼，後北遷。世宗即位，爲樞密使，總漢軍。穆宗應曆間封趙王，任上京留守、南京留守。景宗即位，以定策功封秦王。後謀殺蕭思溫事發，伏誅。本書卷八五有傳。女里（？—978）：字涅烈袞，積慶宮分人。景宗在藩邸，以女里出自其父世宗宮分，故待遇殊厚，女里亦傾心結納。及穆宗遇弑，女里翼戴景宗即位，以功，加政事令、契丹行宮都部署。保寧末，坐私藏甲冑及謀殺樞密使蕭思溫，賜死。本書卷七九有傳。　飛龍使：【靳注】官名。遼北面飛龍院長官。飛龍院爲掌牧馬之機構。

保寧初爲北院樞密使兼北府宰相，[1]仍命世預其選。上册思溫女爲后，[2]加尚書令，封魏王。從帝獵閭山，[3]爲賊所害。

[1]保寧：遼景宗耶律賢年號（969—979）。

[2]思溫女爲后：指景宗睿智皇后蕭綽，小字燕燕。本書卷七一有傳。

[3]閭山：即醫巫閭山，遼西地區的名山。在今遼寧省北鎮市。

蕭繼先字楊隱，[1]小字留只哥。幼穎悟，叔思溫命爲子，睿智皇后尤愛之。[2]乾亨初尚齊國公主，[3]拜駙馬都尉。

[1]蕭繼先：【劉校】繼先，據中華修訂本校勘記，"本書卷六五《公主表》、卷六七《外戚表》、卷八二《磨魯古傳》同。《蕭紹宗墓誌》《耶律燕哥墓誌》《秦晉國大長公主墓誌》《蕭閣墓誌》《蕭勃特本墓誌》及本書《聖宗紀》統和四年三月庚寅、十一月丙戌、六年十二月丁巳、十七年十月、二十年三月甲寅皆作'繼遠'"。

[2]睿智皇后（？—1009）：北府宰相蕭思溫女。諱綽，小字燕燕。景宗即位，選爲貴妃。尋册爲皇后，生聖宗。景宗崩，尊爲皇太后，攝國政。統和元年（983），上尊號曰承天皇太后。本書卷七一有傳。

[3]乾亨：遼景宗耶律賢年號（979—983）。 齊國公主：【劉注】景宗長女觀音女。睿智皇后生。初封魏國公主，進封齊國。興宗時封燕國大長公主，下嫁北府宰相蕭繼先。曾受賜奴婢萬口。其最後封號爲"雍肅恭壽仁懿秦晉國大長公主"。死後葬中京西冨峪（今河北省平泉市北五十家子鎮八王溝）。其生平詳載劉鳳翥、唐彩蘭、青格勒編著《遼上京地區出土的遼代碑刻彙輯》所收《秦晉國大長公主墓誌銘》。公主，原本誤作"公立"，據明抄本、南監本、北監本、殿本和馮氏《初校》改。中華點校本、修訂本和補注本徑改。

統和四年宋人來侵，[1]繼先率邏騎逆境上，[2]多所俘獲，上嘉之，拜北府宰相。自是出師，繼先必將本府兵先，從拔狼山石壘，從破宋軍應州。[3]上南征取通利軍，[4]戰稱捷力。及親征高麗，[5]以繼先年老留守上京。[6]卒，年五十八。繼先雖處富貴，尚儉素，所至以善治稱，故將兵攻戰，未嘗失利，名重戚里。

[1]統和：遼聖宗耶律隆緒年號（983—1012）。

[2]繼先率邏騎逆境上：據中華點校本校勘記，本書卷一一《聖宗本紀二》統和四年十一月，“遣蕭繼遠沿邊巡徼”。又本書卷一二《聖宗本紀三》統和七年二月，“駙馬都尉蕭寧遠同政事門下平章事。繼遠、寧遠均是繼先”。

[3]應州：治所在今山西省應縣。

[4]通利軍：遼代軍號。治黎陽（今河南省浚縣東）。

[5]高麗：古國名。即王建創建的高麗王朝（918—1392）。統治地域在今朝鮮半島，首都在開京（今朝鮮開城市）。公元918年，泰封君主弓裔部下起事推翻弓裔，擁立王建爲王。隨後合併新羅、滅後百濟，實現“三韓一統”。1392年，李成桂廢高麗恭讓王而自立，建立朝鮮王朝，高麗遂亡。

[6]上京：遼五京之一。前期都城，稱臨潢府，故址在今内蒙古自治區巴林左旗林東鎮波羅城。

論曰：嗚呼！人君之過莫大於殺無辜。湯之伐桀也，數其罪曰“並告無辜於上下神祇”；武王之伐紂也，數其罪曰“無辜籲天”；[1]堯之伐苗民也，呂侯追數其罪曰“殺戮無辜”。[2]迹是言之，夷臘葛之諫凛凛，庶幾古君子之風矣。雖然，善諫者不諫於已然，蓋必先得於心術之微，如察脉者先其病而治之，則易爲功。穆宗沈湎失德，蓋其資富彊之勢以自肆久矣。使群臣於造次動作之際，此諫彼諍，提而警之，以防其甚，則亦詎至是哉！于以知護思、思温處位優重，就禄取容，真鄙夫矣！若海瓈之折獄，繼先之善治，可謂任職臣歟。

[1]無辜籲天：語出《尚書·泰誓》：“無辜籲天，穢德彰聞。”

傳云："臣下朋黨自爲仇怨，脅上權命以相誅滅。'籲'，呼也。民皆呼天告冤無辜，紂之穢德彰聞天地，言罪惡深。"

[2]殺戮無辜：語出《尚書·周書·呂刑》，言三苗之君習蚩尤之惡，不用善化民，而制以重刑。

（李錫厚注　劉鳳翥校）

遼史　卷七九

列傳第九

室昉　耶律賢適　女里　郭襲　耶律阿没里[1]

[1]"室昉"至"耶律阿没里"：【劉校】原本、南監本、明抄本無，據北監本和殿本補。

室昉字夢奇，南京人。[1]幼謹厚篤學，不出外户者二十年，雖里人莫識，[2]其精如此。

[1]南京：遼五京之一。故址在今北京市。
[2]里人莫識：【劉校】莫識，原本作"莫職"，據明抄本、南監本、北監本、殿本改。中華點校本、修訂本和補注本徑改。長箋本引《初校》出校。

會同初登進士第，[1]爲盧龍巡捕官。[2]太宗入汴受册禮，[3]詔昉知制誥，[4]總禮儀事。天禄中爲南京留守判官。[5]應曆間累遷翰林學士，[6]出入禁闥十餘年。保寧間兼政事舍人，[7]數延問古今治亂得失，奏對稱旨。上多昉有理劇才，改南京副留守，決訟平允，人皆便之。遷工部尚書，尋改樞密副使、參知政事。[8]頃之，拜樞密使兼北府宰相，[9]加同政事門下平章事。乾亨初，[10]監修國史。

[1]會同：遼太宗耶律德光年號（938—947）。

[2]盧龍：唐軍鎮名。據《唐會要》卷七八，該軍鎮係天寶二年（743）設置，治所在今河北省盧龍縣。

[3]太宗入汴受册禮：是指滅晉，在開封登基，改晉國的國號爲大遼。事在大同元年（947）春正月丁亥朔。"受册禮"是在會同元年（938）接受晉上尊號。

[4]知制誥：【劉校】原本作"知制詔"，據明抄本、南監本、北監本、殿本補。中華點校本、修訂本和補注本徑改。長箋本引《初校》出校。

[5]天禄：遼世宗耶律阮年號（947—951）。

[6]應曆：遼穆宗耶律璟年號（951—969）。

[7]保寧：遼景宗耶律賢年號（969—979）。

[8]參知政事：始見於唐前期，宋初作爲副宰相，至真宗以後，其地位更與宰相同平章事等。遼朝參知政事的地位類似宋朝的參知政事，與同中書門下平章事一樣，都是中書省長官，都是宰相。

[9]樞密使：官名。樞密院之首長。遼有北、南樞密院，爲遼朝的實際宰輔機構，分別總領爲北、南面官。北樞密院又稱契丹樞密院，掌軍事、部族。南樞密院又稱漢人樞密院，掌漢人州縣之事。　宰相：契丹部族官名。契丹皇帝之下有北、南二府，各部族則分屬二府，故北宰相亦稱北府宰相，南宰相亦稱南府宰相。

[10]乾亨：遼景宗耶律賢年號（979—983）。

　　統和元年告老，[1]不許。進《尚書·無逸篇》以諫,[2]太后聞而嘉獎。二年秋詔修諸嶺路,昉發民夫二十萬,一日畢功。[3]是時,昉與韓德讓、耶律斜軫相友善,[4]同心輔政,整析蠹弊、知無不言,[5]務在息民薄賦,以故法度修明,朝無異議。

[1]統和:遼聖宗耶律隆緒年號(983—1012)。

[2]《尚書·無逸篇》:傳爲周公所作。據孔氏傳,成王即位後,周公恐其貪圖安逸,故作此篇以告誡。

[3]一日畢功:【劉校】據中華點校本校勘記,"一日"疑有誤字。似是"一旬"或"一月"。

[4]韓德讓(942—1011):韓匡嗣第四子。統和初年承天稱制,韓德讓以南院樞密使的身份"總宿衛事"。統和十七年(999),北院樞密使、魏王耶律斜軫病故,承天太后以韓德讓兼知北院樞密使事,至此,遼朝的蕃漢軍政大權就集於其一身了。統和二十二年(1004),承天太后又賜韓德讓姓耶律,徙封晉王,並且仍舊爲大丞相,事無不統。次年十一月,她又詔德讓"出宮籍,屬於橫帳"。二十八年更名耶律隆運。本書卷八二有傳。 耶律斜軫(?—999):字韓隱,于越曷魯之孫。保寧初受命節制西南面諸軍,仍援河東。改南院大王。乾亨元年(979)秋,宋軍攻下河東,乘勝襲燕,高梁河一戰,他與耶律休哥分左右翼夾擊,大敗宋軍。統和初,承天皇太后蕭綽稱制,益見委任,爲北院樞密使。四年(986)宋軍三路來攻,斜軫指揮擊退西路來攻的宋軍,以功加守太保。本書卷八三有傳。

[5]整析蠹弊:【劉校】原本作"整哲蠹弊",據明抄本、南監本、北監本、殿本改。中華點校本、修訂本和補注本徑改。長箋本引《初校》出校。

八年復請致政,詔入朝免拜,賜几杖,太后遣閣門使李從訓持詔勞問，令常居南京，封鄭國公。初，晉國公主建佛寺于南京，[1]上許賜額。昉奏曰：“詔書悉罷無名寺院。今以主請賜額，不惟違前詔，恐此風愈熾。”上從之。表進所撰《實錄》二十卷，手詔褒之，加政事令，[2]賜帛六百匹。

[1]晉國公主：世宗次女。名觀音，保寧間，封晉國長公主。下嫁蕭夏剌。

[2]政事令：遼朝南面宰相。遼世宗天禄四年（950）建政事省之前，漢人宰相無定稱；建政事省之後，南面宰相稱“政事令”，且多由契丹貴族擔任這一職務。

九年薦韓德讓自代，不從。上以昉年老苦寒，[1]賜貂皮衾褥，[2]許乘輦入朝。病劇，遣翰林學士張幹就第授中京留守，[3]加尚父。卒，年七十五。上嗟悼，輟朝二日，[4]贈尚書令。遺言戒厚葬。恐人譽過情，自志其墓。

[1]苦寒：【劉校】原本作“若寒”，據明抄本、南監本、北監本、殿本改。中華點校本、修訂本和補注本徑改。長箋本引《羅校》出校。

[2]貂皮：【劉校】原本作“詔皮”，據明抄本、南監本、北監本、殿本改。中華點校本、修訂本和補注本徑改。長箋本引《羅校》出校。

[3]中京：遼五京之一。稱大定府，故址在今内蒙古自治區寧城縣大明鎮。【劉校】據中華點校本校勘記，錢大昕《廿二史考異》卷八三《遼史》以爲，中京疑是南京之訛。

[4]輟（chuò）朝：中止臨朝聽政。

　　耶律賢適字阿古真，于越魯不古之子。[1]嗜學有大志，滑稽玩世，人莫之知，惟于越屋質器之，[2]嘗謂人曰：“是人當國，天下幸甚。”

　　[1]于越：契丹語音譯詞。官名。爲契丹貴官，非有大功德者不授。位在北、南大王之上。
　　[2]屋質：即耶律屋質（916—973）。遼宗室，字敵輦，會同間，爲惕隱。太宗死後，世宗初立，屋質調解太后與世宗的矛盾，得以避免大規模内戰。天禄二年（948），助世宗挫敗天德、蕭翰等謀反。三年，又表列泰寧王察割陰謀事，世宗不聽。後平定察割之亂及立穆宗，皆有功。本書卷七七有傳。

　　應曆中朝臣多以言獲譴，賢適樂於靜退，[1]游獵自娱，與親朋言不及時事。會討烏古還，[2]擢右皮室詳穩。[3]景宗在藩邸，常與韓匡嗣、女里等游，[4]言或刺譏，賢適勸以宜早踈絶，由是穆宗終不見疑，賢適之力也。

　　[1]賢適樂於靜退：【劉校】“靜退”，原本、修訂本作“靖退”，據明抄本、南監本、北監本、殿本改。中華點校本和補注本雖然也作“靜退”，但未出注。長箋本引《初校》出校。
　　[2]烏古：部族名。又稱嫗厥律、于厥律，居契丹西北。
　　[3]右皮室：皮室，契丹軍名。意爲“金剛”。初爲阿保機所置，稱“腹心部”。後有南、北、左、右皮室及黃皮室等，皆掌精甲。　詳穩：契丹語官名。即漢語“將軍”的轉譯。【劉注】“詳

穩”即漢語“將軍”的轉譯的説法似有值得商榷之處。在契丹小字中，“詳穩”作 〔契丹字〕，“將軍”作 〔契丹字〕，或 〔契丹字〕、〔契丹字〕；在契丹大字中，“詳穩”作 〔契丹字〕，“將軍”作 〔契丹字〕。“詳穩”不是漢語“將軍”的轉譯，而是音譯的契丹語，契丹語中“將軍”是漢語借詞。

[4]韓匡嗣（917—982）：遼初著名漢臣韓知古之子。隸屬宫籍。初以善醫直長樂宫。《韓匡嗣墓誌》透露出他最初是受到太宗德光（即嗣聖皇帝）賞識，這可能與靖安皇后有關。因爲匡嗣是景宗耶律賢藩邸故人，所以景宗即位以後他很快即受到重用。保寧二年（970）景宗睿智皇后之父蕭思温遭謀殺，十年（978）景宗又發現並處决了殺害蕭思温的兇手高勳和女里。此後，韓匡嗣更成了景宗和睿智皇后僅存的心腹人物，加開府儀同三司、政事令，授南面行營都統、燕京留守，封燕王。晚年任西南面招討使，與景宗死於同一年——乾亨四年（982）。《韓匡嗣墓誌》云：“以乹亨五年，孝成皇帝登遐……以當年十二月八日薨於神山之行帳，享年六十六。”按本書卷一〇《聖宗本紀》：“四年秋九月壬子，景宗崩。”次年改元統和，乾亨無“五年”。《韓德威墓誌》亦云“四年，丁秦王之憂”，匡嗣墓誌有誤。本書卷七四有傳。

　　景宗立以功加檢校太保，[1]尋遙授寧江軍節度使，[2]賜推忠協力功臣。時帝初踐阼，多疑諸王或萌非望，陰以賢適爲腹心，[3]加特進、同中書門下平章事。保寧二年秋拜北院樞密使兼侍中，賜保節功臣。三年，爲西北路兵馬都部署。[4]賢適忠介膚敏、推誠待人，雖燕息不忘政務。以故百司首職，[5]罔敢婾惰，累年滯獄悉决之。

[1]檢校：職官制度用語。唐宋皆有檢校官，屬加官而非正授。

[2]寧江軍：夔州軍號。治所在今重慶市奉節縣。因其不在遼境内，故爲"遙授"。

[3]腹心：【劉校】原本作"膓心"，據明抄本、南監本、北監本和殿本改。中華點校本、修訂本和補注本徑改。長箋本引《初校》出校。

[4]三年，爲西北路兵馬都部署：據中華點校本校勘記，本書卷八《景宗本紀上》保寧三年七月載，以北院樞密使賢適爲西北路招討使。

[5]百司首職：【劉校】"百司"，原本作"百同"，據明抄本、南監本、北監本、殿本改。中華點校本、修訂本和補注本徑改。長箋本引《初校》出校。

　　大丞相高勳、契丹行宮都部署女里席寵放恣，[1]及帝姨母、保母勢熏灼，一時納賂請謁門若賈區。賢適患之，言于帝，不報；以病解職又不允，令鑄手印行事。乾亨初疾篤，得請。明年封西平郡王，薨，年五十三。子觀音，大同軍節度使。[2]

[1]高勳（？—978）：字鼎衛，初仕後晉爲閤門使。會同九年（開運二年，946）隨杜重威降遼，後北遷。世宗即位爲樞密使，總漢軍。穆宗應曆間封趙王，任上京留守、南京留守。景宗即位，以定策功封秦王。後謀殺蕭思温，事發伏誅。本書卷八五有傳。　契丹行宮都部署：遼北面行宮官。遼在北南面官系統中，分別設契丹行宮都部署和漢人行宮都部署，其上則有諸行宮都部署。行宮都部署完全是倣中原王朝官制設置的，它不同於專管斡魯朶事務的某宮都部署的宮官。宋朝皇帝巡幸亦有行宮，且亦有行宮都部署之設。後避英宗趙曙名諱，改稱行宮都總管。

[2]大同軍：雲州軍號。重熙十三年（1044）升爲西京，治所

在今山西省大同市。

　　女里字涅烈袞，[1]逸其氏族，補積慶宮人。[2]應曆初爲習馬小底，[3]以母憂去。一日至雅伯山，見一巨人，惶懼走。巨人止之曰：“勿懼，我地祇也。[4]葬爾母於斯，當速詣闕，必貴。”女里從之，累遷馬群侍中。

　　[1]字涅烈袞：【劉校】“字”，原本、南監本、明抄本誤作“安”，據北監本、殿本改。中華點校本、修訂本和補注本徑改。長箋本引《初校》出校。

　　[2]積慶宮人：積慶宮的宮分人，該宮爲世宗宮分。

　　[3]習馬小底：【劉校】據中華修訂本校勘記，“小底”原作“不底”，據北監本及本書卷四五《百官志一》“北面著帳官”改。今從。中華點校本和補注本徑改。長箋本引《初校》出校。【靳注】習馬小底，官名。遼承應小底局屬官。養馬小吏。

　　[4]地祇：地神。

　　時景宗在藩邸，以女里出自本宮，待遇殊厚，女里亦傾心結納。及穆宗遇弑，女里奔赴景宗。是夜，集禁兵五百以衛。既即位，以翼戴功加政事令、契丹行宮都部署，賞賚甚渥，尋加守太尉。北漢主劉繼元聞女里爲上信任，[1]遇其生日必致禮。

　　[1]劉繼元：北漢開國皇帝劉崇養子。天會十二年（遼應曆十八年，968）九月即位，次年遼册立其爲大漢皇帝。廣運二年（遼保寧七年，975）遼册繼元爲大漢英武皇帝。廣運六年（宋太平興國四年，979）降於宋，北漢亡。

女里素貪，同列蕭阿不底亦好賄，二人相善。人有氈裘爲枲耳子所著者，或戲曰："若遇女里、阿不底必盡取之。"傳以爲笑。其貪猥如此。

保寧末坐私藏甲五百屬，有司方案詰女里，袖中又得殺樞密使蕭思温賊書，[1]賜死。女里善識馬，嘗行郊野，見數馬跡，指其一曰："此奇駿也！"以己馬易之，果然。

[1]蕭思温（？—970）：小字寅古，宰相蕭敵魯族弟忽没里之子。保寧二年（970）爲賊所害。本書卷七八有傳。

郭襲，[1]不知何郡人。性端介、識治體。久淹外調，景宗即位召見，對稱旨，知可任以事，拜南院樞密使，尋加兼政事令。

[1]郭襲：【劉校】原作"郭龍"，中華修訂本據明抄本、南監本、北監本、殿本及本卷下文改。今從。

以帝數游獵，襲上書諫曰："昔唐高祖好獵，[1]蘇世長言不滿十旬未足爲樂，[2]高祖即日罷，史稱其美。伏念聖祖創業艱難，修德布政宵旰不懈。穆宗逞無厭之欲不恤國事，天下愁怨。陛下繼統，海内翕然望中興之治。十餘年間，征伐未已而寇賊未弭，年穀雖登而瘡痍未復。正宜戒懼修省以懷永圖。側聞恣意遊獵甚於往日，萬一有銜橛之變、搏噬之虞，[3]悔將何及！況南有彊敵伺隙而動，聞之得無生心乎？伏望陛下節從禽酣飲之樂，爲生靈社稷計，則有無疆之休。"上覽而稱善，賜協贊功臣，拜武定軍節度使，[4]卒。

[1]唐高祖：唐朝開國皇帝李淵（566—635）。公元 618 年至 626 年在位。

[2]蘇世長：唐京兆武功（今陝西省武功縣）人。隨王世充降唐，拜諫議大夫。曾直諫高祖遊獵及雕飾宮殿。《舊唐書》卷七九、《新唐書》卷一一六有傳。

[3]銜橜之變：言萬一銜橜不足以制馭悍馬，而發生危險。銜橜，即馬嚼子。　搏噬之虞：言搏擊野獸吞噬或有失誤。

[4]武定軍：遼代州軍號。治奉聖州（今河北省涿鹿縣）。

耶律阿没里字蒲鄰，遙輦嘲古可汗之四世孫。[1]幼聰敏。

[1]遙輦嘲古可汗：本書卷四五《百官志一》作"昭古可汗"。

保寧中爲南院宣徽使。[1]統和初皇太后稱制，與耶律斜軫參預國論，爲都統。[2]以征高麗功遷北院宣徽使，[3]加政事令。四年春宋將曹彬、米信等侵燕，[4]上親征，阿没里爲都監，屢破敵軍。十二年行在多盜，阿没里立禁捕法，盜始息。

[1]宣徽使：遼朝官名。遼設北、南宣徽，分隸北、南樞密院之下。宣徽北院使常執行軍事使命。此外，宣徽使還掌領朝會、宴饗、禮儀、祭祀及御前祗應之事。

[2]都統：官名。唐乾元中，始以都統名官，總諸道征伐。後

若調諸道兵馬會戰，多置此職，爲臨時軍事長官，不賜旌節，事解
即罷。遼設諸路兵馬都統署司，下有諸路兵馬都統署，都統爲其
長官。

[3]高麗：古國名。即王建創建的高麗王朝（918—1392）。統
治地域在今朝鮮半島，首都在開京（今朝鮮開城市）。

[4]曹彬（931—999）：北宋將領。字國華。真定靈壽（今屬
河北省）人。後周時累官至引進使。宋初參加滅蜀及征北漢之役，
皆有功。開寶七年（974），受命率軍滅南唐，自出師至凱旋，士衆
畏服，無肆意殺掠者。未幾，拜樞密使、檢校太尉、忠武軍節度
使。宋太宗即位，加同平章事，封魯國公，益得信任。雍熙三年
（986），宋兵分三路攻遼，曹彬任幽州（今北京市）道行營前軍馬
步水陸都部署，率宋軍主力自雄州（今河北省雄縣）向涿州（今
屬河北省）進發。大敗於岐溝關（今河北省淶水縣東）。致使其他
兩路軍也被迫退兵。《宋史》卷二五八有傳。　米信（928—994）：
奚族，舊名海進。少勇悍、善射。趙匡胤總領後周禁兵，以米信隸
麾下，委爲心腹。及即位補殿前指揮使。宋太宗即位轉散都頭指揮
使，繼領高州團練使。太平興國八年（983）改領彰化軍節度使。
雍熙三年（986）征幽薊，命信爲幽州西北道行營馬步軍都部署，
敗契丹於新城。契丹率衆復來戰，王師稍却，信獨以麾下龍衛卒三
百禦敵，敵圍之數重，以百餘騎突圍得免。《宋史》卷二五九有傳。

先是，叛逆之家兄弟不知情者亦連坐。[1]阿没里諫
曰："夫兄弟雖曰同胞，賦性各異，一行逆謀，雖不與
知輒坐以法，是刑及無罪也。自今，雖同居兄弟不知情
者免連坐。"太后嘉納，著爲令。致仕，卒。

[1]連坐：一人犯法，其家屬、親友、鄰里等連帶受處罰。連
坐之法始於商鞅。至漢文帝時已廢除兄弟連坐。《史記》卷一〇

《孝文本紀》載，文帝元年"今犯法已論而使毋罪之父母妻子同産坐之，及爲收孥，朕甚不取。其議之……請奉詔書除收孥諸相坐律令"。《集解》應劭曰："孥，子也。秦法一人有罪，並坐其家室，今除此律。"

阿没里性好聚斂，每從征所掠人口聚而建城，請爲豐州，[1]就以家奴閽貴爲刺史，時議鄙之。子賢哥，左夷离畢。[2]

[1]豐州：頭下軍州名。其地成疑。《清一統志》卷一二四："豐州故城今托克托城，即遼豐州地，本漢定襄郡地。遼置豐州天德軍，治富民縣，屬西京道。金因之，元至元四年省縣入州，屬大同路，明初廢。《大同府志》：豐州富民城在府西北五百里，近葫蘆海。按遼金時豐州州治在今歸化城呼和浩特地西，去隋唐豐州八百餘里。《遼史·地理志》誤襲舊文，謂即隋唐豐州，《元史》從之，殊爲失考。《遼史》又云本漢五原郡地。今考漢五原郡在黃河北，遼豐州與大同接壤，乃漢定襄郡地。《遼史》以隋唐豐州有五原之名，遂謂即漢之五原郡。"本書卷一三《聖宗本紀四》載，統和十三年（995）六月甲申"以宣徽使阿没里私城爲豐州"。又據本書卷三七《地理志一》載："豐州。本遼澤大部落，遙輦氏僧隱牧地。北至上京三百五十里。户五百。"

[2]夷离畢：遼官名。爲執政官，相當於副宰相參知政事。後來官分南、北，北面官有夷离畢院，主要掌刑政。

論曰：景宗之世人望中興，豈其勤心庶績而然？蓋承穆宗嗜虐之餘，[1]爲善易見，亦由群臣多賢，左右弼諧之力也。室昉進《無逸》之篇，郭襲陳諫獵之疏，阿没里請免同氣之坐，所謂仁人之言，其利博哉。賢適忠介，亦近世之名臣；女里貪猥，後人所當取鑑者也。

[1]嫕（yòng）虐：荒淫暴虐。

（李錫厚注　劉鳳翥校）

遼史　卷八〇

列傳第十

張儉　邢抱樸　馬得臣　蕭朴　耶律八哥[1]

[1]“張儉”至“耶律八哥”：【劉校】原本、明抄本、南監本無，據北監本和殿本補。

張儉，宛平人，[1]性端愨不事外飾。

[1]宛平：遼南京析津府（今北京市）的附郭縣。張氏世居仁壽鄉陳王里，在遼代是當地名門望族，儉季父《張琪墓誌銘》載，琪兩娶，宋氏、尹氏皆縣令之女。女一，宋氏生，亦嫁縣令（《全遼文》，中華書局1982年版，第125頁）。《馬直溫妻張館墓誌銘》載：“馬君諱直溫，字子中，扶風人。族世昌茂，雄視燕薊。”（《全遼文》，第265頁）其妻張館曾祖張琪是遼聖宗時的名相張儉之季父。

統和十四年舉進士第一，[1]調雲州幕官。[2]故事，車駕經行，長吏當有所獻。聖宗獵雲中，節度使進曰：

"臣境無他産，惟幕僚張儉一代之寶，願以爲獻。"先是，上夢四人侍側，賜食：人二口，至聞儉名，始悟。召見，容止朴野；訪及世務，占奏三十餘事。由此顧遇特異，踐歷清華，[3]號稱明幹。

[1]統和：遼聖宗耶律隆緒年號（983—1012）。

[2]雲州：亦稱"雲中"，治所在今山西省大同市。重熙十三年（1044），遼改雲州爲西京，設西京道大同府。

[3]踐歷清華：任職清高顯貴。歐陽脩《文忠集》卷一一〇《薦王安石呂公著劄子》："蓋緣臺諫之官資望已峻，少加進擢，便履清華。"

開泰中累遷同知樞密院事。[1]太平五年出爲武定軍節度使，[2]移鎮大同。[3]六年入爲南院樞密使，帝方眷倚，參知政事吳叔達與儉不相能，[4]帝怒，出叔達爲康州刺史，[5]拜儉左丞相，封韓王。帝不豫，受遺詔輔立太子，是爲興宗。賜貞亮弘靖保義守節耆德功臣，拜太師、中書令，加尚父，徙王陳。

[1]開泰：遼聖宗耶律隆緒年號（1012—1021）。據《張儉墓誌》（《全遼文》，第129頁），開泰四年（1015）張儉"遷樞密副使。夏六月，授宣政殿學士，守刑部尚書、參知政事、同知樞密院事。論思秘殿，參預中堂，朝廷能之，遂掌軍國"，即參與北南臣僚會議，討論軍國大事。　樞密院：官府名。遼有北、南樞密院：爲遼朝的實際宰輔機構，分別總領北、南面官。北樞密院又稱契丹樞密院，掌軍事、部族。南樞密院又稱漢人樞密院，掌漢人州縣之事。

[2]太平：遼聖宗耶律隆緒年號（1021—1031）。　武定軍：遼代軍號。治奉聖州（今河北省涿鹿縣）。

[3]大同：府名。治所在今山西省大同市。

[4]參知政事：始見於唐朝前期，宋初作爲副宰相，至真宗以後，其地位更與宰相同平章事等。遼朝參知政事的地位類似宋朝的參知政事，與同中書門下平章事一樣，都是中書省長官，都是宰相。

[5]康州：據本書卷三八《地理志二》，該州係世宗遷渤海率賓府人户置，屬顯州（今遼寧省北鎮市）。按，康州原係新羅地，遼以俘户僑置於遼西。

　　重熙五年，[1]帝幸禮部貢院及親試進士，[2]皆儉發之，進見不名，賜詩褒美。儉衣唯紬帛，食不重味，月俸有餘賙給親舊。方冬，奏事便殿，帝見衣袍弊惡，密令近侍以火夾穿孔記之，[3]屢見不易。帝問其故，儉對曰：“臣服此袍已三十年。”時尚奢靡，故以此微諷喻之。上憐其清貧，令恣取内府物，[4]儉奉詔持布三端而出，益見獎重。儉弟五人，上欲俱賜進士第，固辭。有司獲盜八人，既戮之，乃獲正賊。家人訴冤，儉三乞申理。上勃然曰：“卿欲朕償命耶！”儉曰：“八家老稚無告，少加存恤使得收葬，足慰存没矣。”乃從之。儉在相位二十餘年，裨益爲多。

[1]重熙：遼興宗耶律宗真年號（1032—1055）。

[2]禮部貢院：考試士子的場所。

[3]近侍：皇帝身邊的奴僕。

[4]内府：皇室的倉庫。

致政歸第，會宋書辭不如禮，上將親征。幸儉第，尚食先往具饌，却之。進葵羹乾飯，帝食之美。徐問以策，儉極陳利害，且曰：“第遣一使問之，何必遠勞車駕？”上悦而止。復即其第賜宴，器玩悉與之。二十二年薨，[1]年九十一，勅葬宛平縣。

[1]二十二年：【劉校】據中華點校本校勘記，原作“十二年”。依《張儉墓誌銘》（《全遼文》，第 128 頁）改。今從。

邢抱朴，應州人，[1]刑部郎中簡之子也。抱朴性穎悟，好學博古。

[1]應州：治所在今山西省應縣。

保寧初爲政事舍人、知制誥，[1]累遷翰林學士，加禮部侍郎。統和四年山西州縣被兵，命抱朴鎮撫之，民始安，加戶部尚書。遷翰林學士承旨，與室昉同修《實錄》。[2]決南京滯獄還，[3]優詔褒美。十年拜參知政事。[4]以樞密使韓德讓薦，[5]按察諸道守令能否而黜陟之，大協人望。尋以母憂去官，詔起視事。表乞終制，不從。宰相密諭上意，乃視事。人以孝稱。及耶律休哥留守南京，[6]又多滯獄，復詔抱朴平決之，人無冤者。改南院樞密使，卒，贈侍中。

[1]保寧：遼景宗耶律賢年號（969—979）。
[2]室昉（916—991）：南京（今北京市）人。字夢奇。會同

初登進士第。保寧間拜樞密使兼北府宰相，加同政事門下平章事。乾亨初監修國史。統和九年（991）薦韓德讓自代，不從。病劇，遣翰林學士張幹就第授中京留守，加尚父。卒，年七十五。本書卷七九有傳。

［3］南京：遼五京之一。故址在今北京市。

［4］十年拜參知政事：【劉校】據中華點校本校勘記，“按《紀》，拜參知政事在十二年七月”。

［5］韓德讓（942—1011）：韓匡嗣第四子。統和初年承天稱制，韓德讓以南院樞密使的身份“總宿衛事”。統和十七年（999），北院樞密使、魏王耶律斜軫病故，承天太后以韓德讓兼知北院樞密使事。至此，遼朝的蕃漢軍政大權就集於其一身了。統和二十二年（1004），承天太后又賜韓德讓姓耶律，徙封晉王，並且仍舊爲大丞相，事無不統。次年十一月，她又詔德讓“出宮籍，屬於橫帳”。二十八年更名耶律隆運。本書卷八二有傳。

［6］耶律休哥（？—998）：字遜寧。出身皇族，應曆末爲惕隱。乾亨元年（979）與耶律斜軫分左右翼，擊敗宋軍於高梁河。是年冬，休哥率本部兵從韓匡嗣等戰於滿城。匡嗣敗績。休哥整兵進擊，敵乃却。詔總南面戍兵，爲北院大王。聖宗即位，太后稱制，令休哥總南面軍務，多有戰功。統和四年（986）封宋國王。本書卷八三有傳。

　　初，抱朴與弟抱質受經于母陳氏，皆以儒術顯。抱質亦官至侍中，[1]時人榮之。

［1］侍中：【靳注】官名。遼南面官署門下省長官。始置於秦。即原丞相史，因往來宮中奏事，故名。遼時多爲重臣、封疆大吏甚至著名僧人的加官。

馬得臣，南京人，[1]好學博古，善屬文尤長於詩。保寧間累遷政事舍人、翰林學士，常預朝議，以正直稱。乾亨初宋師屢犯邊，[2]命爲南京副留守，復拜翰林學士承旨。

[1]馬得臣，南京人：燕京馬氏，元代王惲《秋澗集》卷七三《題遼太師趙思温族系後》："迄今燕之故老談勳閥富盛、照映前後者，必曰韓、劉、馬、趙四大族焉。"

[2]乾亨：遼景宗耶律賢年號（979—983）。本書卷九《景宗本紀》載乾亨二年（宋太平興國五年，980）"十一月庚子朔，宋兵夜襲營，突呂不部節度使蕭幹及四捷軍詳穩耶律痕德戰却之。壬寅，休哥敗宋兵於瓦橋東，守將張師引兵出戰，休哥奮擊，敗之。戊申，宋兵陣於水南，休哥涉水擊破之，追至莫州，殺傷甚衆。己酉，宋兵府來，擊之殆盡"。《長編》卷二一太平興國五年十一月載："［壬寅］契丹寇雄州（《實錄》《本紀》皆不載此事，獨《契丹傳》十一月書此），據龍灣堤，龍猛副指揮使荊嗣率兵千人，力戰奪路。會中使有至州閱城壘者出郛外，敵進圍之。諸軍赴援，多被傷，嗣與其儷夜相失，三鼓，乃突圍走莫州。敵爲橋於界河以濟，嗣邀擊之，殺獲甚儷。"

聖宗即位，皇太后稱制，兼侍讀學士。上閱唐高祖、太宗、玄宗三《紀》，[1]得臣乃録其行事可法者進之。及扈從伐宋，進言降不可殺，亡不可追，二三其德者別議。詔從之。俄兼諫議大夫，知宣徽院事。

[1]唐高祖：即李淵（566—635）。唐朝開國皇帝。自稱出自隴西李氏。公元618年至626年在位。 太宗：即唐太宗李世民

（599—649），唐高祖李淵次子，唐朝皇帝。公元626年至649年在位。在位期間，以亡隋爲鑑，實行法治，任人唯賢，虛懷納諫，注重吏治，貶抑山東舊士族，發展經濟，鞏固邊防，從而達到社會穩定，史稱"貞觀之治"。　玄宗：即唐玄宗李隆基（685—762）。唐睿宗第三子。唐朝皇帝。公元712年至756年在位。在位前期，勵精圖治，納諫諍，明賞罰，整軍經武，鞏固邊防，物阜民殷。這一時期被史家譽爲"開元之治"。在位後期，滋生腐敗，終致發生安史之亂，唐朝統治走向衰敗。

　　時上擊鞠無度，[1]上書諫曰：

　　　臣竊觀房玄齡、杜如晦隋季書生，[2]向不遇太宗安能爲一代名相？臣雖不才，陛下在東宮幸列侍從，今又得侍聖讀，未有裨補聖明。陛下嘗問臣以貞觀、開元之事，[3]臣請略陳之。

　　[1]擊鞠：即打馬球，是當時流行的競技活動。因爲參賽者都在馬上擊球，奔馳的快馬有時會失控，因此具有一定的危險性。統和六年（988），一日承天太后觀看臣下擊鞠，她的寵臣韓德讓被胡里室衝撞墜馬，太后一怒之下，竟下令將胡里室斬首。今內蒙古自治區敖漢旗皮匠溝1號遼墓墓門西側的穹隆頂下部，有一幅打馬球圖。現存寬180、高50釐米。畫面有多處剝落，但大體可辨。
　　[2]房玄齡（578—648）：齊州臨淄（今山東省淄博市）人。名喬，以字行。年十八，本州舉進士。隋亡，歸李世民，授秦王府記室。與杜如晦等一同策劃玄武門之變。貞觀元年（627）爲中書令。爲相二十餘年，時稱賢相。　杜如晦（585—630）：字克明，京兆杜陵（今陝西省西安市東南）人。貞觀三年（629），爲尚書右僕射，與房玄齡共掌朝政。至於臺閣規模及典章人物，皆二人所定，甚獲當代之譽。唐人談良相，一直稱房、杜。《舊唐書》卷七〇、

《新唐書》卷一一九有房、杜二人傳。

[3]貞觀：唐太宗李世民年號（627—649）。　開元：唐玄宗李隆基年號（713—741）。

臣聞唐太宗侍太上皇，宴罷則挽輦至內殿；玄宗與兄弟懽飲，盡家人禮。陛下嗣祖考之祚，躬侍太后可謂至孝。臣更望定省之餘，睦六親、加愛敬，[1]則陛下親親之道比隆二帝矣。

[1]六親：指近親。具體包括哪些親屬，歷來說法不一。代表性說法大概有三種：第一種指父子、兄弟、姑姊、甥舅、婚媾、姻亞。《左傳·昭公二十五年》："爲父子、兄弟、姊姑、甥舅、昏媾、姻亞，以象天明。"晉杜預注："六親和睦，以事嚴父，若衆星之共辰極也。妻父曰昏，重昏曰媾，婿父曰姻。兩婿相謂曰亞。"第二種指父子、兄弟、夫婦。《老子》："六親不和有孝慈，國家昏亂有忠臣。"王弼注："六親，父子、兄弟、夫婦也。"《後漢書》卷七六《循吏傳·秦彭》："乃爲人設四誡，以定六親長幼之禮。"唐李賢注："六親，謂父子、兄弟、夫婦也。"第三種指父、母、兄、弟、妻子、子女。《漢書》卷四八《賈誼傳》："建久安之勢，成長治之業，以承祖廟，以奉六親，至孝也。"唐顏師古注引應劭曰："六親，父母、兄弟、妻子也。"

臣又聞二帝耽玩經史，數引公卿講學至于日昃。[1]故當時天下翕然嚮風，以隆文治。今陛下游心典籍，分解章句，臣願研究經理，深造而篤行之，二帝之治不難致矣。

[1]日昃：太陽偏西，下午二時左右。

臣又聞太宗射豕唐儉諫之，[1]玄宗臂鷹韓休言之，[2]二帝莫不樂從。今陛下以毬馬爲樂，愚臣思之有不宜者三，故不避斧鉞言之。竊以君臣同戲不免分爭，君得臣愧，彼負此喜，一不宜。躍馬揮杖，縱橫馳騖，不顧上下之分，爭先取勝，失人臣禮，二不宜。輕萬乘之尊，圖一時之樂，萬一有銜勒之失，其如社稷、太后何？三不宜。儻陛下不以臣言爲迂，少賜省覽，天下之福、群臣之願也。

[1]唐儉（579—656）：并州晉陽（今山西省太原市）人。字茂約。貞觀初授民（戶）部尚書。從幸洛陽苑射猛獸，有一群野豬突出林中，太宗引弓四發，射中四只，但有一雄猛野豬險些傷及太宗，唐儉忙下馬與之搏鬥，太宗拔劍斬豬，笑儉：“何懼之甚？”儉回答道：“漢祖以馬上得之，不以馬上治之；陛下以神武定四方，豈復逞雄心於一獸。”太宗納之，因爲罷獵。《舊唐書》卷五八、《新唐書》卷八九有傳。

[2]韓休（673—740）：京兆長安（今陝西省西安市）人。工文辭，舉賢良。開元二十一年（733）拜黃門侍郎、同中書門下平章事。時政得失，言之未嘗不盡。玄宗嘗獵苑中，或宴樂，稍有過分之舉，必問左右：“韓休知否？”事後韓休進諫奏疏必到。玄宗左右都説：“自韓休入朝，陛下無一日歡。”建議將其逐出朝廷。玄宗説：“韓休敷陳治道，多許直，我退而思天下，寢必安。吾用休，社稷計。”《舊唐書》卷八九、《新唐書》卷一二六有傳。

書奏，帝嘉歎良久。未幾卒，贈太子太保，[1]詔有司給葬。

[1]贈太子太保：【劉校】據中華點校本校勘記，“按《紀》統和七年六月甲戌，宣政殿學士馬得臣卒，詔贈太子少保”。

蕭朴字延寧，國舅少父房之族。[1]父勞古，以善屬文爲聖宗詩友。朴幼如老成人。及長，博學多智。

[1]國舅少父房：據本書卷六七《外戚表序》：“契丹外戚，其先曰二審密氏：曰拔里，曰乙室已。至遼太祖，娶述律氏。述律，本回鶻糯思之後。大同元年，太宗自汴將還，留外戚小漢爲汴州節度使，賜姓名曰蕭翰，以從中國之俗，由是拔里、乙室已、述律三族皆蕭姓。拔里二房，曰大父、少父；乙室已亦二房，曰大翁、小翁；世宗以舅氏塔列葛爲國舅別部。”又本書卷四五《百官志一》不稱“房”，稱“帳”，各設常衮以治之。

開泰初補牌印郎君，[1]爲南院承旨，權知轉運事，尋改南面林牙。[2]帝問以政，朴具陳百姓疾苦，國用豐耗，帝悦曰：“吾得人矣！”擢左夷离畢。[3]時蕭合卓爲樞密使，[4]朴知部署院事，以酒廢事，出爲興國軍節度使，[5]俄召爲南面林牙。太平三年守太子太傅。明年，拜北府宰相，遷北院樞密使。[6]

[1]牌印郎君：【靳注】宮廷給使名。屬牌印局，遼北面官署著帳諸局之一。

[2]林牙：契丹語音譯詞。官名。掌文翰，相當於翰林學士。

[3]夷离畢：契丹語音譯詞。官名。爲執政官，相當於副宰相

參知政事。後來官分南、北，北面官有夷離畢院，主要掌刑政。

[4]蕭合卓（？—1025）：突呂不部人。字合魯隱。始爲本部吏。統和十八年（1000）使宋還，遷北院樞密副使。開泰三年（1014）爲左夷離畢。本書卷八一有傳。

[5]興國軍：遼代軍號。治龍化州，其地在今内蒙古自治區奈曼旗東北。

[6]明年，拜北府宰相，遷北院樞密使：【劉校】據中華點校本校勘記，“按《紀》太平五年十二月，以北府宰相蕭普古爲北院樞密使。普古即朴”。宰相，契丹部族官名。契丹可汗之下有北、南二府，各部族則分屬二府，故北宰相亦稱北府宰相，南宰相亦稱南府宰相。

時太平日久，帝留心翰墨，始畫譜牒以別嫡庶，由是爭訟紛起。朴有吏才，能知人主意，敷奏稱旨，朝議多取決之。封蘭陵郡王，[1]進王恒，加中書令。及大延琳叛，[2]詔安撫東京，[3]以便宜從事。

[1]蘭陵郡王：契丹外戚蕭氏封爵。蘭陵郡是蕭氏郡望。戰國楚置蘭陵縣，今屬山東省。西晉置蘭陵郡，治丞縣（今山東省棗莊市嶧城區南，在古蘭陵縣西）。此蕭氏與契丹蕭氏並無血緣關係。

[2]大延琳（？—1030）：渤海人。遼東京軍將。反遼鬬爭領導人。

[3]東京：遼五京之一。故址在今遼寧省遼陽市。

興宗即位，皇太后稱制，國事一委弟孝先。方仁德皇后以馮家奴所誣被害，朴屢言其冤，不報。每念至此，爲之嘔血。重熙初改王韓，拜東京留守。及遷太后于慶州，[1]朴徙王楚，升南院樞密使。四年王魏。薨，年五十，贈齊王。子鐸刺，國舅詳穩。[2]

[1]慶州：遼代州名。州城遺址在今内蒙古自治區巴林右旗索博日嘎鎮。

[2]詳穩：遼朝軍官名。元帥府下設大詳穩司。“詳穩”即漢語“將軍”的轉譯。【劉注】“詳穩”即漢語“將軍”的轉譯的説法似有值得商榷之處。在契丹小字中，“詳穩”作 ⿱令各火，“將軍”作 令並 几亦，或 ⿰令弃 几亦、⿰令弃 几亦；在契丹大字中，“詳穩”作 夊 省，“將軍”作 将录。“詳穩”不是漢語“將軍”的轉譯，而是音譯的契丹語，契丹語中“將軍”是漢語借詞。

耶律八哥字烏古鄰，五院部人。[1]幼聰慧，書一覽輒成誦。

[1]五院：契丹部族名。天贊元年（922），以迭剌部強大難制，析五石烈爲五院，六爪爲六院，各置夷离堇。會同元年（938），更夷离堇爲大王，部隸北府，以鎮南境。

統和中，以世業爲本部吏。未幾，陞聞撒狨，[1]尋轉樞密院侍御。會宋將曹彬、米信侵燕，[2]八哥以扈從有功，擢上京留守。[3]

[1]聞撒狨：遼朝官名。契丹語音譯詞。屬北面官，隸北樞密院中丞司，遼太宗魯同元年置。掌監察官員過犯。

[2]曹彬（931—999）：北宋將領。字國華。真定靈壽（今屬河北省）人。後周時累官至引進使。宋初參加滅蜀及征北漢之役，

皆有功。開寶七年（974），受命率軍滅南唐，自出師至凱旋，士衆
畏服，無肆意殺掠者。未幾，拜樞密使、檢校太尉、忠武軍節度
使。宋太宗即位，加同平章事，封魯國公，益得信任。雍熙三年
（986），宋分兵三路攻遼，曹彬任幽州（今北京市）道行營前軍馬
步水陸都部署，率宋軍主力自雄州（今河北省雄縣）向涿州（今
屬河北省）進發。大敗於岐溝關（今河北省淶水縣東）。致使其他
兩路軍也被迫退兵。《宋史》卷二五八有傳。　米信（928—994）
奚族，舊名海進。少勇悍、善射。趙匡胤總領後周禁兵，以米信隸
麾下，委爲心腹。及即位補殿前指揮使。太宗即位，轉散都頭指揮
使，繼領高州團練使。太平興國八年（983）改領彰化軍節度使。
雍熙三年征幽薊，命信爲幽州西北道行營馬步軍都部署，敗契丹於
新城。契丹率衆復來戰，王師稍却，信獨以麾下龍衛卒三百禦敵，
敵圍之數重，信以百餘騎突圍得免。《宋史》卷二五九有傳。

　　[3]上京：遼五京之一。前期都城。稱臨潢府，故址在今內蒙
古自治區巴林左旗林東鎮波羅城。

　　開泰四年召爲北院樞密副使。頃之留守東京。七年
上命東平王蕭排押帥師伐高麗，[1]八哥爲都監，至開京
大掠而還。濟荼、陀二河，[2]高麗追兵至。諸將皆欲使
敵渡兩河擊之，獨八哥以爲不可，曰：“敵若渡兩河，
必殊死戰，乃危道也；不若擊於兩河之間。”排押從之，
戰，敗績。

　　[1]蕭排押（？—1023）：國舅少父房之後。字韓隱。統和初，
爲左皮室詳穩。四年（986），破宋將曹彬、米信兵於望都，與樞密
使耶律斜軫收復山西所陷城邑。是冬攻宋，以功改南京統軍使。十
三年歷北、南院宣徽使。十五年加政事令，遷東京留守。二十二年
與宋和議成，爲北府宰相。兩度從聖宗征高麗。本書卷八八有傳。

高麗：古國名。即王建創建的高麗王朝（918—1392）。統治地域在今朝鮮半島，首都在開京（今朝鮮開城市）。公元918年，泰封君主弓裔部下起事推翻弓裔，擁立王建爲王。隨後合併新羅、滅後百濟，實現“三韓一統”。1392年，李成桂廢高麗恭讓王而自立，建立朝鮮王朝，高麗遂亡。

[2]茶、陀二河：據本書卷八八《蕭排押傳》，“（開泰）七年，再伐高麗，至開京，敵奔潰，縱兵俘獲而還。渡茶、陀二河，敵夾射”，此二河應在開京以北朝鮮半島境内。

明年還東京，奏渤海承奉官宜有以統領之，[1]上從其言，置都知、押班。[2]後以茶、陀之敗，削使相，降西北路都監，卒。

[1]渤海承奉官：即遼東京（今遼寧省遼陽市）的承奉官。屬南面京官。本書卷四八《百官志四》載：“東京渤海承奉官，聖宗開泰八年耶律八哥奏，渤海承奉班宜設官以統之，因置。”

[2]都知：官名。充當皇帝近衛的班直諸班，設都知、副都知和押班作統兵官。

論曰：張儉名符帝夢，遂結主知。服弊袍不易，志敦薄俗。功著兩朝，世稱賢相，非過也。邢抱朴甄別守令，大愜人望。兩決滯獄，民無冤濫。馬得臣引盛唐之治以諫其君。蕭朴痛皇后之誣，至於嘔血。四人者，皆以明經致位，[1]忠藎若此，[2]宜矣。聖宗得人，於斯爲盛。

[1]明經：古代科舉分秀才、明經、進士、明法、明書和明算

等科。唐初，秀才科等級最高；到唐太宗時，此科幾至廢絶，士人的趨向纔開始轉變爲明經、進士兩科。明經主要試帖經、經義及時務策。

[2]忠藎（jìn）：猶忠誠。

（李錫厚注　劉鳳翥校）

遼史　卷八一

列傳第十一

耶律室魯　歐里斯　王繼忠　蕭孝忠　陳昭袞
蕭合卓[1]

[1]“耶律室魯”至“蕭合卓”：【劉校】原本、明抄本、南監本無，據北監本和殿本補。

耶律室魯字乙辛隱，六院部人,[1]魁岸、美容儀。聖宗同年生,[2]帝愛之。甫冠補祗候郎君。未幾爲宿直官。

[1]六院部：遼太祖析迭剌部爲五院部和六院部。太宗會同元年（938）改夷离堇爲大王。北院大王和南院大王即是五院部和六院部的首領。

[2]聖宗同年生：據本書卷一〇《聖宗本紀》，聖宗乾亨四年（982）即位，時年十二歲。據此推算，他生於保寧四年（972）。

及出師伐宋爲隊帥,[1]從南府宰相耶律奴瓜、統軍使蕭撻覽略地趙、魏有功,^[2]加檢校太師,^[3]爲北院大王。攻拔通利軍。^[4]宋和議成,^[5]特進、門下平章事,賜推誠竭節保義功臣。

[1]伐宋:統和二十二年（1004）閏九月開始的戰事。本書卷一四《聖宗本紀五》"閏月己未南伐"。《九朝編年備要》卷七景德元年閏月"契丹大舉入寇"條:"契丹主同其母蕭氏大舉寇邊,遣其統軍達蘭引兵掠威虜,安順軍魏能、石普帥兵禦之,敗其前鋒。又攻北平寨,田敏等擊走之。遂東趨保州,攻城不克,乃與契丹主及其母合兵以攻定州,王超等陳於唐河以拒之。敵駐兵於陽城淀,又分兵圍岢嵐軍,守臣賈宗擊走之。"《宋史》卷七《真宗本紀》載,景德元年"閏月乙卯詔:河北吏民殺契丹者,所至援之。仍頒賞格"。癸酉,"威虜軍合兵大破契丹",乙亥"契丹統軍撻覽率衆攻威虜、順安軍,三路都部署擊敗之,斬偏將,獲其輜重。又攻北平砦及保州,復爲州、砦兵所敗。撻覽與契丹主及其母並衆攻定州,宋兵拒於唐河,擊其遊騎。契丹駐陽城淀,因王繼忠致書於莫州石普以講和。丙子,以天雄軍都部署周瑩爲駕前貝、冀路都部署,侍衛馬軍都指揮使葛霸爲駕前邢、洺路都部署。己卯,高繼勳率兵擊敗契丹數萬騎於岢嵐軍"。

[2]宰相:契丹部族官名。契丹可汗之下有北、南二府,各部族則分屬二府,故北宰相亦稱北府宰相,南宰相亦稱南府宰相。耶律奴瓜:字延寧,太祖異母弟南府宰相蘇之孫。本書卷八五有傳。 蕭撻覽:即蕭撻凜（?—1004）,字馳寧,蕭思温之再從侄。統和二十二年（1004）攻宋,進至澶淵,未接戰,中伏弩卒。本書卷八五有傳。

[3]檢校:職官制度用語。唐宋皆有檢校官,屬加官而非正授。

[4]通利軍:宋置。治黎陽（今河南省浚縣東）。

[5]宋和議成:指統和二十二年（宋景德元年,1004）的遼宋

和議，宋人稱爲"澶淵之盟"。

　　以本部俸羊多闕部人空乏，請以羸老之羊及皮毛歲易南中絹，彼此利之。拜北院樞密使，[1]封韓王。自韓德讓知北院職多廢曠，[2]室魯拜命之日朝野相慶。

　　[1]北院樞密使：遼朝職官名。即北樞密院之長官，也是北面官的最高長官。遼朝官分南北，北面官掌宮帳、部族、屬國之政，主管軍事。

　　[2]韓德讓（942—1011）：韓匡嗣第四子。統和初年承天稱制，韓德讓以南院樞密使的身份"總宿衛事"。統和十七年（999），北院樞密使、魏王耶律斜軫病故，承天太后以韓德讓兼知北院樞密使事，至此，遼朝的蕃漢軍政大權就集於其一身了。統和二十二年（1004），承天太后又賜韓德讓姓耶律，徙封晉王，並且仍舊爲大丞相，事無不統。次年十一月，她又詔德讓"出宮籍，屬於橫帳"。二十八年更名耶律隆運。本書卷八二有傳。

　　從上獵松林，[1]至沙嶺卒，年四十四，贈守司徒、政事令。[2]二子：十神奴、歐里斯。十神奴，南院大王。

　　[1]松林：地區名。即平地松林，在西遼河上游。中古時期這一帶生態良好，有茂密的松林，故稱"平地松林"。《新五代史》卷七三《四夷附録第二》引胡嶠《陷虜記》説："自上京東去四十里至真珠寨，始食菜。明日東行，地勢漸高，西望平地松林，鬱然數十里，遂入平川，多草木。"

　　[2]政事令：遼朝南面宰相。遼世宗天禄四年（950）建政事省之前，漢人宰相無定稱；建政事省之後，南面宰相稱"政事令"，且多由契丹貴族擔任這一職務。

　　歐里思字留隱，少有大志。未冠補祇候郎君。開泰初爲本部司徒，[1]秩滿閑居，徵爲郎君班詳穩。[2]遷右皮室詳穩，[3]將本部兵，從東平王蕭排押伐高麗，[4]至茶、陀二河，[5]戰不利。歐里斯獨全軍還，帝嘉賞。終西南面招討使。

　　[1]開泰：遼聖宗耶律隆緒年號（1012—1021）。　本部司徒：契丹部族官名。某部司徒，本名惕隱，又稱梯里己，掌皇族政教。

　　[2]詳穩：遼朝軍官名。元帥府下設大詳穩司。“詳穩”即漢語“將軍”的轉譯。【劉注】“詳穩”即漢語“將軍”的轉譯的説法似有值得商榷之處。在契丹小字中，“詳穩”作 ，“將軍”作 ，或 、 ；在契丹大字中，“詳穩”作 ，“將軍”作 。“詳穩”不是漢語“將軍”的轉譯，而是音譯的契丹語，契丹語中“將軍”是漢語借詞。

　　[3]皮室：契丹軍名。意爲“金剛”。初爲阿保機所置，稱“腹心部”。後有南、北、左、右皮室及黃皮室等，皆掌精甲。

　　[4]東平王：【劉校】原本、南監本、明抄本均作“重平王”，據北監本和殿本改。中華點校本、修訂本和補注本徑改。長箋本引《初校》出校。　蕭排押（？—1023）：字韓隱，國舅少父房之後。統和初爲左皮室詳穩。四年（986），破宋將曹彬、米信兵於望都，與樞密使耶律斜軫收復山西所陷城邑。是冬攻宋，以功改南京統軍使。十三年歷北、南院宣徽使。十五年加政事令，遷東京留守。二十二年與宋和議成，爲北府宰相。兩度從聖宗征高麗。本書卷八八有傳。　高麗：古國名。即王建創建的高麗王朝（918—1392）。統治地域在今朝鮮半島，首都在開京（今朝鮮開城市）。

　　[5]茶、陀二河：據本書卷八八《蕭排押傳》“（開泰）七年，再伐高麗，至開京，敵奔潰，縱兵俘獲而還。渡茶、陀二河，敵夾

射"，此二河應在開京以北朝鮮半島境内。

王繼忠，[1]不知何郡人，仕宋爲鄆州刺史、殿前都
虞候。[2]

[1]王繼忠：《宋史》卷二七九《王繼忠傳》："王繼忠，開封
人，父玭爲武騎指揮使，戍瓦橋關，卒。繼忠年六歲補東西班殿
侍。真宗在藩邸，得給事左右，以謹厚被親信。即位，補内殿崇
班，累遷至殿前都虞候，領雲州觀察使，出爲深州副都部署，改鎮
定、高陽關三路鈐轄、兼河北都轉運使。遷高陽關副都部署，俄徙
定州。"

[2]鄆州：治所在今山東省東平縣。　殿前都虞候：軍職，爲
侍衛親軍的軍官。遼亦設殿前司，當系模倣後周制。《唐會要》卷
七九《諸使雜錄》："［太和］四年四月中書門下奏：自元年以來，
頗有計代諸道薦送軍將，其數漸多。臣等商量……自今後軍官未至
常侍及職兼都虞候、都知兵馬使、都押衙者不在薦送限。"

統和二十一年，[1]宋遣繼忠屯定之望都，[2]以輕騎覘
我軍，遇南府宰相耶律奴瓜等獲之。太后知其賢，授户
部使，以康默記族女女之。[3]繼忠亦自激昂，事必盡力。
宋以繼忠先朝舊臣，[4]每遣使必有附賜，聖宗許受之。

[1]統和：遼聖宗耶律隆緒年號（983—1012）。

[2]望都：縣名。治所在今河北省望都縣。《長編》卷五四宋
真宗咸平六年（1003）夏四月丙子載："契丹入寇，定州行營都部
署王超遣使召鎮州桑贊、高陽關周瑩各以所部軍來援。超先發步兵
千五百人逆戰於望都，翌日，至縣南六里，與敵遇，殺戮甚觸。副
部署、殿前都虞候、雲州觀察使王繼忠常以契遇深厚，思戮力自

曉，與敵戰康村，自日昳至乙夜，敵勢稍却。遲明復戰，敵悉觸攻東偏，出陣後焚絶糧道。繼忠率麾下躍馬馳赴，素衘儀服，敵識之，圍數十重，士皆重創。殊死戰，且戰且行，旁西山而北，至白城，陷於敵。”

[3]康默記（？—927）：原爲薊州衙校，後爲阿保機俘獲。爲阿保機辦理與中原交涉事宜，並參與執法斷獄及軍事活動，還曾主持修建皇都及阿保機陵墓。爲阿保機佐命功臣之一。本書卷七四有傳。

[4]先朝舊臣：指王繼忠是宋太宗朝舊臣。

二十二年，宋使來聘，遺繼忠弧矢、鞭策及求和劄子，[1]有曰：“自臨大位，愛養黎元。豈欲窮兵，惟思息戰。每敕邊事，嚴諭守臣：‘至于北界人民，不令小有侵擾。’衆所具悉，爾亦備知。向以知雄州何承矩已布此懇，自後杳無所聞。汝可密言：‘如許通和，即當別使往請。’”詔繼忠與宋使相見，仍許講和。以繼忠家無奴隸，賜宫户三十，[2]加左武衛上將軍，[3]攝中京留守。[4]

[1]求和劄子：此“劄子”未見諸宋人記載，其真實性殊爲可疑。本書卷一四《聖宗本紀五》載，統和二十二年（1004）十一月“丁卯，南院大王善補奏：宋遣人遺王繼忠弓失，密請求和。詔繼忠與使會，許和”。然而《長編》卷五七所載遼使李興等四人送達王繼忠“密奏”一事的時間却是景德元年（即遼統和二十二年，1004）九月乙亥，分明較宋使至遼的時間早了兩個月。《九朝編年備要》卷六於景德元年十月亦載：“初，王繼忠戰敗陷敵，敵授以官，繼忠嘗爲敵言和好之利。至是雖大舉深入，復遣李興等以繼忠

書詣莫州都部署石普，且緻密奏一封進闕下，上覽奏遂手詔諭繼忠。繼忠欲朝廷先遣命使，上未許。"這足以證明，宋朝是接待了遼朝派出的言和使節、見到王繼忠的"密奏"之後，纔派出使節至遼會見王繼忠的。《遼史》顛倒了時間順序，而且將宋真宗給王繼忠的"手詔"改爲"劄子"。其中"如許通和，即當別使往請"等語，更有宋朝自貶的含義，明顯是遼方作僞。

　　[2]宮户：亦稱"宮分户"，是遼代諸宮衛所管轄的人户。他們隸屬宮分而不隸州縣。"以繼忠家無奴隸，賜宮户三十"，證明宮户的身份就是奴隸。宮户的宮籍是世襲的，未經統治者宣佈廢除，子孫則世代爲宮分人户。宮分出身的人亦可任大官。顯貴後經皇帝批准可改變宮分的出身，即出宮籍。例如韓德讓、姚景行即是如此。遼亡之後，諸宮衛機構雖已不存，但那些宮户、宮分人的身份並未改變；他們仍隸宮籍。於是，金朝始有宮籍監之設，用以管理這些宮户，並依照新機構的名稱，稱他們爲"宮籍監户"或"監户"。

　　[3]左武衛上將軍：【靳注】官名。遼朝爲加官，位在大將軍下。

　　[4]攝：代理，兼理。

　　開泰五年爲漢人行宮都部署，[1]封琅邪郡王。六年進楚王，賜國姓。上嘗燕飲，議以蕭合卓爲北院樞密使，繼忠曰："合卓雖有刀筆才，暗於大體。蕭敵烈才行兼備，可任。"上不納，竟用合卓。及遣合卓伐高麗，[2]繼忠爲行軍副部署，攻興化鎮月餘不下。師還，上謂明於知人，拜樞密使。

　　[1]開泰五年：據中華點校本校勘記，"開泰"二字原脱，據上下文補。　漢人行宮都部署：【靳注】官名。遼置，屬南面官。

總領諸行宮漢人之事。

[2]遣合卓伐高麗:《高麗史》卷四《顯宗世家》將此事繫於八年(遼開泰六年,1017)八月癸巳:"契丹蕭合卓圍興化鎮,攻之九日,不克。將軍堅一洪光、高義出戰,大敗之,斬獲甚多。"

太平三年致仕,[1]卒。子懷玉,仕至防禦使。[2]

[1]太平:遼聖宗耶律隆緒年號(1021—1031)。

[2]防禦使:原爲唐官名。在遼爲防禦州的長官,官階低於團練使而高於刺史。

蕭孝忠字撒板,小字圖古斯,志慷慨。開泰中補祗候郎君,尚越國公主、拜駙馬都尉,[1]累遷殿前都點檢。太平中擢北府宰相。

[1]越國公主:聖宗第三女槊古。生母爲欽哀皇后。封越國公主,進封晉國,景福初封晉蜀國長公主,清寧初加大長公主。下嫁蕭孝忠。以疾終。其事載本書卷六五《公主表》。

重熙七年爲東京留守,[1]時禁渤海人擊毬,[2]孝忠言:"東京最爲重鎮,無從禽之地,若非毬馬何以習武!且天子以四海爲家,何分彼此?宜弛其禁。"從之。

[1]重熙:遼興宗耶律宗真年號(1032—1055)。 東京:遼五京之一。故址在今遼寧省遼陽市。

[2]渤海人:【靳注】此指内遷到今遼寧南部地區的原渤海國遺民。天顯三年(928),遼將東丹國建制及其渤海貴族人家與大多

數渤海民衆，盡行遷徙至遼南地區落户定居，并在稅賦方面給予優待。穆宗時，東丹國被撤銷，聖宗時對遼南渤海人加以重稅盤剥，激起民憤。太平九年（1029），守衛東京遼陽府（今遼寧省遼陽市）的渤海人軍官大延琳率衆反叛，斬殺遼廷酷吏。遼聖宗指派蕭孝穆統領重兵、耗時一年方纔平叛。事後，遼南渤海人再度被遷徙至遼上京臨潢府（今内蒙古自治區巴林左旗）附近及遼東灣沿海的來、隰、遷、潤等州（今遼寧省興城市、綏中縣以及河北省秦皇島市一帶）居住，與漢人雜居，逐漸融合。詳參滿岩《遼王朝對渤海國遺民的治理策略》，載《蘭臺世界》，2015 年 9 月下旬版。　　擊毬：又稱擊鞠，是當時流行的競技活動。因爲參賽者都在馬上擊球，奔馳的快馬有時會失控，因此具有一定的危險性。《遼史》記載統和六年（988）的某一日，承天太后觀看臣下擊鞠，她的寵臣韓德讓被胡里室衝撞墜馬，太后一怒之下，竟下令將胡里室斬首。今内蒙古自治區敖漢旗皮匠溝 1 號遼墓墓門西側的穹隆頂下部，有一幅打馬球圖。現存寬 180 釐米、高 50 釐米。畫面有多處剥落，但大體可辨。　　重熙七年爲東京留守，時禁渤海人擊毬：【靳注】此事發生於重熙七年（1038），距離大延琳叛亂平息已有數年之久，大部分渤海人已被遷徙至他處，當仍有留居東京附近者。

十二年入朝封楚王，拜北院樞密使。國制以契丹、漢人分北、南院樞密治之，孝忠奏曰：“一國二樞密，風俗所以不同。若併爲一，天下幸甚。”事未及行，薨。追封楚國王。帝素服哭臨，赦死囚數人，爲孝忠薦福。葬日，親臨，賜宫户守塚。子阿速，終南院樞密使。

陳昭袞，小字王九，雲州人。[1]工譯鞮，[2]勇而善射。統和中補祗候郎君，爲奚拽剌詳穩，[3]累遷敦睦宫太保兼掌圍場事。[4]

[1]雲州：治所在今山西省大同市。

[2]譯鞻（dī）：即翻譯。

[3]拽剌：契丹語“走卒”謂之“拽剌”，後爲軍官名。有掌旗鼓者，稱“旗鼓拽剌”，還有專司偵候、探報等職者。

[4]敦睦宮：孝文皇太弟宮分。

開泰五年秋大獵，帝射虎，以馬馳太速矢不及發，虎怒，奮勢將犯蹕。左右辟易，昭袞捨馬捉虎兩耳騎之。虎駭且逸。上命衛士追射，昭袞大呼止之。虎雖軼山，昭袞終不墮地。伺便拔佩刀殺之。輦至上前，慰勞良久。即日設燕，悉以席上金銀器賜之，特加節鉞，遷圍場都太師，賜國姓，命張儉、呂德懋賦以美之。[1]

[1]張儉（963—1053）：宛平（今北京市）人。舉進士第一，受到聖宗賞識，太平六年（1026）爲南院樞密使。興宗立，拜太師、中書令，加尚父，徙王陳。在相位二十餘年。本書卷八〇有傳。

遷歸義軍節度使，[1]同知上京留守，[2]歷西南面招討都監，卒。

[1]歸義軍：沙州軍號。治敦煌（今屬甘肅省），不在遼境內。

[2]上京：遼五京之一。遼前期都城，稱臨潢府，故址在今內蒙古自治區巴林左旗林東鎮波羅城。

蕭合卓字合魯隱，突呂不部人，[1]始爲本部吏。統和初以謹恪補南院侍郎。十八年北院樞密使韓德讓舉合卓爲中丞，以太后遺物使宋。還，遷北院樞密副使。開泰三年爲左夷离畢。[2]

[1]突呂不部：契丹部族名。據本書卷三三《營衛志下》，該部爲太祖二十部之一，創建於阻午可汗之時，隸北府，節度使屬西北路招討司，司徒居長春州西。

[2]夷离畢：契丹官名。爲執政官，相當於副宰相參知政事。後來官分南、北，北面官有夷离畢院，主要掌刑政。

合卓久居近職，明習典故，善占對，以是尤被寵渥，陞北院樞密使。時議以爲無完行，不可大用。南院樞密使王繼忠侍宴，[1]又譏其短，帝頗不悦。六年遣合卓伐高麗，還，時求進者多附之，然其服食、僕馬不加于舊。帝知其廉，以族屬女妻其子，詔許親友饋獻，豪貴奔趨于門。

[1]南院樞密使：即漢人樞密院之樞密使。爲南面官最高官職。詳見本書卷四七《百官志三》。

太平五年有疾，帝欲臨視，合卓辭曰：“臣無狀，猥蒙重任。今形容毀瘁，恐陛下見而動心。”帝從之。會北府宰相蕭朴問疾，合卓執其手曰：“吾死，君必爲樞密使，慎勿舉勝己者。”朴出而鄙之。是日卒。子烏古，終本部節度使。

　　論曰：統和諸臣，名昭王室者多矣。室魯拜樞密使，朝野相慶，必有得民心者。繼忠既不能死國，雖通南北之和，有知人之鑑，奚足尚哉！孝忠、昭袞，皆有可稱者。合卓臨終，教蕭朴"毋舉勝己者任樞密"，其誤國之罪大矣！

　　　　　　　　　　　（李錫厚注　劉鳳翥校）

遼史　卷八二

列傳第十二

耶律隆運　德威　滌魯　制心　耶律勃古哲　蕭陽阿
武白　蕭常哥　耶律虎古　磨魯古[1]

[1]“耶律隆運”至“磨魯古”：【劉校】原本、明抄本、南監本無，據北監本和殿本補。

耶律隆運本姓韓，名德讓，[1]西南面招討使匡嗣之子也。[2]統和十九年賜名德昌，[3]二十二年賜姓耶律，二十八年復賜名隆運。重厚有智略，明治體，喜建功立事。

[1]名德讓：【劉注】德讓是漢名，據契丹小字《耶律（韓）高十墓誌銘》，韓德讓的契丹語名字，其全名爲 𗴂𗟲𗤓𗥦 （興寧·姚哥）。
[2]匡嗣：即韓匡嗣（917—982）。遼初著名漢臣韓知古之子。隸屬宮籍。初以善醫直長樂宮。《韓匡嗣墓誌》透露出他最初是受到太宗德光（即嗣聖皇帝）賞識，這可能與靖安皇后有關。因爲匡

嗣是景宗耶律賢藩邸故人，所以景宗即位以後他很快即受到重用。保寧二年（970），景宗睿智皇后之父蕭思溫遭謀殺。十年（978），景宗又發現並處决了殺害蕭思溫的兇手高勳和女里。此後，韓匡嗣更成了景宗和睿智皇后僅存的心腹人物，加開府儀同三司、政事令，授南面行營都統、燕京留守，封燕王。晚年任西南面招討使，與景宗死於同一年——乾亨四年（982）。《韓匡嗣墓誌》云“以乾亨五年，孝成皇帝登遐……以當年十二月八日薨於神山之行帳，享年六十六”。按本書卷一〇《聖宗本紀一》，“四年秋九月壬子，景宗崩”。次年改元統和，乾亨無“五年”。《韓德威墓誌》亦云“四年，丁秦王之憂”。匡嗣志有誤。本書卷七四有傳。

　　[3]統和：遼聖宗耶律隆緒年號（983—1012）。

　　侍景宗以謹飭聞，加東頭承奉官，[1]補樞密院通事，[2]轉上京皇城使，[3]遙授彰德軍節度使。[4]代其父匡嗣爲上京留守，權知京事，甚有聲。尋復代父守南京，[5]時人榮之。宋兵取河東，侵燕，五院糺詳穩奚底、統軍蕭討古等敗歸。[6]宋兵圍城，招脅甚急，人懷二心，隆運登城日夜守禦。援軍至，圍解。及戰高梁河，[7]宋兵敗走，隆運邀擊又破之。以功拜遼興軍節度使，徵爲南院樞密使。

　　[1]東頭承奉官：【靳注】官名。皇帝侍從官。
　　[2]通事：遼官名。掌翻譯。以熟習漢俗、精通漢語者爲之。
　　[3]上京皇城使：官名。遼朝南面官。上京皇城使司長官，掌上京宮城出入禁令。上京，遼五京之一。前期都城，稱臨潢府，故址在今内蒙古自治區巴林左旗林東鎮波羅城。
　　[4]彰德軍：相州軍號。治所在今河南省安陽市。韓德讓爲彰

德軍節度使是遙授，相州並不在遼朝境内。

　　[5]南京：遼五京之一，稱析津府，故址在今北京市。

　　[6]五院：契丹部族名。天贊元年（922），以迭剌部強大難制，析五石烈爲五院，六爪爲六院，各置夷离堇。會同元年（938）更夷离堇爲大王，部隸北府，以鎮南境。　詳穩：遼朝軍官名。元帥府下設大詳穩司。“詳穩”即漢語“將軍”的轉譯。【劉注】“詳穩”即漢語“將軍”的轉譯的説法似有值得商榷之處。在契丹小字中，“詳穩”作　，“將軍”作　，或　、　；在契丹大字中，“詳穩”作　，“將軍”作　。“詳穩”不是漢語“將軍”的轉譯，而是音譯的契丹語，契丹語中“將軍”是漢語借詞。

　　[7]高梁河：故道在今北京市西直門外。《宋史》卷四《太宗本紀一》載，太平興國四年（979）七月癸未“帝督諸軍及契丹大戰於高梁河，敗績。甲申班師”。《默記》卷中載：“太宗自燕京城下軍潰，北虜追之，僅得脱。凡行在服御寶器盡爲所奪，從人、宮嬪盡陷没。股上中兩箭，歲歲必發。其棄天下竟以箭瘡發云。”

　　景宗疾大漸，與耶律斜軫俱受顧命：[1]立梁王爲帝，[2]皇后爲皇太后，稱制。隆運總宿衛事，太后益寵任之。統和元年，加開府儀同三司兼政事令。[3]四年宋遣曹彬、米信將十萬衆來侵，[4]隆運從太后出師敗之，加守司空，[5]封楚國公。師還，與北府宰相室昉共執國政，[6]上言山西四州數被兵，[7]加以歲饉，宜輕税賦以來流民。從之。六年太后觀擊鞠，胡里室突隆運墜馬，命立斬之。詔率師伐宋圍沙堆，[8]敵乘夜來襲，隆運嚴軍以待，敗走之，封楚王。九年復言燕人挾姦苟免賦役，貴族因爲囊橐，[9]可遣北院宣徽使趙智戒諭。[10]從之。

[1]耶律斜軫（？—999）：字韓隱，于越曷魯之孫。保寧初受命節制西南面諸軍，仍援河東。改南院大王。乾亨元年（979）秋，宋軍攻下河東，乘勝襲燕，高梁河一戰，他與耶律休哥分左右翼夾擊，大敗宋軍。統和初，承天皇太后蕭綽稱制，益見委任，爲北院樞密使。四年（986）宋軍三路來攻，斜軫指揮擊退西路來攻的宋軍，以功加守太保。本書卷八三有傳。

[2]梁王：遼中期以後皇位繼承人的封號。乾亨二年（980），聖宗受封爲梁王，皇位繼承人的地位已經確定。

[3]政事令：遼朝南面宰相。遼世宗天禄四年（950）建政事省之前，漢人宰相無定稱；建政事省之後，南面宰相稱“政事令”，且多由契丹貴族擔任這一職務。

[4]曹彬（931—999）：北宋將領。字國華。真定靈壽（今屬河北省）人。後周時累官至引進使。宋初參加滅蜀及征北漢之役，皆有功。開寶七年（974），受命率軍滅南唐，自出師至凱旋，士衆畏服，無肆意殺掠者。未幾，拜樞密使、檢校太尉、忠武軍節度使。宋太宗即位，加同平章事，封魯國公，益得信任。雍熙三年（986），宋分兵三路攻遼，曹彬任幽州（今北京市）道行營前軍馬步水陸都部署，率宋軍主力自雄州（今河北省雄縣）向涿州（今屬河北省）進發。大敗於岐溝關（今河北省涞水縣東）。致使其他兩路軍也被迫退兵。《宋史》卷二五八有傳。　米信（928—994）：奚族，舊名海進。少勇悍、善射。趙匡胤總領後周禁兵，以米信隸麾下，委爲心腹。及即位，補殿前指揮使。太宗即位轉散都頭指揮使繼領高州團練使。太平興國八年（983）改領彰化軍節度使。雍熙三年征幽薊，命信爲幽州西北道行營馬步軍都部署，敗契丹於新城。契丹率衆復來戰，王師稍却，信獨以麾下龍衛卒三百禦敵，敵圍之數重，信以百餘騎突圍得免。《宋史》卷二五九有傳。本書卷一一《聖宗本紀二》載統和四年“三月甲戌，于越休哥奏宋遣曹彬、崔彦進、米信由雄州道，田重進飛狐道，潘美、楊繼業鴈門道來侵，岐溝、涿州、固安、新城皆陷”。

[5]守司空：【劉校】據中華點校本校勘記，本書卷一一《聖宗本紀二》統和四年（986）十一月作"守司徒"。

[6]宰相：契丹部族官名。契丹可汗之下有北、南二府，各部族則分屬二府，故北宰相亦稱北府宰相，南宰相亦稱南府宰相。室昉（919—994）：字夢奇，南京人。會同初登進士第。保寧間拜樞密使，兼北府宰相，加同政事門下平章事。乾亨初，監修國史。統和十二年（994）致仕。卒年七十五。本書卷七九有傳。

[7]山西四州數被兵：【劉校】中華點校本校勘記云，"山""四"二字原脱，據本書卷一一《聖宗本紀二》統和四年八月及卷五九《食貨志上》補。今從。

[8]沙堆：地名。【靳注】當在今河北省中部。

[9]貴族因爲囊槖（tuó）：【靳注】貴族乘機中飽私囊。槖，原義指袋子。《詩·大雅·公劉》："迺裹餱糧，於囊於槖。"毛傳："小曰槖，大曰囊。"鄭玄箋："乃裹食物於囊槖之中。"

[10]宣徽使：遼朝官名。遼設北、南宣徽，分隸北南樞密院之下。宣徽北院使常執行軍事使命。此外，宣徽使還掌領朝會、宴饗、禮儀、祭祀及御前祗應之事。

十一年丁母憂，詔彊起之。明年室昉致政，以隆運代爲北府宰相仍領樞密使，監修國史，賜興化功臣。十二年六月奏：[1]"三京諸鞫獄官吏多因請託，曲加寬貸或妄行搒掠。乞行禁止。"上可其奏。又表請任賢去邪，太后喜曰："進賢輔政，真大臣之職。"優加賜賚。服闋，[2]加守太保兼政事令。會北院樞密使耶律斜軫薨，詔隆運兼之。久之，拜大丞相，進王齊，總二樞府事。以南京、平州歲不登，[3]奏免百姓農器錢及請平諸郡商賈價，並從之。

[1]十二年六月：【劉校】據中華點校本校勘記，此“十二年”三字當有衍誤。按上文已有“十一年”之“明年”，即十二年。

[2]服闋（què）：服喪期滿。

[3]平州：唐置，治所在今河北省盧龍縣。

二十二年從太后南征，及河，[1]許宋成而還。徙王晉，賜姓，出宮籍，[2]隸橫帳季父房後，乃改賜今名，位親王上，賜田宅及陪葬地。

[1]河：即黃河。澶淵之役，契丹大軍抵達黃河北岸的澶州城北。

[2]宮籍：宮分人之籍。起源甚早，遙輦氏時已經有宮分人。宮籍是一種法律身份，不能輕易改變，而且是世襲的。宮分人“出宮籍”甚至需要經皇帝特許。如韓德讓，就是即貴並且賜姓耶律之後纔“出宮籍”的。繼韓德讓之後，興宗時的漢人宮分人姚景行出宮籍也是在其官至翰林學士、樞密副使、參知政事以後。漢臣梁援，累世在遼朝作官，同時也具有宮籍。壽昌七年（1101）正月，道宗死後，由他充玄宮都部署，並撰諡册文。喪事既畢，始詔免其宮籍，而且“勑格餘人不以爲例，示特寵也”（《遼寧省博物館藏碑誌精粹》所載《梁援墓誌銘》，文物出版社 2000 年版，第 285 頁）。遼朝諸宮衛有所管轄人丁的統計數字，但奴婢不計算在內，本書卷三一《營衛志上》：“凡諸宮衛人丁四十萬八千，騎軍十萬一千。著帳釋宥、沒入，隨時增損，無常額。”這些沒有統計在諸宮衛人丁總數之內者即是奴婢，稱爲“宮戶”“宮分人”。遼亡之後，諸宮衛機構雖已不存，但那些宮戶、宮分人的身份並未改變；他們仍隸宮籍。於是，金朝始有宮籍監之設，用以管理前朝遺留下的宮戶，並依照新機構的名稱，稱他們爲“宮籍監戶”或“監戶”。遼朝一部分專門在皇帝身邊服役的“宮戶”又稱爲“著帳戶”。散居

州縣當中的宮户與民户一樣要向國家交納賦税，説明這些宮户的身份已經發生了改變。統和十五年（997）三月“壬午，通括宮分人户，免南京逋税及義倉粟”。將“通括宮分人户”一事，與“免南京逋税及義倉粟”一併實行，是因爲此二事都與賦税徵收有關。宮户因不堪忍受剥削和壓迫而被迫逃亡的事例有很多。據壽昌二年（1096）的《孟有孚墓誌銘》載：“時朝廷命復慶陵之逋民，詔公乘驛以督之。”（《全遼文》卷九）

　　從伐高麗還，得末疾，[1]帝與后臨視醫藥。薨，年七十一。贈尚書令，諡文忠，官給葬具，建廟乾陵側。[2]無子。清寧三年以魏王貼不子耶魯爲嗣。[3]天祚立，以皇子敖盧斡繼之。[4]弟德威，姪制心。

　　[1]末疾：四肢疾患。
　　[2]乾陵：遼景宗陵。其址位於乾州。乾州故城在今遼寧省北鎮市西郊北鎮廟前一帶。《武經總要前集》卷一六下《戎狄舊地》乾州在醫巫閭山之南，古遼澤之地，遼主景宗陵寢在焉。今置廣德軍節度，兼山陵都部署。東至顯州八里，西南至銀野砦二十五里，西至遼州六十里，北至兔兒橋四十里。《明一統志》卷二五《登州府》：“乾州城在廣寧衛西南七里，本漢無慮縣地，遼置乾州廣德軍。”
　　[3]清寧：遼道宗耶律洪基年號（1055—1064）。　貼不：聖宗弟隆祐之子。
　　[4]敖盧斡：天祚皇帝長子。嘗封晉王。本書卷七二有傳。

　　德威性剛介，[1]善馳射。保寧初歷上京皇城使、儒州防禦使，[2]改北院宣徽使。乾亨末丁父喪，[3]彊起復職，權西南招討使。統和初党項寇邊，[4]一戰却之。賜劍許便宜行事，領突呂不、迭剌二紕軍。以討平稍古葛功，真授招討使。

[1]德威：【劉注】據契丹小字《耶律（韓）高十墓誌銘》，韓德威的契丹語全名爲 ✦✦ 雨 血哭（普你·大漢）。

[2]儒州：治所在今北京市延慶區。　防禦使：官名。防禦州的長官，官階低於團練使而高於刺史。

[3]乾亨末丁父喪：乾亨，遼景宗耶律賢年號（979—983）。【劉校】據中華點校本校勘記，“末”原誤“初”。“按乾亨止五年，檢《紀》德威父匡嗣卒於乾亨四年十二月。統和元年正月，德威以西南面招討使奏破党項十五部捷”。據改。

[4]党項：中國古代族名。又稱党項羌，唐以後主要活動於靈、慶、銀、夏等州，即今甘肅、寧夏、陝西和内蒙古等省區交界地區。

夏州李繼遷叛宋内附，[1]德威請納之。既得繼遷，諸夷皆從。璽書褒獎。與惕隱耶律善補敗宋將楊繼業，[2]加開府儀同三司、政事門下平章事。未幾，以山西城邑多陷，奪兵柄。李繼遷受賂潛懷二心，奉詔率兵往諭，繼遷託以西征不出，德威至靈州俘掠而還。[3]

[1]李繼遷（963—1004）：党項首領。西夏王朝的奠基者。叛宋前任定難軍都知蕃落使。公元982年集結部衆，叛宋。985年襲據銀州（今陝西省米脂縣），自稱定難軍留後，向遼稱臣。995年擊敗宋朝五路討伐。997年宋真宗立，李繼遷遣使求和，宋授爲夏州刺史、定難軍節度、夏銀綏宥靜等州觀察處置押蕃落等使。1002年李繼遷攻佔靈州，改名西平府。次年率軍西征，佔領西涼府。因

受詐降的吐蕃族大首領潘羅支的突襲，負重傷而死。子李德明嗣立，追尊爲皇帝。夏景宗時諡神武，廟號太祖，陵號裕陵。

[2]惕隱：契丹官名。又稱梯里己，掌皇族政教。　耶律善補：字瑤昇，遼宗室。景宗即位，授千牛衛大將軍，遷大同軍節度使。後爲惕隱、南京統軍使、南府宰相、南院大王。凡征討，憚攻戰。年七十四卒。本書卷八四有傳。　敗宋將楊繼業：指統和四年（986）抵禦宋軍北伐的戰事，詳本書卷一一《聖宗本紀》。楊繼業（？—986），即楊業，麟州（今陝西省神木縣）人。父信爲後漢麟州刺史。業早年爲戰將，屢立戰功，所向克捷，國人號爲“無敵”。隨其主劉繼元降宋，宋太宗以業熟悉邊事，授代州兼三交駐泊兵馬都部署，以功遷雲州觀察使，仍判鄭州、代州，自是契丹望見業旌旗即退走。雍熙三年（遼統和四年，986）副雲應路行營都部署、忠武軍節度使潘美北上攻遼。諸軍連拔雲應寰朔四州，師次桑乾河，會曹彬之師不利諸路班師。太宗詔遷四州之民於宋朝内地，令潘美等以所部之兵護送。當時契丹國母蕭氏領衆十餘萬復陷寰州，潘美等迫楊業出戰，苦戰殺敵，馬重傷不能進，遂爲契丹所俘，不食三日而死。《宋史》卷二七二有傳。

[3]靈州：治所在今寧夏回族自治區靈武市。據《宋史》卷四八五《夏國傳》載咸平五年（遼統和二十年，1002）三月，繼遷大集蕃部，攻陷靈州，以爲西平府。

　　年五十五卒，[1]贈兼侍中。子雱金，[2]終彰國軍節度使。[3]二孫：謝十、滌魯。謝十終惕隱。

[1]年五十五卒：據《韓德威墓誌銘》（劉鳳翥手拓自存拓本）：“以丙申歲孟冬既望之翌日，薨於天德部内之公署，春秋五十五。”丙申爲統和十四年（996）。

[2]子：據《韓德威墓誌銘》（劉鳳翥手拓自存拓本），德威兩

娶，前後夫人皆蕭氏，生子四人：曰遂忠，曰昌，曰遂寧，曰遂恭；有女二人。"長曰遂忠，甚多武力，綽有父風，賦命靡長，不幸即世"。是子早亡。然而據《耶律遂忠墓誌》（胡振方存拓本），"烈考諱德昌，字克柔，盧龍軍節度使、檢校太保……重熙六年十月二日薨於上京之私弟，享壽五十有八"。兩墓誌所記遂忠，生父不同，享壽不同，必有一誤。《耶律遂正墓誌銘》："烈考諱德威，勳業至六字功臣，履歷至五押招討……公即侍中第二子也。"據此，遂正當即德威墓誌中的次子昌。遂正有子元佐。《耶律元佐墓誌銘》（劉鳳翥手拓自存拓本）："西南面五押招討使、同政事門下平章事耶律德威。父，故大內惕隱、同中書門下平章事諱遂正。公即長子也。甫當垂老之季，懇上辭榮之請。詔加保義推忠功臣、保大軍節度，鄜、坊等州觀察、處置等使，開府儀同三司、檢校太師、兼侍中，使持節鄜州刺史、上柱國、漆水郡開國公、食邑玖阡户、食實封玖伯户，致仕。享年八十有六。"【劉注】《韓德威墓誌銘》中的耶律遂忠和《耶律遂忠墓誌銘》中的耶律遂忠兩個人生父不同，享壽不同，並不是兩個人名"必有一誤"，而是同名的兩個人。兄弟同名者，必爲一個人死後，另一個人纔繼續用死去人的名字。例如韓德讓幼弟名德昌，在乾亨五年（983）死去之後，韓德讓纔能在統和十九年（1001）被賜名德昌。韓德威的長子耶律遂忠"賦命靡長，不幸即世"，韓德昌的兒子纔能接着叫耶律遂忠。

[3]彰國軍：遼代軍號。治應州（今山西省應縣）。

滌魯字遵寧。[1]幼養宮中，授小將軍。

[1]滌魯：【劉注】人名。此爲契丹語的小名的音譯。據劉鳳翥、唐彩蘭、青格勒編著《遼上京地區出土的遼代碑刻彙輯》所收《耶律宗福墓誌銘》，韓滌魯還有漢名"宗福"，他不僅改姓耶律，而且"連御署"，與遼興宗耶律宗真是同一字輩。

重熙初歷北院宣徽使、右林牙、副點檢，[1]拜惕隱，改西北路招討使，[2]封漆水郡王。[3]請減軍籍三千二百八十人。[4]後以私取回鶻使者獺毛裘及私取阻卜貢物事覺，[5]決大杖，削爵免官。俄起爲北院宣徽使。十九年改烏古敵烈部都詳穩，尋爲東北路詳穩，封混同郡王。

[1]重熙：遼興宗耶律宗真年號（1032—1055）。　林牙：契丹語音譯詞。官名。掌文翰，相當於翰林學士。

[2]西北路招討使：職官名。西北路招討司的軍政長官。西北路招討司又稱西北路都招討司，是遼朝統治漠北屬部的最高軍政機構。

[3]漆水郡王：遼宗室耶律氏的封爵。

[4]軍籍：據本書卷三二《營衛志中》：“奚六部以下，多因俘降而置。勝兵甲者即著軍籍，分隸諸路詳穩、統軍、招討司。番居内地者，歲時田牧平莽間。”此外，遼在南京（今北京市）、西京（今山西省大同市）、奉聖州（今河北省涿鹿縣）和平州（今河北省盧龍縣）以及中京、東京和上京設提轄司，提轄司所管轄的人户也有軍籍。提轄司是軍事機構，遇有戰事，負責點集兵馬。

[5]回鶻：古代民族名，即回紇。本突厥別部。北魏時稱袁紇，亦曰烏擴、烏紇，至隋稱韋紇。大業元年（605），因反抗突厥的壓迫，與僕固、同羅、拔野古等成立聯盟，總稱回紇。唐天寶三載（744）破東突厥，建政權於今鄂爾渾河流域，有今蒙古高原之地。唐時助平安史之亂，屢尚公主。唐貞元四年（788）自請改稱回鶻。開成五年（840），爲轄戛斯所破，部衆分三支西遷：一支遷吐魯番盆地，稱高昌回鶻或西州回鶻；一支遷蔥嶺以西楚河一帶，即蔥嶺以西回鶻；一支遷河西走廊，稱河西回鶻。歷五代遼金，回鶻皆嘗入貢。元明時稱畏吾兒。其族在唐時奉摩尼教，宋元以來改奉伊斯蘭教。　阻卜：即達旦、韃靼。元人諱言達旦，而稱達旦爲阻卜。

詳王國維《觀堂集林》卷一四《達旦考》。

　　清寧初徙王鄧，擢拜南府宰相。[1]以年老乞骸骨，更王漢。大康中薨，年八十。[2]

　　[1]南府宰相：官名。南宰相府長官，屬北面朝官。分左、右。掌佐理軍國之大政。神册六年（921）遼太祖始以其弟蘇爲此官。雖説皇族四帳世預其選，但國舅和漢人任此官者亦不少。

　　[2]大康中薨，年八十：【劉注】《耶律宗福墓誌銘》稱：“於咸雍紀禩之七載，行帳至於爪堝之右，俄嬰痼疾，雖藥勿喜。是歲十月十八日午時，善若眠寢而薨于曩潭之私第，享年七十有四。”大康，遼道宗耶律洪基年號（1075—1084）。

　　滌魯神情秀徹，聖宗子視之，興宗待以兄禮，[1]雖貴愈謙。初爲都點檢，扈從獵黑嶺，獲熊。上因樂飲謂滌魯曰：“汝有求乎？”對曰：“臣富貴踰分，不敢他望。惟臣叔先朝優遇，身殁之後不肖子坐罪籍没，[2]四時之薦享，諸孫中得赦一人以主祭，臣願畢矣。”詔免籍，復其産。子燕五，官至南京步軍都指揮使。

　　[1]聖宗子視之，興宗待以兄禮：【劉注】《耶律宗福墓誌銘》稱：“時統和中，特蒙聖宗皇帝升于子息之曹，令與興宗參于昆弟之列。貴處宸禁，榮連御署。”

　　[2]籍没：中國古代依照法律登記罪犯所有的家産，予以没收的稱爲“籍没”。遼代的籍没之法，還包括將犯罪者親屬收爲官奴。

　　制心，小字可汗奴。父德崇善醫，[1]視人形色輒決其病，累官至武定軍節度使。[2]

[1]德崇：據《韓匡嗣墓誌》，"德崇"作"德沖"，係匡嗣第六子。

[2]武定軍：遼代軍號。治奉聖州（今河北省涿鹿縣）。

制心善調鷹隼。統和中爲歸化州刺史。[1]開泰中拜上京留守，進漢人行宮都部署，封漆水郡王。以皇后外弟，[2]恩遇日隆。樞密副使蕭合卓用事，[3]制心奏合卓寡識度、無行檢，上默然。每内宴歡洽輒避之。皇后不悦曰："汝不樂耶?"制心對曰："寵貴鮮能長保，以是爲憂耳。"

[1]歸化州：即武州，治所在今河北省張家口市宣化區。

[2]皇后外弟：即聖宗齊天皇后的表弟。統和十九年（1001）三月，聖宗原來的皇后"以罪降爲貴妃"，五月，承天太后之弟蕭隗因之女被册爲齊天皇后。蕭隗因的妻子是韓匡嗣之女。耶律隆運（即韓德讓）弟兄是齊天皇后的舅父。

[3]蕭合卓（?—1025）：突呂不部人，字合魯隱。始爲本部吏。統和十八年，使宋還，遷北院樞密副使。開泰三年（1014），爲左夷离畢。本書卷八一有傳。

太平中歷中京留守、惕隱、南京留守，[1]徙王燕，遷南院大王。或勸制心奉佛，對曰："吾不知佛法，惟心無私則近之矣。"一日，沐浴更衣而卧，家人聞絲竹之聲，怔而入視，則已逝矣。年五十三。贈政事令，[2]追封陳王。

[1]太平：遼聖宗年號（1021—1031）。　太平中，歷中京留守：【劉注】據中華點校本校勘記，本書卷一五《聖宗本紀六》開泰八年（1019）二月，"以前南院樞密使韓制心爲中京留守。非太平中"。

[2]贈政事令：《遼文匯》卷六《韓橁墓誌》："南大王贈政事令諱遂貞，賜名直心，譜系於國姓，再從兄也。"據中華點校本校勘記，本書卷一五《聖宗本紀六》開泰元年七月，"以耶律遂貞爲遼興軍節度使。遂貞即直心，亦即制心"。同卷開泰六年四月作"耶律制心"。

　　守上京時，酒禁方嚴，有捕獲私醞者，一飲而盡，笑而不詰。卒之日，部民若哀父母。

　　耶律勃古哲字蒲奴隱，六院夷离堇蒲古只之後，[1]勇悍，善治生。保寧中爲天德軍節度使，[2]歷南京侍衛馬步軍都指揮使，以討平党項羌阿理撒米、僕里黿米遷南院大王。

　　[1]六院：契丹部族名。天贊元年（922），以迭剌部強大難制，析五石烈爲五院，六爪爲六院，各置夷离堇。會同元年（938），更夷离堇爲大王，部隸北府，以鎮南境。　夷离堇：契丹部族官名。源於突厥語官名"俟斤"（Irkin）。突厥各部的最高元首稱"可汗"（Qaghan），其他各部酋長則稱爲俟斤。初，契丹"其君大賀氏，有勝兵四萬，臣於突厥，以爲俟斤"（《新唐書》卷二一九《契丹傳》）。後，契丹首領自立爲可汗，其下所屬各部酋長則稱爲"俟斤"，亦即夷离堇。契丹立國後，大部族之夷离堇稱王，小部族之夷离堇則稱爲節度使。舉凡一部之軍政、民政皆由其統掌。參韓儒林《穹廬集》（上海人民出版社 1982 年版，第 314—

316頁）。

[2]天德軍：唐軍鎮名。即豐州。遼太祖阿保機於神册五年（920）平党項，仍以此地爲天德軍。其地在今内蒙古自治區呼和浩特市東白塔一帶。

聖宗即位，太后稱制，會群臣議軍國事，勃古哲上疏陳便宜數事稱旨，即日兼領山西路諸州事。統和四年宋將曹彬等侵燕，勃古哲擊之甚力，[1]賜輸忠保節致主功臣，總知山西五州。

[1]勃古哲擊之甚力：勃古哲抗擊的是宋將潘美、楊繼業的軍隊，而非曹彬、米信。

會有告勃古哲曲法虐民者，按之有狀，以大杖決之。八年爲南京統軍使，卒。子爻里，官至詳穩。

蕭陽阿字稍隱，端毅簡嚴，識遼、漢字，通天文、相法。父卒，自五蕃部親挽喪車至奚王嶺，[1]人稱其孝。

[1]五蕃部：即五國部。據本書卷四六《百官志二》點校本校勘記，卷九六《蕭樂音奴傳》：“監障海東青鶻，獲白花者十三，拜五蕃部節度使。”海東青鶻產於五國，五蕃部即五國部。　奚王嶺：當在中京道境内的奚族地區。《蕭樂音奴傳》載，其父拔剌“既長，有遠志，不樂仕進，隱於奚王嶺之插合谷”。《清一統志》卷四〇五載，“奚王嶺在［科爾沁］左翼後旗東一百三十里，土人呼蒙古爾拖羅海”。

年十九爲本班郎君，歷鐵林、鐵鷂、大鷹三軍詳穩。[1]乾統元年由烏古敵烈部屯田太保爲易州刺史，[2]幸臣劉彥良嘗以事至州，怙寵恣橫，爲陽阿所沮。彥良歸，妄加毀訾，尋遣人代陽阿，州民千餘詣闕請留，即日授武安州觀察使。[3]歷烏古涅里、順義、彰信等軍節度使，[4]權知東北路統軍使事。

[1]鐵林、鐵鷂、大鷹：【靳注】皆遼精銳部隊之名稱。本書卷四六《百官志》有"鐵林軍詳穩司""大鷹軍詳穩司""左鐵鷂子軍詳穩司""右鐵鷂子軍詳穩司"等官署名。《宋史》卷四《太宗本紀一》："契丹鐵林厢主李札盧存以所部來降"，"觀鐵林軍人射強弩"。宋人范鎮《東齋紀事》卷二："鐵鷂子，賊中謂之鐵林。騎士以索貫於馬上，雖死不墮，以豪族子親信者爲之。"

[2]乾統：遼天祚帝耶律延禧年號（1101—1110）。 易州：治所在今河北省易縣。

[3]武安州：阿保機初俘漢民，置木葉山下，因建城於此以遷之，初名杏堝新城。復以遼西户益之，更名新州。統和八年（990）改曰武安州。治所在今内蒙古自治區敖漢旗東。

[4]烏古涅里：契丹部族名。【靳注】又作"烏古涅剌"，亦曰"涅离"。遼太祖神册六年（921）以于骨里民户所置，爲太祖二十部之一。隸北府，置節度使統領，部族軍屬西南路招討司。 順義：遼代軍號。治朔州（今屬山西省）。 彰信：遼代軍號。【靳注】《金史》卷二四《地理志上》："信州，下，彰信軍刺史。本渤海懷遠軍，遼開泰七年建，取諸路漢民置。"本書卷四八《百官志四》："信州彰聖軍節度使司。"故此"彰信"即"彰聖"，治信州（今吉林省公主嶺市）。

聞耶律狼不、鐸魯斡等叛，獨引麾下三十餘人追捕之，身被二創，生擒十餘人，送之行在。坐不獲首惡，免官。未幾，權南京留守，卒。

武白，不知何郡人，爲宋國子博士，差知相州，[1]至通利軍，[2]爲我軍所俘。詔授上京國子博士，改臨潢縣令，[3]遷廣德軍節度副使。[4]

[1]相州：治所在今河南省安陽市。
[2]通利軍：宋置。治黎陽（今河南省浚縣東）。
[3]臨潢縣：治所在今內蒙古自治區巴林左旗林東鎮。
[4]廣德軍：遼代軍號。治乾州。【劉注】遼代乾州州治在今遼寧省北鎮市廣寧鎮小常屯古城址。

先是，有訟宰相劉慎行與子婦姚氏私者，[1]有司出其罪。聖宗詔白鞫之，白正其事。使高麗還，[2]權中京留守。[3]時慎行諸子皆處權要，以白斷百姓分籍事不直，坐左遷。未幾，遷尚書左丞，知樞密事，拜遼興軍節度使。致仕，卒。

[1]劉慎行：河間（今屬河北省）人。官至北府宰相、監修國史。其子毆、端俱尚主，劉二玄又是遼聖宗之弟秦晉國王隆慶之妃的第三任丈夫。重熙七年（1038）十二月，慎行之子劉六符出任參知政事。曾多次出使宋朝，在與宋朝辦理交涉中，以強硬著稱。本書卷八六有傳。
[2]使高麗還：【劉校】據中華點校本校勘記，“高麗”原作“新羅”。按《高麗史》卷五《顯宗世家二》，白奉使在顯宗十四年，即遼太平三年（978）。

[3]中京：遼五京之一。稱大定府，故址在今内蒙古自治區寧城縣大明鎮。

蕭常哥字胡獨堇，[1]國舅之族。祖約直同政事門下平章事，父實老累官節度使。

[1]蕭常哥字胡獨堇：【劉注】常哥是音譯的契丹語的小名，胡獨堇是音譯的契丹語的第二個名。據劉鳳翥、唐彩蘭、青格勒編著的《遼上京地區出土的遼代碑刻彙輯》收録的《蕭義墓誌銘》，蕭常哥還有漢名"諱義，字子長"。

常哥魁偉寡言，年三十餘始爲祇候郎君，歷本族將軍、松山州刺史。[1]壽隆二年以女爲燕王妃，[2]拜永興宮使。[3]及妃生子，爲南院宣徽使，尋改漢人行宮都部署。乾統初加太子太師，[4]爲國舅詳穩。二年改遼興軍節度使，[5]召爲北府宰相，以柴册禮，[6]加兼侍中。

[1]松山州：遼置，爲頭下州，屬上京道。治所在今内蒙古自治區赤峰市松山區。
[2]壽隆：遼道宗耶律洪基年號（1095—1101）。據遼代碑刻和錢幣，此年號本爲"壽昌"。元代修《遼史》時誤書爲"壽隆"。
[3]永興宮：遼太宗宮分。
[4]乾統：【劉校】據中華點校本校勘記，原誤"統和"。按前有壽隆後有天慶，據改。
[5]遼興軍：遼代軍號。治平州（今河北省盧龍縣）。
[6]柴册禮：此禮源於中國傳統的"燔柴告天"，是古代天子祭天之禮。據《爾雅·釋天》："祭天曰燔柴。"行禮時，積薪於壇，

取玉及牲置於柴上焚燒。此禮與契丹的再生禮合併舉行，是爲契丹部落聯盟選汗和遼建國後新皇帝即位舉行的禮儀。相傳遙輦氏阻午可汗始制此儀，遼朝建國後有所增飾。

天慶元年致仕，[1]卒，謚曰欽肅。[2]

[1]天慶：遼天祚帝耶律延禧年號（1111—1120）。
[2]欽肅：【劉注】《蕭義墓誌銘》稱其謚號爲“恭穆”。

耶律虎古字海鄰，六院夷离堇覿烈之孫，[1]少穎悟，重然諾。

[1]覿烈（940—935）：契丹六院部人。偶思之子，字兀里軫。本書卷七五有傳。

保寧初補御琖郎君。[1]十年使宋還，以宋取河東之意聞於上，燕王韓匡嗣曰：“何以知之？”虎古曰：“諸僭號之國宋皆併收，惟河東未下。今宋講武習戰，意必在漢。”匡嗣力沮，乃止。明年宋果伐漢，帝以虎古能料事，器之。乃曰：“吾與匡嗣慮不及此。”授涿州刺史。[2]

[1]保寧：遼景宗耶律賢年號（969—979）。
[2]涿州：州名。今屬河北省。

統和初皇太后稱制，召赴京師。與韓德讓以事相忤，德讓怒，取護衛所執戎仗擊其腦，卒。子磨魯古。

磨魯古字遙隱，有智識，善射，統和初拜南面林牙。四年宋侵燕，太后親征，磨魯古爲前鋒，手中流矢，拔而復進。太后既至，磨魯古以創不能戰，與北府宰相蕭繼先巡邏境上。[1]累遷北院大王。

[1]蕭繼先：【劉注】人名。繼先，《秦晉國大長公主墓誌銘》《蕭紹宗墓誌銘》和《耶律燕哥墓誌銘》均作"繼遠"。

六年伐宋爲先鋒，[1]與耶律奴瓜破其將李忠吉于定州。[2]以疾卒于軍。

[1]六年伐宋爲先鋒：【劉校】中華點校本校勘記云，"六"原誤"七"。據本書卷一二《聖宗本紀三》統和六年（988）九月及卷八五《耶律奴瓜傳》改。今從。
[2]耶律奴瓜：字延寧，太祖異母弟南府宰相蘇之孫。本書卷八五有傳。 定州：治所在今河北省定州市。

論曰：德讓在統和間位兼將相，其克敵制勝、進賢輔國，功業茂矣。至賜姓名，王齊、晉，抑有寵於太后而致然歟？宗族如德威平党項，滌魯完宗祀，制心不苟合，家聲益振，豈無所自哉！若勃古之忠，陽阿之孝，武白之直，亦彬彬乎一代之良臣矣。

（李錫厚注　劉鳳翥校）

遼史　卷八三

列傳第十三

耶律休哥　馬哥　耶律斜軫　耶律奚低　耶律學古
烏不呂[1]

[1]“耶律休哥”至“烏不呂”：【劉校】原本、明抄本、南監
本無，據北監本和殿本補。

　　耶律休哥字遜寧，祖釋魯，[1]隋國王。父綰思南院
夷离堇。[2]休哥少有公輔器。初，烏古、室韋二部叛，[3]
休哥從北府宰相蕭幹討之。[4]應曆末爲惕隱。[5]

[1]釋魯：即述瀾。玄祖勻德實第三子，阿保機的伯父。據本
書卷六四《皇子表》，其賢而有智，爲迭剌部于越時教民種樹桑麻。
年五十七，爲子滑哥所弒。重熙中追封爲隋國王。《耶律仁先墓誌》
稱他爲“述剌·實魯于越”。
[2]南院夷离堇：契丹官名。天贊元年（922），以迭剌部強大
難制，析五石烈爲五院，六爪爲六院，又稱北院、南院，各置夷离
堇。會同元年（938）更夷离堇爲大王。

［3］烏古：部族名。又稱“嫗厥律”“于厥律”，居契丹西北。

　室韋：部族名。北魏始見於記載，分佈於今黑龍江、嫩江流域，唐時分爲許多部。契丹多爲其役屬。

［4］宰相：契丹部族官名。可汗之下有北、南二府，各部族則分屬二府，故北宰相亦稱北府宰相，南宰相亦稱南府宰相。

［5］應曆：遼穆宗耶律璟年號（951—969）。　惕隱：契丹官名。又稱“梯里己”，掌皇族政教。

　　乾亨元年宋侵燕，[1]北院大王奚底、統軍使蕭討古等敗績，[2]南京被圍。[3]帝命休哥代奚底將五院軍往救，遇大敵于高梁河，[4]與耶律斜軫分左右翼，[5]擊敗之，[6]追殺三十餘里，斬首萬餘級，休哥被三創。明旦宋主遁去，[7]休哥以創不能騎，輕車追至涿州，[8]不及而還。

［1］乾亨：遼景宗耶律賢年號（979—983）。

［2］奚底：遼太祖阿保機之孫。其父牙里果，字敵輦，宮人蕭氏生。見本書卷六四《皇子表》。　蕭討古：北府宰相蕭敵魯之孫，見卷六七《外戚表》。乾亨元年（979）宋出兵攻北漢，六月，劉繼元降宋。《續資治通鑑長編》卷二〇太平興國四年（979）六月甲寅載：“遣使發京東、河北諸州軍儲赴北面行營。庚申車駕北征，發鎮州。”“辛酉次定州，遣使告祀北嶽。上作《悲陷蕃民》詩，令從臣和。丙寅次金臺頓，契丹據有之地也，募其民能爲鄉導者百人，人賜錢二千。遣東西班指揮使浚儀孔守正等先趣岐溝關。守正夜踰短垣，過鹿角，臨斷橋，說關使劉禹以大軍且至，宜開門出降。禹解懸橋，邀守正入，聽命。守正慰撫軍民，還詣行在所。”“己巳次鹽溝頓，民有得契丹之馬來獻，賜以束帛。庚午遲明次幽州城南，駐蹕於寶光寺。契丹萬餘衆屯城北。上親率兵乘之，斬首千餘級，餘黨遁去。”本書卷九《景宗本紀》載，乾亨元年“秋七

月癸未，沙等及宋兵戰於高梁河，少却；休哥、斜軫橫擊，大敗之。宋主僅以身免，至涿州，竊乘驢車遁去"。

[3]南京：遼五京之一。故址在今北京市。

[4]高梁河：故道在今北京市西直門外。《宋史》卷四《太宗本紀》載，太平興國四年七月癸未"帝督諸軍及契丹大戰於高梁河，敗績。甲申班師"。《默記》卷中載："太宗自燕京城下軍潰，北虜追之，僅得脱。凡行在服御寶器盡爲所奪，從人、宮嬪盡陷没。股上中兩箭，歲歲必發。其棄天下竟以箭瘡發云。"

[5]耶律斜軫（？—999）：字韓隱，于越曷魯之孫。保寧初受命節制西南面諸軍，仍援河東。改南院大王。乾亨元年（979）秋，宋軍攻下河東，乘勝襲燕，高梁河一戰，他與耶律休哥分左右翼夾擊，大敗宋軍。統和初，承天皇太后蕭綽稱制，益見委任，爲北院樞密使。四年（986）宋軍三路來攻，斜軫指揮擊退西路來攻的宋軍，以功加守太保。本書卷八三有傳。

[6]擊敗之：【劉校】原本作"繫敗之"，據明抄本、南監本、北監本、殿本改。中華點校本、修訂本和補注本徑改。長箋本引《初校》出校。

[7]宋主：指宋太宗趙匡義。

[8]涿州：治所在今河北省涿州市。

是年冬上命韓匡嗣、耶律沙伐宋，[1]以報圍城之役，休哥率本部兵從匡嗣等戰于滿城。[2]翌日將復戰，宋人請降，匡嗣信之。休哥曰："彼眾整而鋭，必不肯屈，乃誘我耳，宜嚴兵以待。"匡嗣不聽。休哥引兵憑高而視，須臾南兵大至，鼓譟疾馳。[3]匡嗣倉卒不知所爲，士卒棄旗鼓而走，遂敗績。休哥整兵進擊，敵乃却。詔總南面戍兵，爲北院大王。

[1]韓匡嗣（917—982）：遼初著名漢臣韓知古之子。隸屬宫籍。初以善醫直長樂宫。《韓匡嗣墓誌》透露出他最初是受到太宗德光（即嗣聖皇帝）賞識，這可能與靖安皇后有關。因爲匡嗣是景宗耶律賢藩邸故人，所以景宗即位以後他很快即受到重用。保寧二年（970）景宗睿智皇后之父蕭思温遭謀殺，十年（978）景宗發現並處决了殺害蕭思温的兇手高勳和女里，此後，韓匡嗣更成了景宗和睿智皇后僅存的心腹人物，加開府儀同三司、政事令，授南面行營都統、燕京留守，封燕王。晚年任西南面招討使，與景宗死於同一年——乾亨四年（982）。《韓匡嗣墓誌》云“以乾亨五年，孝成皇帝登遐……以當年十二月八日薨於神山之行帳，享年六十六”。按本書卷一〇《聖宗本紀一》，“四年秋九月壬子，景宗崩”。次年改元統和，乾亨無“五年”。《韓德威墓誌》亦云“四年，丁秦王之憂”。匡嗣志有誤。本書卷七四有傳。

[2]滿城：縣名。治所在今河北省保定市滿城區。

[3]鼓譟：擂鼓吶喊。“譟”同“噪”。

明年車駕親征，[1]圍瓦橋關，[2]宋兵來救。守將張師突圍出，[3]帝親督戰，休哥斬師，餘衆退走入城。宋陣于水南，[4]將戰，帝以休哥馬、介獨黄，慮爲敵所識，乃賜玄甲、白馬易之。休哥率精騎渡水，擊敗之，追至莫州。[5]橫屍滿道，靫矢俱罄，生獲數將以獻。帝悦，賜御馬、金盂，勞之曰：“爾勇過于名，若人人如卿，何憂不克！”師還，拜于越。[6]

[1]明年車駕親征：【劉校】據中華點校本校勘記，“明年”二字原脱。《續通志》卷四一九本傳增此二字，與本書卷九《景宗本紀下》乾亨二年（980）十月合，據補。今從。

[2]瓦橋關：在今河北省雄縣。

[3]守將張師：應是守禦瓦橋關的龍猛副指揮使荆嗣。《長編》卷二一太平興國五年（980）十一月載："［壬寅］契丹寇雄州（《實錄》《本紀》皆不載此事，獨契丹傳十一月書此），據龍灣堤，龍猛副指揮使荆嗣率兵千人，力戰奪路。會中使有至州閱城壘者出郛外，敵進圍之。諸軍赴援，多被傷，嗣與其衆夜相失，三鼓，乃突圍走莫州。敵爲橋於界河以濟，嗣邀擊之，殺獲甚衆。"

[4]水南：宋遼界河之南岸。

[5]莫州：治所在今河北省任丘市。

[6]于越：契丹語官名。爲契丹貴官，非有大功德者不授。位在北、南大王之上。

聖宗即位，太后稱制，令休哥總南面軍務，以便宜從事。休哥均戍兵，立更休法，勸農桑、修武備，邊境大治。統和四年宋復來侵，[1]其將范密、楊繼業出雲州，[2]曹彬、米信出雄、易，[3]取歧溝、涿州，陷固安，[4]置屯。時北南院、奚部兵未至，休哥力寡不敢出戰。夜以輕騎出兩軍間，殺其單弱以脅餘衆；晝則以精銳張其勢，使彼勞於防禦，以疲其力。又設伏林莽絶其糧道，曹彬等以糧運不繼退保白溝。月餘復至，休哥以輕兵薄之，伺彼蓐食，擊其離伍單出者，且戰且却。由是南軍自救不暇，結方陣，塹地兩邊而行。軍渴乏井，[5]瀧淖而飲，凡四日始達于涿。聞太后軍至，彬等冒雨而遁，太后益以銳卒追及之。彼力窮環糧車自衛，休哥圍之。至夜，彬、信以數騎亡去，餘衆悉潰。追至易州東，聞宋師尚有數萬瀕沙河而爨，[6]促兵往擊之，宋師望塵奔竄，墮岸相踩死者過半，沙河爲之不流。太后旋斾，休哥收宋屍爲京觀。[7]封宋國王。

　　[1]統和：遼聖宗耶律隆緒年號（983—1012）。

　　[2]范密：【劉校】據中華點校本校勘記，《羅校》云："考《宋史》《長編》諸書，當時宋將無'范密'，疑是'潘美'之誤。《索隱》，范密爲潘美譯音。"　　楊繼業：即楊業（？—986），麟州（今陝西省神木縣）人。父信爲後漢麟州刺史。業早年爲戰將，屢立戰功，所向克捷，國人號爲"無敵"。隨其主劉繼元降宋，宋太宗以業熟悉邊事，授代州兼三交駐泊兵馬都部署，以功遷雲州觀察使，仍判鄭州、代州，自是契丹望見業旌旗即退走。雍熙三年（遼統和四年，986）副雲應路行營都部署、忠武軍節度使潘美北上攻遼。諸軍連拔雲應寰朔四州，師次桑乾河，會曹彬之師不利諸路班師。太宗詔遷四州之民於宋朝内地，令潘美等以所部之兵護送。當時契丹國母蕭氏領衆十餘萬復陷寰州，潘美等迫楊業出戰，苦戰殺敵，馬重傷不能進，遂爲契丹所俘，不食三日而死。《宋史》卷二七二有傳。　　雲州：治所在今山西省大同市。

　　[3]曹彬（931—999）：北宋將領。字國華。真定靈壽（今屬河北省）人。後周時累官至引進使。宋初參加滅蜀及征北漢之役，皆有功。開寶七年（974），受命率軍滅南唐，自出師至凱旋，士衆畏服，無肆意殺掠者。未幾，拜樞密使、檢校太尉、忠武軍節度使。宋太宗即位，加同平章事，封魯國公，益得信任。雍熙三年（986）宋分兵三路攻遼，曹彬任幽州（今北京市）道行營前軍馬步水陸都部署，率宋軍主力自雄州（今河北省雄縣）向涿州（今屬河北省）進發。大敗於岐溝關（今河北省淶水縣東）。致使其他兩路軍也被迫退兵。《宋史》卷二五八有傳。　　米信（928—994）：奚族，舊名海進。少勇悍、善射。趙匡胤總領後周禁兵，以米信隸麾下，委爲心腹。及即位補殿前指揮使。宋太宗即位轉散都頭指揮使繼領高州團練使。太平興國八年（983）改領彰化軍節度使。雍熙三年征幽薊，命信爲幽州西北道行營馬步軍都部署，敗契丹於新城。契丹率衆復來戰，王師稍却，信獨以麾下龍衛卒三百禦敵，敵圍之數重，信以百餘騎突圍得免。《宋史》卷二六〇有傳。

　　[4]固安：縣名。治所在今河北省固安縣。

　　[5]軍渴乏井：【劉校】"乏"原本誤作"之"，據明抄本、南監本、北監本和殿本改。中華點校本、修訂本和補注本徑改。長箋本引《初校》出校。

　　[6]沙河：在定州南。源發山西繁峙縣東白坡頭口，經曲陽入新樂，又東經定州境而入保定府祁州界。

　　[7]京觀：古代勝利者收葬敵方戰死士卒的屍體，封土其上以成高塚，即所謂"京觀"。

　　又上言，可乘宋弱，略地至河爲界。書奏不納。及太后南征，休哥爲先鋒，敗宋兵於望都。[1]時宋將劉廷讓以數萬騎並海而出，[2]約與李敬源合兵，[3]聲言取燕。休哥聞之，先以兵扼其要地。會太后軍至，接戰，殺敬源，廷讓走瀛州。[4]七年宋遣劉廷讓等乘暑潦來攻易州，[5]諸將憚之，獨休哥率銳卒逆擊于沙河之北，殺傷數萬，獲輜重不可計，獻于朝。太后嘉其功，詔免拜、不名。自是宋不敢北向。時宋人欲止兒啼，乃曰："于越至矣！"

　　[1]望都：縣名。治所在今河北省望都縣。

　　[2]劉廷讓（929—987）：涿州范陽（今北京市）人。唐末軍閥劉仁恭曾孫。字光義。雍熙三年（986）宋北伐，先是主帥曹彬敗於岐溝關。宋太宗以廷讓知雄州，又徙瀛州兵馬都部署。是冬契丹數萬騎來侵，廷讓與戰君子館。時天大寒，兵士弓弩皆不能彀。廷讓被圍數重，一軍皆没，死者數萬人，僅以數騎獲免。先鋒將賀令圖、楊重進皆陷於契丹，自是河朔戍兵無鬥志。宋太宗下詔削奪廷讓在身官爵，配隸商州，行至華州而卒。《宋史》卷二五九有傳。

[3]李敬源：此人不見於《長編》及《宋史》，祇見於《遼史》，或可能是契丹方面誤記。本書卷一一《聖宗本紀二》統和四年十二月甲辰，"詔南大王與休哥合勢進討，宰相安寧領迪离部及三克軍殿。上率大軍與宋將劉廷讓、李敬源戰於莫州，敗之。乙巳，擒宋將賀令圖、楊重進等"。宋軍與契丹軍非戰於莫州（今河北省任丘市），而是戰於君子館。君子館在今河北省河間市西北三十里。《長編》卷二七宋太宗雍熙三年（986）年末，"契丹將耶律遜寧號于越者，以數萬騎入寇瀛州。都部署劉廷讓與戰於君子館。會天大寒，我師不能彀弓弩。敵圍廷讓數重，廷讓先以麾下精卒與滄州都部署李繼隆令後殿，緩急期相救。及廷讓被圍，繼隆退屯樂壽，御前忠佐神勇指揮使鉅野桼桑贊以所部兵力戰，自辰至申，而敵援兵復至，贊引衆先遁，廷讓全軍皆没，死者數萬人。廷讓得麾下他馬乘之，僅脫死。先鋒將六宅使、平州團練使、知雄州賀令圖，武州團練使、高陽關部署楊重進，俱陷於敵"。《九朝編年備要》卷四雍熙三年十二月，"契丹寇瀛州，劉廷讓禦之，戰於君子館，全軍敗没，廷讓僅以身免，賀令圖爲契丹所紿縛而去。令圖貪功生事，輕而無謀，初與其父懷浦首謀北伐，一歲中父子皆敗，天下笑之"。

[4]瀛州：治所在今河北省河間市。

[5]易州：治所在今河北省易縣。本書卷一二《聖宗本紀三》統和七年（989）正月癸卯，"攻易州，宋兵出遂城來援，遣鐵林軍擊之，擒其指揮使五人。甲辰，大軍齊進，破易州，降刺史劉墀，守陴士卒南遁，上帥師邀之，無敢出者"。《長編》卷二九將此事繫於宋太宗端拱元年（遼統和六年，988）十一月，"契丹大至唐河北，將入寇。諸將欲以詔書從事，堅壁清野勿與戰。定州監軍、判四方館事袁繼忠曰：'契丹在近，今城中屯重兵而不能剪滅，令長驅深入，侵略它郡，謀自安之計可也，豈折沖禦侮之用乎！我將身先士卒，死於敵矣。'辭氣慷慨，衆皆伏。中黄門林延壽等五人猶執詔書止之，都部署李繼隆曰：'閫外之事，將帥得專焉。往年河

間不即死者，固將有以報國家耳。'乃與繼忠出兵距戰。先是，易州靜塞騎兵尤驍果，繼隆取以隸麾下，留妻子城中。繼忠言於繼隆曰：'此精卒，止可令守城，萬一寇至，城中誰與捍敵？'繼隆不從，既而敵果入寇，易州遂陷，卒之妻子皆爲敵所掠（易州陷，守將不知主名，亦不得其月日，但於此略見事跡耳，國史疏略如此，良可惜也）"。

休哥以燕民疲弊，省賦役、恤孤寡，戒戍兵無犯宋境，雖馬牛逸于北者悉還之。遠近向化，邊鄙以安。十六年薨。是夕雨木冰。聖宗詔立祠南京。

休哥智略宏遠，料敵如神。每戰勝讓功諸將，故士卒樂爲之用。身更百戰，未嘗殺一無辜。二子：高八，官至節度使；高十，終于越。孫馬哥。

馬哥字訛特懶。興宗時以散職入見，[1]上問："卿奉佛乎？"對曰："臣每旦誦太祖、太宗及先臣遺訓，未暇奉佛。"帝悅。清寧中遷唐古部節度使。[2]咸雍中累遷匡義軍節度使。[3]大康初致仕，[4]卒。

[1]散職：無職事官職、祇有與職事官相對的稱號，用以表示官階，稱爲"散官"。例如唐代文散官自開府儀同三司至將士郎凡二十九階，武散官自驃騎大將軍至陪戎副尉凡四十五階。故散官亦稱階官。宋代稱爲寄祿官。

[2]清寧：遼道宗耶律洪基年號（1055—1064）。 唐古部：當係遼朝西南部的吐蕃部族。聖宗時有匿訖唐古部、北唐古部、南唐古部、鶴剌唐古部等。大石西行所歷諸部中也有唐古部。詳本書卷三三《營衛志下·部族下》。

[3]咸雍：遼道宗耶律洪基年號（1065—1074）。　匡義軍：遼代軍號。治饒州（今内蒙古自治區林西縣西南六十公里）。

[4]大康：遼道宗耶律洪基年號（1075—1084）。

耶律斜軫字韓隱，于越曷魯之孫，[1]性明敏，不事生産。

[1]曷魯：耶律曷魯（872—918）。契丹迭剌部人。阿保機“佐命功臣”之一。其父偶思，與阿保機之父撒剌的爲從兄弟。阿保機即位後以曷魯爲“阿魯敦于越”。本書卷七三有傳。

保寧元年樞密使蕭思温薦斜軫有經國才，[1]上曰：“朕知之，第佚蕩，豈可羈屈？”對曰：“外雖佚蕩，中未可量。”乃召問以時政，占對剴切，帝器重之，妻以皇后之姪。命節制西南面諸軍，仍援河東。[2]改南院大王。[3]

[1]保寧：遼景宗耶律賢年號（969—979）。　蕭思温（？—970）：宰相蕭敵魯族弟忽没里之子。小字寅古。保寧初爲北院樞密使兼北府宰相，仍命世預其選。思温女册爲皇后（即睿智皇后），加尚書令，封魏王。保寧二年（970）遇害。本書卷七八有傳。

[2]河東：指五代時期的北漢，是十國之一。後漢乾祐四年（951）河東節度使劉崇稱帝，國號仍稱漢，都太原（今山西省太原市），史稱北漢。依附契丹。太平興國四年（979）爲北宋所滅。歷四主，凡二十九年。

[3]南院大王：契丹官名。遼太祖析迭剌部爲五院部和六院部。北院大王和南院大王即是五院部和六院部的首領。

乾亨初，宋再攻河東，從耶律沙至白馬嶺遇敵，[1]
沙等戰不利，斜軫赴之，令麾下萬矢齊發，敵氣褫而
退。是年秋宋下河東，乘勝襲燕，北院大王耶律奚底與
蕭討古逆戰，敗績，退屯清河北。斜軫取奚底等青幟軍
于得勝口以誘敵，[2]敵果爭赴。斜軫出其後奮擊，敗之。
及高梁之戰，與耶律休哥分左右翼夾擊，大敗宋軍。

[1]白馬嶺：據《山西通志》卷一五，白馬嶺在忻州（今山西
省忻州市）。

[2]得勝口：據《日下舊聞考》卷一三四《京畿·昌平州》：
"翠平口在昌平北二里，舊名得勝口，金大定二十五年五月改名。"
（《元混一方輿勝覽》）得勝口又名"德勝口"。《清一統志》卷七：
"德勝口在昌平州北二十里，又名翠屏口。北去雁門口五里，又東
有賢莊口。"

統和初，皇太后稱制益見委任，爲北院樞密使。[1]
會宋將曹彬、米信出雄、易，楊繼業出代州。[2]太后親
帥師救燕，以斜軫爲山西路兵馬都統。[3]繼業陷山西諸
郡，各以兵守，自屯代州。斜軫至定安遇賀令圖軍，[4]
擊破之，追至五臺，[5]斬首數萬級。明日至蔚州，[6]敵不
敢出，斜軫書帛射城上，諭以招慰意。陰聞宋軍來救，
令都監耶律題子夜伏兵險阨，[7]俟敵至而發。城守者見
救至，突出，斜軫擊其背，二軍俱潰。追至飛狐，[8]斬
首二萬餘級，遂取蔚州。賀令圖、潘美復以兵來，斜軫
逆于飛狐擊敗之。[9]宋軍在渾源、應州者皆棄城走。[10]
斜軫聞繼業出兵，令蕭撻凜伏兵于路。[11]明旦繼業兵

至，斜軫擁衆爲戰勢。繼業麾幟而前，斜軫佯退。伏兵發，斜軫進攻，繼業敗走，至狼牙村，[12]衆軍皆潰。繼業爲流矢所中，被擒。斜軫責曰：[13]“汝與我國角勝三十餘年，今日何面目相見！”繼業但稱死罪而已。初，繼業在宋以驍勇聞，人號“楊無敵”，首建梗邊之策。至狼牙村，心惡之，欲避不可得。既擒，三日死。

[1]北院樞密使：即契丹樞密院之樞密使，爲北面官之最高官職。掌軍事、部族。詳本書卷四五《百官志一》。

[2]代州：治所在今山西省代縣。

[3]都統：官名。唐乾元中始以都統名官，總諸道征伐。後若調諸道兵馬會戰，多置此職，爲臨時軍事長官，不賜旌節，事解即罷。遼設諸路兵馬都統署司，下有諸路兵馬都統署，都統爲其長官。

[4]定安：縣名。遼置。治所在今河北省蔚縣。

[5]五臺：1. 縣名。今屬山西省。2. 山名。在今山西省境內。

[6]蔚州：治所在今河北省蔚縣。

[7]耶律題子（？—986）：一作“迪子”，本書卷八五有傳。

[8]飛狐：1. 古縣名。治所在今河北省淶源縣。2. 要塞名。在今河北省淶源縣北，蔚縣南有飛狐口。

[9]“賀令圖、潘美復以兵來”二句：《長編》卷二七雍熙三年（986）十二月乙未載：“契丹將耶律遜寧號于越者，以數萬騎入寇瀛州。都部署劉廷讓與戰於君子館……先鋒將六宅使、平州團練使、知雄州賀令圖，武州團練使、高陽關部署楊重進，俱陷于敵。令圖性貪功生事，復輕而無謀。于越素知令圖，嘗使諜紿之曰：‘我獲罪於契丹，旦夕願歸朝，無路自投，幸君少留意焉。’令圖不虞其詐，自以爲終獲大功，私遺于越重錦十兩。至是，于越傳言軍中，願得見雄州賀使君。令圖先爲所紿，意其來降，即引麾下數十

騎逆之，將至其帳數步外，于越據胡床罵曰：'汝嘗好經度邊事，今乃送死來耶！'麾左右盡殺其從騎，反縛令圖而去。重進力戰，死之。初，令圖與父懷浦首謀北伐，一歲中父子皆敗，天下笑之。"是君子館一役賀令圖被俘。據《清一統志》卷一五，君子館在今河北省河間市西北三十里，宋雍熙三年劉廷讓與遼將耶律休哥戰此。

[10]渾源：縣名。今屬山西省。　應州：治所在今山西省應縣。

[11]蕭撻凜：即蕭撻覽（？—1004）。字馳寧，蕭思溫之再從侄。保寧初爲宿直官。統和四年（986）以諸軍副部署，從樞密使耶律斜軫敗繼業於朔州。二十二年攻宋，進至澶淵，未接戰，中伏弩卒。本書卷八五有傳。

[12]狼牙村：據《山西通志》卷一一，狼牙村在朔州（今屬山西省）。

[13]斜軫責曰：【劉校】"責"原本誤作"貴"，今據明抄本、南監本、北監本和殿本改。中華點校本、修訂本和補注本徑改。長箋本引《初校》出校。

斜軫歸闕，以功加守太保。從太后南伐，卒于軍，[1]太后親爲哀臨，仍給葬具。庶子狗兒，官至小將軍。

[1]"以功加守太保"至"卒于軍"：【劉校】據中華點校本校勘記，本書卷一一《聖宗本紀二》載，斜軫加守太保在統和四年（986）六月。從太后用兵卒於軍，在十七年九月。

耶律奚低孟父楚國王之後，[1]便弓馬，勇於攻戰。景宗時多任以軍事。

[1]孟父楚國王：耶律阿保機的伯父巖木。見本書卷六六《皇族表》。契丹以玄祖之後爲皇族，分爲三房：孟父房、仲父房和季父房。季父房一系太祖阿保機子孫爲"橫帳"。

統和四年爲右皮室詳穩。[1]時宋將楊繼業陷山西郡縣，奚低從樞密使斜軫討之。凡戰必以身先，矢無虛發。繼業敗于朔州之南，匿深林中。奚低望袍影而射，繼業墮馬。先是，軍令須生擒繼業，奚低以故不能爲功。

後太后南伐，屢有戰績。以病卒。

[1]皮室：契丹軍名。意爲"金剛"。初爲阿保機所置，稱"腹心部"。後有南、北、左、右皮室及黄皮室等，皆掌精甲。　詳穩：遼朝軍官名。元帥府下設大詳穩司。"詳穩"即漢語"將軍"的轉譯。【劉注】右皮室，原本作"右度室"，據明抄本、南監本、北監本和殿本改。中華點校本、修訂本、補注本和長箋本徑改。"詳穩"即漢語"將軍"的轉譯的説法似有值得商榷之處。在契丹小字中，"詳穩"作〔契丹字〕，"將軍"作〔契丹字〕，或〔契丹字〕、〔契丹字〕；在契丹大字中，"詳穩"作〔契丹字〕，"將軍"作〔契丹字〕。"詳穩"不是漢語"將軍"的轉譯，而是音譯的契丹語。契丹語中"將軍"是漢語借詞。

耶律學古字乙辛隱，于越洼之庶孫，[1]穎悟好學，工譯鞮及詩。保寧中補御盞郎君。

[1]于越洼：即耶律洼。官至于越，德光死後與耶律吼定策立世宗。本書卷七七有傳。

乾亨元年宋既下河東，乘勝侵燕，學古受詔往援。始至京，宋敗耶律奚底、蕭討古等，勢益張，圍城三周，穴地而進。城中民懷二心，學古以計安反側，隨宜備禦，晝夜不少懈。適有敵三百餘人夜登城，學古戰却之。會援軍至，圍遂解。學古開門列陣，四面鳴鼓，居民大呼，聲震天地，旋有高梁之捷。以功遙授保靜軍節度使，[1]爲南京馬步軍都指揮使。

[1]保靜軍：遼代軍號。治建州（今遼寧省朝陽市）。

二年伐宋乞將漢軍，[1]從之。改彰國軍節度使。[2]時南境未靜，民思休息，學古禁寇掠以安之。會宋將潘美率兵分道來侵，學古以軍少，虛張旗幟，雜丁、黃爲疑兵。[3]是夜，適獨虎峪舉烽火，遣人偵視，見敵俘掠村野，擊之，悉獲所掠物，擒其將領。自是學古與潘美各守邊約，無相侵軼，民獲安業。以功爲惕隱，卒。弟烏不呂。

[1]漢軍：也稱"漢兵"。遼朝有衆多的漢軍，其中有阿保機收編的"山北八軍"以及趙延壽的軍隊。此外，遼朝還有自己按照中原軍隊編制組建的漢軍，其中最重要的是燕京等地的禁軍。據《長編》卷五五宋真宗咸平六年（1003）七月己酉記李信云："國中所管幽州漢兵，謂之神武、控鶴、羽林、驍武等，約萬八千餘騎。"其中"羽林""控鶴"是唐、五代禁軍舊有的名號。因此可以斷定李信所說的遼燕京的"漢兵"就是戍衛京城的禁軍。
[2]彰國軍：遼代軍號。治應州（今山西省應縣）。
[3]丁、黃：據《新唐書》卷五一《食貨志》，唐制"凡民始

生爲黃，四歲爲小，十六爲中，二十一爲丁，六十爲老”。遼行唐制，黃、小、丁、中、老的年齡，應同唐制。

烏不呂字留隱。嚴重，有膂力，善屬文。統和中伐宋，屢任以軍事。

嘗與爻直不相能，因曰：“爾奴才，何所知？”爻直訟于北院樞密使韓德讓。[1]德讓怒，問曰：“爾安得此奴耶？”烏不呂對曰：“三父異籍時亦易得。”德讓笑而釋之。

[1]韓德讓（942—1011）：韓匡嗣第四子。統和初年承天稱制，韓德讓以南院樞密使的身份“總宿衛事”。統和十七年（999）北院樞密使、魏王耶律斜軫病故，承天太后以韓德讓兼知北院樞密使事，至此，遼朝的蕃漢軍政大權就集於其一身了。統和二十二年（1004），承天太后賜韓德讓姓耶律，徙封晉王，並且仍舊爲大丞相，事無不統。次年十一月，又詔德讓“出宮籍，屬於橫帳”。二十八年更名耶律隆運。

後從蕭恒德伐蒲盧毛朵部，[1]以功爲東路統軍都監。及德讓爲大丞相，薦其材可任統軍使，太后曰：“烏不呂嘗不遜于卿，何善而薦？”德讓奏曰：“臣忝相位，於臣猶不屈，況於其餘。以此知可用。若任使之，必能鎮撫諸蕃。”太后從之，加金紫崇禄大夫、檢校太尉。而弟國留以罪亡，烏不呂及其母俱下吏。[2]恐禍及母，陰使人召國留，紿曰：“太后知事之誣，汝第來勿畏。”國留至，送有司，坐誅。其後，退歸田里，以疾卒。

[1]蒲盧毛朵部：女真部族。遼屬部，爲遼國外十部之一。

[2]俱下吏：【劉校】“吏”原本誤作“更”，據明抄本、南監本、北監本和殿本改。中華點校本、修訂本和補注本徑改。長箋本引《羅校》出校。

論曰：宋乘下太原之銳以師圍燕，繼遣曹彬、楊繼業等分道來伐。是兩役也，遼亦岌岌乎殆哉！休哥奮擊于高梁，敵兵奔潰；斜軫擒繼業于朔州，旋復故地。宋自是不復深入，社稷固而邊境寧，雖配古名將無愧矣。然非學古之在南京安其反側，則二將之功蓋亦難致。故曰國以人重，信哉。

（李錫厚注　劉鳳翥校）

遼史　卷八四

列傳第十四

耶律沙　耶律抹只　蕭幹　討古　耶律善補
耶律海里[1]

[1] "耶律沙" 至 "耶律海里"：【劉校】原本、明抄本、南監本無，據北監本和殿本補。

　　耶律沙字安隱，其先嘗相遙輦氏。[1]應曆間累官南府宰相，[2]景宗即位，總領南面邊事。保寧間宋攻河東，[3]沙將兵救之有功，加守太保。

[1]遙輦氏：契丹氏族名。開元二十三年（735）可突于殘黨泥禮殺李過折，立阻午可汗，傳九世，至907年阿保機建國。遙輦九可汗繼位後各建宮衛，遼朝立國後，有遙輦九帳大常袞司之設，掌遙輦九世宮分之事務。亦指唐朝中晚期至契丹建國前的契丹族可汗姓氏，或稱這一時期爲遙輦氏時期。
[2]應曆：遼穆宗耶律璟年號（951—969）。　宰相：契丹部族官名。契丹可汗之下有北、南二府，各部族則分屬二府，故北宰

相亦稱北府宰相，南宰相亦稱南府宰相。

[3]保寧：遼景宗耶律賢年號（969—979）。　河東：指五代時期的北漢，是十國之一。後漢乾祐四年（951）河東節度使劉崇稱帝，國號仍稱漢，都太原（今屬山西省），史稱北漢。依附契丹。太平興國四年（979）爲北宋所滅。歷四主，凡二十九年。

乾亨初宋復北侵，[1]沙將兵由間道至白馬嶺，[2]阻大澗遇敵。沙與諸將欲待後軍至而戰，冀王敵烈、監軍耶律抹只等以爲急擊之便，[3]沙不能奪。敵烈等以先鋒渡澗，未半，爲宋人所擊，兵潰。敵烈及其子蛙哥、沙之子德里、令穩都敏、詳穩唐筈等五將俱没。[4]會北院大王耶律斜軫兵至，[5]萬矢俱發，敵軍始退。

[1]乾亨：遼景宗耶律賢年號（979—983）。

[2]白馬嶺：據《山西通志》卷一五，白馬嶺在忻州（今山西省忻州市）。

[3]冀王敵烈：即太宗德光庶子提離古（933—979）。宮人蕭氏生，保寧初封冀王。乾亨初，北宋進攻北漢，敵烈往援，戰死於白馬嶺。

[4]詳穩：遼朝軍官名。元帥府下設大詳穩司。“詳穩”即漢語“將軍”的轉譯。“詳穩”即漢語“將軍”的轉譯的説法似有值得商榷之處。【劉注】在契丹小字中，“詳穩”作 ，“將軍”作 ，或 、 ；在契丹大字中，“詳穩”作 ，“將軍”作 。“詳穩”不是漢語“將軍”的轉譯，而是音譯的契丹語。契丹語中“將軍”是漢語借詞。

[5]耶律斜軫（？—999）：字韓隱，于越曷魯之孫。保寧初受命節制西南面諸軍，仍援河東。改南院大王。乾亨元年（979）秋，

宋軍攻下河東，乘勝襲燕，高梁河一戰，他與耶律休哥分左右翼夾擊，大敗宋軍。統和初，承天皇太后蕭綽稱制，益見委任，爲北院樞密使。四年（986）宋軍三路來攻，斜軫指揮擊退西路來攻的宋軍，以功加守太保。本書卷八三有傳。

沙將趨太原，會漢駙馬都尉盧俊來奔，[1]言太原已陷，遂勒兵還。宋乘銳侵燕，沙與戰于高梁河，[2]稍却。遇耶律休哥及斜軫等邀擊，[3]敗宋軍。宋主宵遁，至涿州，[4]微服乘驢車間道而走。上以功釋前過。

[1]盧俊：北漢駙馬都尉。保寧八年（976）宋師壓境，俊詣遼乞師，有功。乾亨元年（979）白馬嶺之役，遼相耶律沙敗於宋軍。後耶律斜軫來援，始擊退宋軍。將趨太原，會俊以國亡出奔，言太原已陷。遼軍遂勒兵還。俊至遼，署同政事門下平章事，尚景宗公主，復拜駙馬都尉。《十國春秋》卷一〇七有傳。

[2]高梁河：故道在北京市西直門外。《宋史》卷四《太宗本紀一》載，太平興國四年（979）七月癸未“帝督諸軍及契丹大戰於高梁河，敗績。甲申班師”。《默記》卷中載：“太宗自燕京城下軍潰，北虜追之，僅得脫。凡行在服御寶器盡爲所奪，從人、宮嬪盡陷没。股上中兩箭，歲歲必發。其棄天下竟以箭瘡發云。”

[3]耶律休哥（？—998）：字遜寧。出身皇族，應曆末爲惕隱。乾亨元年（979）與耶律斜軫分左右翼，擊敗宋軍於高梁河。是年冬休哥率本部兵從韓匡嗣等戰於滿城。匡嗣敗績。休哥整兵進擊，敵乃却。詔總南面戍兵，爲北院大王。聖宗即位，太后稱制，令休哥總南面軍務，多有戰功。統和四年（986）封宋國王。本書卷八三有傳。

[4]涿州：今屬河北省。

是年，復從韓匡嗣伐宋，[1]敗績，帝欲誅之，以皇后營救得免。睿智皇后稱制，[2]召賜几杖，以優其老。復從伐宋，敗劉廷讓、李敬源之軍，[3]賜賚優渥。統和六年卒。

[1]韓匡嗣（917—982）：遼初著名漢臣韓知古之子。隸屬宮籍。初以善醫直長樂宮。《韓匡嗣墓誌》透露出他最初是受到太宗德光（即嗣聖皇帝）賞識，這可能與靖安皇后有關。因爲匡嗣是景宗耶律賢藩邸故人，所以景宗即位以後他很快即受到重用。保寧二年（970）景宗睿智皇后之父蕭思溫遭謀殺，十年（978）景宗發現並處決了殺害蕭思溫的兇手高勳和女里。此後，韓匡嗣更成了景宗和睿智皇后僅存的心腹人物，加開府儀同三司、政事令，授南面行營都統、燕京留守，封燕王。晚年任西南面招討使，與景宗死於同一年——乾亨四年（982）。《韓匡嗣墓誌》云：“以乾亨五年，孝成皇帝登遐……以當年十二月八日薨於神山之行帳，享年六十六。”按本書卷一〇《聖宗本紀二》：“四年秋九月壬子，景宗崩。”次年改元統和。《韓德威墓誌》亦云“四年，丁秦王之憂”。匡嗣誌有誤。本書卷七四有傳。

[2]睿智皇后（953—1009）：北府宰相思溫女。諱綽，小字燕燕，景宗即位，選爲貴妃。尋册爲皇后，生聖宗。景宗崩，尊爲皇太后，攝國政。統和元年（983）上尊號曰承天皇太后。本書卷七一有傳。皇后稱制，權決軍國事，是北方民族傳統，大汗死後，在選立新汗之前，由大汗之妻權決軍國事。

[3]劉廷讓（929—987）：字光乂，涿州范陽（今北京市）人，唐末軍閥劉仁恭曾孫。雍熙三年（986）宋北伐，先是主帥曹彬敗於岐溝關。宋太宗以廷讓知雄州，又徙瀛州兵馬都部署。是冬契丹數萬騎來侵，廷讓與戰君子館。時天大寒，兵士弓弩皆不能彀。廷讓被圍數重，一軍皆沒，死者數萬人，廷讓僅以數騎獲免。先鋒將

賀令圖、楊重進皆陷於契丹，自是河朔戍兵無鬭志。宋太宗下詔削奪廷讓在身官爵，配隸商州，行至華州而卒。《宋史》卷二五九有傳。

　　耶律抹只字留隱，[1]仲父隋國王之後。[2]初以皇族入侍，景宗即位爲林牙，[3]以幹給稱。保寧間遷樞密副使。

　　[1]耶律抹只：【劉校】據中華點校本校勘記，本書卷一〇《聖宗本紀一》統和元年（983）四月作"耶律末只"。

　　[2]仲父隋國王：契丹以玄祖之後爲皇族，分爲三房：孟父房、仲父房和季父房。仲父隋國王即玄祖匀德實第三子、阿保機的伯父釋魯。據本書卷六四《皇子表》：賢而有智，爲迭剌部于越時教民種樹桑麻。年五十七，爲子滑哥所弑。重熙中追封爲隋國王。

　　[3]林牙：契丹官名。掌文翰，相當於翰林學士。

　　乾亨元年春宋攻河東，[1]南府宰相耶律沙爲都統將兵往援，[2]抹只監其軍。及白馬嶺之敗，僅以身免。宋乘銳攻燕，將奚兵翊休哥擊敗之，上以功釋前過。是年冬從都統韓匡嗣伐宋，[3]戰于滿城，[4]爲宋將所紿，諸軍奔潰，獨抹只部伍不亂，徐整旗鼓而歸。璽書褒諭，改南海軍節度使。[5]乾亨二年拜樞密副使。

　　[1]乾亨元年春：【劉校】據中華點校本校勘記，此五字原闕。據本書卷九《景宗本紀下》乾亨元年（979）二月及卷八三《耶律休哥傳》、卷八四《耶律沙傳》補。今從。

　　[2]都統：官名。唐乾元中始以都統名官，總諸道征伐。後若調諸道兵馬會戰，多置此職，爲臨時軍事長官，不賜旌節，事解即

罷。遼設諸路兵馬都統署司，下有諸路兵馬都統署，都統爲其長官。

[3]是年冬：【劉校】據中華點校本校勘記，此三字原誤作“十一年”。本書卷九《景宗本紀下》乾亨元年（979）十一月及卷八三《耶律休哥傳》、卷八四《耶律沙傳》改。今從。

[4]滿城：縣名。治所在今河北省滿城縣。

[5]南海軍：遼代軍號。治海州（今遼寧省海城市），屬東京道。見本書卷三八《地理志二》。

　　統和初爲東京留守，[1]宋將曹彬、米信等侵邊，[2]抹只引兵至南京。[3]先繕守禦備，及車駕臨幸，抹只與耶律休哥逆戰于涿之東，克之，遷開遠軍節度使。[4]故事，州民歲輸稅，斗粟折錢五，抹只表請折錢六，部民便之。統和末卒。

[1]統和：遼聖宗耶律隆緒年號（983—1012）。　　東京：遼五京之一。故址在今遼寧省遼陽市。

[2]曹彬（931—999）：北宋將領。真定靈壽（今屬河北省）人。字國華。後周時累官至引進使。宋初參加滅蜀及征北漢之役，皆有功。開寶七年（974）受命率軍滅南唐，自出師至凱旋，士衆畏服，無肆意殺掠者。未幾，拜樞密使、檢校太尉、忠武軍節度使。宋太宗即位，加同平章事，封魯國公，益得信任。雍熙三年（986）宋兵分三路攻遼，曹彬任幽州（今北京市）道行營前軍馬步水陸都部署，率宋軍主力自雄州（今河北省雄縣）向涿州（今屬河北省）進發。大敗於岐溝關（今河北省淶水縣東）。致使其他兩路軍也被迫退兵。《宋史》卷二五八有傳。　　米信（928—994）：奚族。舊名海進。少勇悍、善射。趙匡胤總領後周禁兵，以米信隸麾下，委爲心腹。及即位，補殿前指揮使。太宗即位，轉散都頭指

揮使，繼領高州團練使。太平興國八年（983）改領彰化軍節度使。雍熙三年征幽薊，命信爲幽州西北道行營馬步軍都部署，敗契丹於新城。契丹率衆復來戰，王師稍却，信獨以麾下龍衛卒三百禦敵，敵圍之數重，信以百餘騎突圍得免。《宋史》卷二五九有傳。

〔3〕南京：遼五京之一。故址在今北京市。

〔4〕開遠軍節度使：據中華點校本校勘記，“按《紀》統和六年七月、八月並作大同軍節度使”。開遠軍，遼代軍號。治開州，故城在今遼寧省鳳城市境內。《武經總要》前集卷一六下《戎狄舊地》載：“開州，渤海古城也。遼主東討，新羅國都其城，要害，建爲州，仍曰開遠軍，西至來遠城一百二十里，西南至吉州七十里，東南至石城六十里。遼中庚戌年討新羅國，得要害地，築城以守之，即中國大中祥符三年也，東至新羅新化鎮四十里，南至海三十里。西至保州四十里。”依據這一記載，開州初建爲開遠軍，屬新羅。庚戌年（遼統和二十八年，宋大中祥符三年，1010），遼聖宗親自率軍東討，得到了開遠軍這一“要害地”，又建城守之。按，創建來遠等城的時間，是在統和十二年。《高麗史》卷三《成宗世家》載，（甲午）十三年（遼統和十二年，994）春二月，蕭遜寧致書曰：“近奉宣命，‘但以彼國信好早通，境土相接，雖以小事大固有規儀，而原始要終須存悠久。若不設於預備，慮中阻於使人。遂與彼國相議，便於要衝路陌創築城池’者。尋準宣命，自便斟酌，擬於鴨江西里創築五城，取三月初擬到築城處下手修築，伏請大王預先指揮，從安北府至鴨江東，計二百八十里，踏行穩便田地，酌量地里遠近，并令築城，發遣役夫，同時下手。其合築城數，早與回報。所貴交通車馬，長開貢覲之途，永奉朝廷自協安康之計。”

蕭幹小字項烈，字婆典，北府宰相敵魯之子，[1]性質直。

[1]敵魯：即蕭敵魯（？—919）。阿保機妻述律氏之弟，阿保機即汗位以後，敵魯與曷魯等總宿衛事，爲佐命功臣。後拜北府宰相。本書卷七三有傳。

　　初，察割之亂，[1]其黨胡古只與幹善，使人召之。幹曰：“吾豈能從逆臣！”縛其人送壽安王。[2]賊平，上嘉其忠，拜群牧都林牙。[3]復以伐烏古功遷北府宰相，[4]改突呂不部節度使。[5]

[1]察割：即耶律察割（？—951）。遼皇族，其父即明王安端，爲阿保機同母弟。世宗即位，察割封泰寧王。天禄五年（951）九月，南伐途中行弒逆，隨即爲壽安王誘殺。

[2]壽安王（931—969）：名述律，遼太宗耶律德光長子，生母爲靖安皇后蕭氏。會同二年（939）封壽安王。天禄五年即皇帝位，改元應曆，群臣上尊號曰天順皇帝。應曆十九年（969）遇弒。廟號穆宗。

[3]群牧：契丹專門管理畜群的機構。諸路設群牧使司，下設某群太保、某群侍中、某群敵史；朝廷設總典群牧使司，有總典群牧部籍使、群牧都林牙。以“群”爲單位設某群牧司，設群牧使、群牧副使。此外，還有僅管理馬及牛群的機構。遼亡之後，金稱契丹群牧爲“烏魯古”。

[4]烏古：部族名。又稱嫗厥律、于厥律，居契丹西北。

[5]突呂不部：契丹部族名。據本書卷三三《營衛志下》，該部爲太祖二十部之一，創建於阻午可汗之時，隸北府，節度使屬西北路招討司，司徒居長春州西。

　　乾亨初宋伐河東，乘勝侵燕，[1]詔幹拒之，戰于高梁河。耶律沙退走，幹與耶律休哥等併力戰敗之，上手勅慰勞。自是每征伐必參決軍事，加政事令。[2]二年宋兵圍瓦橋，[3]夜襲我營，幹及耶律匀骨戰却之。

[1]乘勝侵燕：事在乾亨元年（917）三月，宋滅北漢後，乘勝侵燕京。

[2]政事令：遼朝南面宰相。遼世宗天祿四年（950）建政事省之前，漢人宰相無定稱；建政事省之後，南面宰相稱"政事令"，且多由契丹貴族擔任這一職務。

[3]瓦橋：關隘名。在今河北省雄縣。

時皇后以父呼幹。[1]及后爲皇太后稱制，幹數條奏便宜，多見聽用。統和四年卒，姪討古。

[1]時皇后以父呼幹：【劉校】據中華點校本校勘記，按本書卷七一《睿智皇后傳》，后父思溫，幹與皇后應爲同輩。

討古字括寧，性忠簡，應曆初始入侍。會冀王敵烈、宣徽使海思謀反，[1]討古與耶律阿列密告於上，上嘉其忠，詔尚朴謹公主。保寧末爲南京統軍使。

[1]宣徽使：遼朝官名。遼設北、南宣徽，分隸北、南樞密院之下。宣徽北院使常執行軍事使命。此外，宣徽使還掌領朝會、宴饗、禮儀、祭祀及御前祗應之事。

乾亨初宋侵燕，討古與北院大王奚底拒之不克，軍潰。討古等不敢復戰，退屯清河。[1]帝聞其敗，遣使責之曰："卿等不嚴偵候，用兵無法，遇敵即敗，奚以將爲！”討古懼。頃之援兵至，討古奮力以敗宋軍。上釋其罪，降爲南京侍衛親軍都指揮使。四年卒。

[1]清河：本書卷九《景宗本紀下》載，乾亨元年（917）六月“丁卯，北院大王奚底、統軍使蕭討古、乙室王撒合擊之。戰於沙河，失利。己巳，宋主圍南京。丁丑，詔諭耶律沙及奚底、討古等軍中事宜”。《明一統志》卷一“沙河在霸州城南，與塘河合，至入海處呼爲飛魚口”。“巨馬河舊在霸州治北，源自盧溝河，流經州境東，合界河。”奚底等在沙河失利，向北撤退則是巨馬河（今拒馬河）。此“清河”當是指巨馬河或附近河流。

耶律善補字瑤昇，孟父楚國王之後，純謹有才智。景宗即位授千牛衛大將軍，遷大同軍節度使。[1]及伐宋，韓匡嗣與耶律沙將兵由東路進，善補以南京統軍使由西路進。善補聞匡嗣失利，斂兵還。乾亨末與宋軍戰于滿城，爲伏兵所圍，斜軫救之獲免。以失備，大杖決之。

[1]大同軍：遼代軍號。治雲州（今山西省大同市），重熙十三年（1044）升爲西京。

統和初爲惕隱。[1]會宋來侵，善補爲都元帥逆之，不敢戰，故嶺西州郡多陷，罷惕隱。以其叔安端有匡輔世宗功，[2]上愍之，徵善補爲南府宰相，遷南院大王。

[1]惕隱：契丹官名。又稱“梯里己”，掌皇族政教。
[2]安端：在阿保機兄弟中排行第五，也曾參與“謀反”。世宗天禄初，賜號“明王”，成爲東丹國的統治者。

會再舉伐宋，欲攻魏府，[1]召衆集議。將士以魏城無備，皆言可攻。善補曰："攻固易，然城大叵量，若克其城，士卒貪俘掠，勢必不可遏。且傍多巨鎮，各出援兵，內有重敵，何以當之？"上乃止。善補性懦，守靜。凡征討，憚攻戰，急還，以故戰多不利。年七十四卒。

[1]魏府：即大名府，唐魏州，爲天雄軍治。後唐曰興唐府。在今河北省大名縣。

耶律海里字留隱，令穩拔里得之長子。[1]察割之亂，其母的魯與焉，遣人召海里，海里拒之。亂平，的魯以子故獲免。

[1]拔里得之長子：【劉校】據中華點校本校勘記，"拔"原誤"援"。據本書卷七六本傳及《大典》卷四八〇改。

海里儉素，不喜聲利，以射獵自娛。雖居閑，人敬之若貴官然。保寧初拜彰國軍節度使，[1]遷惕隱。秩滿，稱疾不仕。久之，復爲南院大王。及曹彬、米信等來侵，海里有却敵功，賜資忠保義匡國功臣。

[1]彰國軍：遼代軍號。治應州（今山西省應縣）。

帝屢親征，海里在南院十餘年，鎮以寬靜，戶口增給，時議重之。封漆水郡王，[1]遷上京留守，[2]薨。詔以家貧給葬具。

[1]漆水郡王：遼宗室耶律氏的封爵。

[2]遷上京留守：【劉校】據中華點校本校勘記，"按《紀》統和十二年正月，以南院大王耶律景爲上京留守，封漆水郡王。景即海里漢名"。

論曰：當高梁、朔州之捷，[1]偏裨之將如沙與抹只，既因休哥、斜軫類見其功，所謂失之東隅，收之桑榆。[2]若蕭幹、海里拒察割之招，討古告海思之變，則不止有戰功而已。其視善補畏懦，豈不優哉。

[1]朔州：治所在今山西省朔州市。

[2]失之東隅，收之桑榆：《後漢書》卷一七《馮異傳》載，馮異破赤眉，璽書勞之，其間有"失之東隅，收之桑榆"之語。李賢注："《淮南子》曰'至於衡陽，是謂隅中'。"又引《漢書》卷八五《谷永傳》釋曰："太白出自西方六十日，法當參天；今已過期，尚在桑榆間。""桑榆"謂晚也。

（李錫厚注　劉鳳翥校）

遼史　卷八五

列傳第十五

蕭撻凜　蕭觀音奴　耶律題子　耶律諧理　耶律奴瓜
蕭柳　高勳　奚和朔奴　蕭塔列葛　耶律撒合[1]

[1]"蕭撻凜"至"耶律撒合"：【劉校】原本、明抄本、南監本無，據北監本和殿本補。

　蕭撻凜字駝寧，思溫之再從姪。[1]父朮魯列，善相馬，應曆間爲馬群侍中。[2]

[1]思溫：即蕭思溫（？—970）。宰相蕭敵魯族弟忽没里之子。小字寅古。通書史。穆宗時爲南京留守，但畏懦不敢戰。應曆八年（958），後周占束城，遼軍退渡滹沱河而屯，思溫飾他説請濟師。已而，後周圍瀛州，陷益津、瓦橋、淤口三關，迫近固安，思溫不知計所出。十九年（969）穆宗遇弑，思溫與南院樞密使高勳、飛龍使女里等立景宗。保寧初爲北院樞密使兼北府宰相，仍命世預其選。思溫女册爲皇后（即睿智皇后），加尚書令，封魏王。保寧二年（970）爲賊所害。本書卷七八有傳。

[2]應曆：遼穆宗耶律璟年號（951—969）。　馬群侍中：群牧官。屬北面官系統。

　　撻凜幼敦厚，有才略、通天文，保寧初爲宿直官，[1]累任囏劇。[2]統和四年宋楊繼業率兵由代州來侵，[3]攻陷城邑。撻凜以諸軍副部署，從樞密使耶律斜軫敗之，[4]擒繼業于朔州。[5]六年秋改南院都監，從駕南征，攻沙堆力戰被創，[6]太后嘗親臨視。明年加右監門衛上將軍、檢校太師，[7]遙授彰德軍節度使。[8]

　　[1]保寧：遼景宗耶律賢年號（969—979）。
　　[2]囏（jiān）劇：【靳注】即艱劇。囏，“艱”之異體。
　　[3]統和：遼聖宗耶律隆緒年號（983—1012）。　楊繼業：即楊業（？—986），麟州（今陝西省神木縣）人。父信爲後漢麟州刺史。業早年爲戰將，屢立戰功，所向克捷，國人號爲“無敵”。隨其主劉繼元降宋，宋太宗以業熟悉邊事，授代州兼三交駐泊兵馬都部署，以功遷雲州觀察使，仍判鄭州、代州，自是契丹望見業旌旗即退走。雍熙三年（遼統和四年，986）副雲應路行營都部署、忠武軍節度使潘美北上攻遼。諸軍連拔雲、應、寰、朔四州，師次桑乾河，會曹彬之師不利，諸路班師。太宗詔遷四州之民於宋朝內地，令潘美等以所部之兵護送。當時契丹國母蕭氏領衆十餘萬復陷寰州，潘美等迫楊業出戰，苦戰殺敵，馬重傷不能進，遂爲契丹所俘，不食三日而死。《宋史》卷二七二有傳。　代州：治所在今山西省代縣。
　　[4]耶律斜軫（？—999）：于越曷魯之孫。字韓隱。保寧初受命節制西南面諸軍，仍援河東。改南院大王。乾亨元年（979）秋，宋軍攻下河東，乘勝襲燕，高梁河一戰，他與耶律休哥分左右翼夾擊，大敗宋軍。統和初，承天皇太后蕭綽稱制，益見委任，爲北院

樞密使。四年（986）宋軍三路來攻，斜軫指揮擊退西路來攻的宋軍，以功加守太保。本書卷八三有傳。

[5]朔州：治所在今山西省朔州市。

[6]攻沙堆：據本書卷一二《聖宗本紀三》，此役發生在遼統和六年（988）十月戊午，在攻打涿州之後。《長編》卷二九宋太宗端拱元年（988）則記遼宋此次戰事發生在十一月。

[7]檢校：職官制度用語。唐宋皆有檢校官，屬加官而非正授。

[8]"明年"至"遙授彰德軍節度使"：明年指統和七年（989）。據中華點校本校勘記，"按《紀》，統和二年二月國舅帳彰德軍節度使蕭闥覽來朝。闥覽即撻凛，彰德軍節度不始自七年"。

十一年與東京留守蕭恒德伐高麗，[1]破之，高麗稱臣奉貢。十二年，夏人梗邊，皇太妃受命總烏古及永興宮分軍討之，[2]撻凛爲阻卜都詳穩。[3]凡軍中號令，太妃並委撻凛。師還，以功加兼侍中，封蘭陵郡王。[4]十五年敵烈部人殺詳穩而叛，[5]遁于西北荒，撻凛將輕騎逐之，因討阻卜之未服者，諸蕃歲貢方物充于國，自後往來若一家焉。上賜詩嘉獎，仍命林牙耶律昭作賦，[6]以述其功。撻凛以諸部叛服不常，上表乞建三城以絕邊患，從之。俄召爲南京統軍使。[7]

[1]高麗：古國名。即王建創建的高麗王朝（918—1392）。統治地域在今朝鮮半島，首都在開京（今朝鮮開城市）。本書卷一三《聖宗本紀四》統和十年（992）十二月"以東京留守蕭恒德等伐高麗"。十一年春正月丙午"高麗王治遣朴良柔奉表請罪，詔取女直鴨渌江東數百里地賜之"。契丹與高麗衝突不斷。此次契丹入侵高麗，是爲報復高麗統和四年戰爭中援助宋朝。《河南集》卷一六

《韓公（國華）墓誌銘》：“雍熙中王師北伐，聞高麗與契丹嘗爲仇怨，會公諭旨以分敵勢，公至，其王治畏葸無報復意。公爲陳中國威略，動以禍福，乃承詔，然遷延師期。公曰：‘兵不即發，不若勿奉詔；出不及敵境，不若勿發兵。’口語激切，又繼以書，至十返。治憚公堅正，知大國不可欺，乃命其大相韓光、元朝趙抗兵二萬五千侵契丹，且俾光等率將校詣公，公猶留館，須其兵出境乃復命。”此次高麗王治遣使契丹，奉表請罪，是因上年末受到契丹征伐。事後又求助於宋，宋未能相助，故此後倒向契丹。據《宋史》卷四八七《高麗傳》載，淳化五年（遼統和十二年，994）六月，“遣使元郁來乞師，愬以契丹寇境。朝廷以北鄙甫寧，不可輕動干戈，爲國生事，但賜詔慰撫，厚禮其使遣還。自是受制于契丹，朝貢中絶”。《高麗史》卷三《成宗世家》（甲午）十三年（遼統和十二年，994）六月，遣元郁如宋，乞師以報前年之役。宋以北鄙甫寧，不宜輕動，但優禮遣還。自是與宋絶。

[2]皇太妃：【劉校】據中華點校本校勘記，應作“王太妃”，參本書卷一三校勘記。　　烏古：部族名。又稱“嫗厥律”“于厥律”，居契丹西北。　　永興宮：太宗德光宮分。

[3]阻卜：即達旦、韃靼。元人諱言達旦，而稱達旦爲阻卜。詳王國維《觀堂集林》卷一四《達旦考》。　　詳穩：遼朝軍官名。元帥府下設大詳穩司。“詳穩”即漢語“將軍”的轉譯。“詳穩”即漢語“將軍”的轉譯的説法似有值得商榷之處。在契丹小字中，“詳穩”作 🔣，“將軍”作 🔣，或 🔣、🔣；在契丹大字中，“詳穩”作 🔣，“將軍”作 🔣。“詳穩”不是漢語“將軍”的轉譯，而是音譯的契丹語。契丹語中“將軍”是漢語借詞。

[4]蘭陵郡：蕭氏郡望。戰國楚置蘭陵縣，在今山東省蘭陵縣西南蘭陵鎮。西晉置蘭陵郡，治丞縣（今山東省棗莊市嶧城區南，在古蘭陵縣西）。

　　[5]敵烈部：遼金時北邊族名。又譯迪烈、敵烈德、迭烈德、達里底。遼時以遊牧、捕獵爲業，分佈於臚朐河（今克魯倫河）流域。有八部，稱爲八部敵烈或八石烈敵烈。與烏古部並稱爲北邊大部。遼聖宗以敵烈部降人置迭魯敵烈部和北敵烈部。開泰四年（1015），築董城於臚朐河北，安置敵烈、烏古降人。壽昌二年（1096），徙敵烈、烏古於烏納水西。金末元初，敵烈人逐漸同化於女真人、蒙古人。

　　[6]林牙：契丹官名。掌文翰，相當於翰林學士。

　　[7]南京：遼五京之一。故址在今北京市。

　　二十年復伐宋，擒其將王先知，[1]破其軍于遂城，[2]下祁州，[3]上手詔獎諭。進至澶淵，[4]宋主軍于城隍間，未接戰，撻凛按視地形，取宋之羊觀、鹽堆、鳧雁，中伏弩卒。[5]明日轜車至，太后哭之慟，輟朝五日。[6]子懚古，南京統軍使。

　　[1]二十年復伐宋，擒其將王先知：【劉校】據中華點校本校勘記，“按《紀》統和二十一年四月及卷八五《耶律奴瓜傳》，蕭撻凛獲宋將王繼忠於望都。先知即繼忠”。

　　[2]遂城：古縣名。治所在今河北省保定市徐水區西。時爲宋遼邊界重鎮。亦爲宋廣信軍治。

　　[3]祁州：治所在今河北省安國市。

　　[4]澶淵：地名。即澶州。古稱澶淵。澶州治所在今河南省濮陽市西南。統和二十二年（1004）十一月，承天太后曾親自率兵侵宋至此。雙方通過使臣談判，最後達成澶淵盟約。盟約規定：各自維持固有疆界，互不相侵。宋朝每年贈給契丹銀十萬兩、絹二十萬匹。戰爭經過和談判過程以及盟約全文詳載《長編》卷五七、五八。

　　[5]中伏弩卒：本書卷一四《聖宗本紀五》載，統和二十二年
（1004）十一月庚午，"攻破德清軍。壬申，次澶淵。蕭撻凜中伏弩
死"。《九朝編年備要》卷七景德元年（遼統和二十二年）十一月
"車駕至衛南，敵擁衆抵澶州，圍合三面，李繼隆等整兵成列，出
禦之，敵騎將達蘭中弩死，敵大挫，退却不敢動"。

　　[6]輟（chuò）朝：中止臨朝聽政。

　　蕭觀音奴字耶寧，奚王搭紇之孫。[1]統和十二年爲
右祗候郎君班詳穩，遷奚六部大王。先是，俸秩外給
獐、鹿百數，皆取於民，觀音奴奏罷之。

　　[1]奚王：對奚部族首領的稱呼。據《五代會要》卷二八
《奚》："奚，本匈奴別種，即東胡之地，人物風俗與突厥同。族有
五姓：一曰阿會部，管縣六；二曰啜米部，管縣四；三曰奧質部，
管縣六；四曰奴皆部，管縣四；五曰黑訖支部，管縣三。每部有刺
史，每縣有令，酋長號奚王。"此奚王是被契丹降伏以後的奚部族
酋長。《新五代史》卷七四《四夷附録第三》所記奚各部名稱與
《五代會要》相同：奚"分爲五部：一曰阿薈部，二曰啜米部，三
曰粵質部，四曰奴皆部，五曰黑訖支部。後徙居琵琶川，在幽州東
北數百里。地多黑羊，馬趫前蹄堅善走，其登山逐獸，下上如飛。"
奚本來祗有五部，阿保機降伏五部奚之後設置墮瑰部，而成六部。
詳本書卷三三《營衛志下·部族下》。

　　及伐宋與蕭撻凜爲先鋒，降祁州，下德清軍，[1]上
加優賞。同知南院事，卒。

　　[1]德清軍：後晉軍號。治舊澶州（今河南省清豐縣西北）。
據《太平寰宇記》卷五七，德清軍陸家店地，本舊澶州。後晉天福

三年（938）移澶州於得勝塞，乃於舊澶州置頓丘鎮，取縣爲名，
至四年晉幸天雄軍，改鎮爲德清軍。開運二年十一月又移德清軍於
陸家店，置在新澶州之北七十里。

耶律題子字勝隱，北府宰相兀里之孫。[1]善射、工
畫，保寧間爲御盞郎君。九年奉使于漢，[2]具言兩國通
好長久之計，其主繼元深加禮重。[3]

[1]北府宰相：契丹部族官名。契丹可汗之下有北、南二府，
各部族則分屬二府，故北宰相亦稱北府宰相，南宰相亦稱南府
宰相。

[2]漢：指五代時期的北漢，是十國之一。後漢乾祐四年
（951）河東節度使劉崇稱帝，國號仍稱漢，都太原（今屬山西
省），史稱北漢。依附契丹。太平興國四年（979）爲北宋所滅。歷
四主，凡二十九年。

[3]繼元：即劉繼元。北漢開國皇帝劉崇養子，天會十二年
（遼應曆十八年，968）九月即位，次年，遼册立其爲大漢皇帝。廣
運二年（遼保寧七年，975）遼册繼元爲大漢英武皇帝。廣運六年
（宋太平興國四年，979）降於宋，北漢亡。

統和二年將兵與西邊詳穩耶律速撒討陀羅斤，[1]大
破之。四年宋將楊繼業陷山西城邑，題子從北院樞密使
耶律斜軫擊之，敗賀令圖於定安，[2]授西南面招討都監。
宋兵守蔚州，[3]急召外援。題子聞之夜伏兵道傍，黎明
宋兵果來，過未半而擊之；城中軍出，斜軫復邀之。兩
軍俱潰，奔飛狐，[4]地隘不得進，殺傷甚衆。賀令圖復
集敗卒來襲蔚州，題子逆戰破之。應州守將自遁，[5]進

圍寰州，[6]冒矢石登城，宋軍大潰。當斜軫擒繼業于朔州，題子功居多。

[1]耶律速撒（？—1002）：字阿敏。應曆初爲侍從，累遷突呂不部節度使。保寧三年（971）改九部都詳穩。四年伐党項，屢立戰功。統和初以來，在邊二十年，安集諸蕃，威信大振。本書卷九四有傳。

[2]敗賀令圖於定安：定安縣，據《清一統志》卷二四：“在蔚州東北，遼置，屬蔚州。金貞祐三年升爲定安州，元復爲縣，明初省。《蔚州志》定安廢縣，在州東北六十里。”《長編》卷二七雍熙三年年末：“令圖性貪功生事，復輕而無謀。裕悦素知令圖，嘗使諜紿之曰：‘我獲罪於契丹，旦夕願歸朝，無路自投，幸君少留意焉。’令圖不虞其詐，自以爲終獲大功，私遺裕悦重錦十兩，至是裕悦傳言軍中願得見雄州賀使君。令圖先爲所紿，意其來降，即引麾下數十騎逆之。將至其帳數步外，裕悦據胡床罵曰：‘汝嘗好經度邊事，今乃送死來耶。’麾左右盡殺其從騎，乃縛令圖而去，重進力戰死之。初令圖與父懷浦首謀北伐，一歲中父子皆敗，天下笑之。重進太原人也。丙午，瀛州以聞，廷讓詣闕請罪。上知爲繼隆所誤，不責。逮繼隆，令中書問狀，尋亦釋之。東頭供奉官馬知節監博州軍，聞廷讓敗，恐敵乘勝復入寇，因繕城壘、治器械、料丁壯、集芻糧，十有五日而具。始興役，官吏居民皆不悦其生事，既而寇果至，見有備乃引去，衆始歎伏。”《九朝編年備要》卷四雍熙三年十二月契丹寇瀛州，“劉廷讓禦之，戰於君子館，全軍敗没，廷讓僅以身免，賀令圖爲契丹所紿縛而去。令圖貪功生事，輕而無謀，初與其父懷浦首謀北伐，一歲中父子皆敗，天下笑之”。

[3]蔚州：治所在今河北省蔚縣。

[4]飛狐：1.古縣名。今淶源縣在隋唐遼、宋、金、元時名飛狐縣。2.要塞名。今河北省淶源縣北、蔚縣南有飛狐口。

　　[5]應州：治所在今山西省應縣。

　　[6]寰州：五代後唐置，遼廢。治所在今山西省朔州市東。

　　是年冬復與蕭撻凛由東路擊宋，俘獲甚衆。後聞宋兵屯易州，率兵逆之，至易境而卒。

　　初，題子破令圖，宋將有因傷而仆，題子繪其狀以示宋人，咸嗟神妙。

　　耶律諧理字烏古鄰，突舉部人。[1]統和四年，宋將楊繼業來攻山西，[2]諧理從耶律斜軫擊之，常居先鋒，偵候有功。是歲伐宋，宋人拒於滹沱河，[3]諧理率精騎便道先濟，獲其將康保威，以功詔世預節度使選。

　　[1]突舉部：契丹阻午可汗時期部族名。據本書卷三三《營衛志下·部族下》，太祖二十部中的突呂不部，“其先曰塔古里，領三營。阻午可汗命分其一與弟航斡爲突舉部；塔古里得其二，更爲突呂不部。隸北府，節度使屬西北路招討司，司徒居長春州西”。

　　[2]統和四年，宋將楊繼業來攻山西：【劉校】據中華點校本校勘記，“四”原誤“五”。“按《紀》繼業於四年三月出兵，七月被擒，據改”。今從。

　　[3]滹沱河：河流名。滹沱河流經山西、河北境内，匯入子牙河，歷史上河道屢次變遷。

　　太平元年稍遷本部節度使。[1]六年從蕭惠攻甘州，[2]不克。會阻卜攻圍三剋軍，諧理與都監耶律涅魯古往救，[3]至可敦城西南遇敵，[4]不能陣，中流矢卒。

[1]太平：遼聖宗耶律隆緒年號（1021—1031）。

[2]蕭惠（982—1056）：契丹外戚。淳欽皇后弟阿古只五世孫。字伯仁，小字脱古思。重熙六年（1037）惠贊成復取三關，與太弟帥師壓宋境，迫使宋朝增歲幣請和。惠以首事功進王韓。重熙十七年尚帝姊秦晉國長公主，拜駙馬都尉。本書卷九三有傳。　甘州：治所在今甘肅省張掖市。

[3]都監耶律涅魯古：【劉校】據中華點校本校勘記，本書卷一七《聖宗本紀八》太平六年（1028）八月作“監軍涅里姑”。

[4]可敦城：即鎮州。陳得芝《耶律大石北行史地雜考》（《歷史地理》第二輯）説，遼朝統治漠北屬部的最高軍政機構是西北路招討司（又稱西北路都招討司），遼聖宗統和十二年（994）因西北“阻卜”諸部作亂，以蕭撻凛爲西北路招討使，命隨皇太妃（齊王妃）出征，“屯西鄙臚駒兒河，西捍轄戛，盡降之”。蕭撻凛鑒於達旦諸部叛服不常，上表乞建三城以鎮之。統和二十二年（1004）三城完工，設置鎮、防、維三州。

耶律奴瓜字延寧，太祖異母弟南府宰相蘇之孫。[1]有膂力，善調鷹隼。

[1]蘇（？—926）：阿保機幼弟，名蘇。神册五年（920）爲惕隱。次年爲南府宰相。據本書卷六四《皇子表》，滄州節度使劉守文求救，蘇曾奉阿保機之命，前去解滄州之圍。天顯元年（926）從太祖征渤海還，卒。

統和四年宋楊繼業來侵，奴瓜爲黃皮室糺都監，[1]擊敗之，盡復所陷城邑。軍還，加諸衛小將軍。及伐宋有功，遷黃皮室詳穩。六年再舉，將先鋒軍敗宋遊兵于定州，[2]爲東京統軍使，加金紫崇禄大夫。從奚王和朔奴伐兀惹,[3]以戰失利, 削金紫崇禄階。[4]

[1]皮室：契丹軍名。"皮室"意爲"金剛"。初爲阿保機所置, 稱"腹心部"。後有南、北、左、右皮室及黄皮室等, 皆掌精甲。

[2]先鋒軍：作戰時衝鋒在先的軍隊。《武經總要》後集卷五《故事》："唐太宗嘗選精鋭千餘騎爲奇兵, 皆皂衣黑甲, 分爲左右隊。隊建大旗, 令騎將秦叔寶、程咬金、尉遲敬德、翟長孫等分統之。每臨敵, 太宗躬被黑甲, 先鋒率之, 候機而進, 所向摧靡, 常以少擊衆, 賊徒氣懾。" 定州：今屬河北省。

[3]兀惹：遼金時東北部族名。

[4]階：官階。是表示官員品級的稱號, 以別於職事官而言, 衹用於封贈, 並非實官。唐以金紫光禄大夫爲從三品。遼避德光諱, 改"光禄"爲"崇禄"。

十九年拜南府宰相。二十一年復伐宋, 擒其將王繼忠于望都,[1]俘殺甚衆, 以功加同政事門下平章事。二十六年爲遼興軍節度使, 尋復爲南府宰相。開泰初加尚父, 卒。

[1]王繼忠（？—1023）：宋降將。本書卷八一有傳。《宋史》卷二七九《王繼忠傳》載："[繼忠] 開封人。真宗在藩邸, 得給事左右, 以謹厚被親信。即位, 補内殿崇班, 累遷至殿前都虞候, 領雲州觀察使, 出爲深州副都部署, 改鎮、定、高陽關三路鈐轄兼河北都轉運使, 遷高陽關副都部署, 俄徙定州。咸平六年, 契丹數萬騎南侵, 至望都, 繼忠與大將王超及桑贊等領兵援之。繼忠至康村, 與契丹戰, 自日昳至乙夜, 敵勢小却。遲明復戰, 繼忠陣東偏, 爲敵所乘, 斷餉道, 超、贊皆畏縮退師, 竟不赴援。繼忠獨與

麾下躍馬馳赴，服飾稍異，契丹識之，圍數十重。士皆重創，殊死戰，且戰且行，旁西山而北，至白城，遂陷於契丹。真宗聞之震悼，初謂已死，優詔贈大同軍節度，贈賻加等，官其四子。景德初，契丹請和，令繼忠奏章，乃知其尚在。朝廷從之，自是南北戢兵，繼忠有力焉。歲遣使至契丹，必以襲衣、金帶、器幣、茶藥賜之，繼忠對使者亦必泣下。嘗附表懇請召還，上以誓書約各無所求，不欲渝之，賜詔諭意。契丹主遇繼忠甚厚，更其姓名爲耶律顯忠，又改名宗信，封楚王。”　望都：縣名。治所在今河北省望都縣。

蕭柳字徒門，淳欽皇后弟阿古只五世孫。[1]幼養于伯父排押之家，多知能文，膂力絕人。

[1]淳欽皇后：遼太祖阿保機皇后述律氏的謚號。遼興宗重熙二十一年（1052）九月追謚。本書卷七一有傳。　阿古只：蕭敵魯之弟，兄弟二人均爲阿保機述律皇后之弟。一同爲阿保機掌腹心部。刺葛叛亂，阿古只將其追擒於榆河。本書卷七三有傳。

統和中，叔父恒德臨終薦其才，詔入侍衛。十七年，南伐，宋將范庭召列方陣而待。[1]時皇弟隆慶爲先鋒，[2]問諸將佐：“誰敢當者？”[3]柳曰：“若得駿馬，則願爲之先。”隆慶授以甲騎，柳攬轡，謂諸將曰：“陣若動，諸君急攻。”遂馳而前，敵少却，隆慶席勢攻之，南軍遂亂。柳中流矢，裹創而戰，[4]衆皆披靡。時排押留守東京，奏柳爲四軍兵馬都指揮使。

[1]范庭召（926—1001）：又作“范廷召”。冀州棗强（今河

北省棗強縣）人。淳化間爲定州行營都部署。咸平二年（999）契丹入塞，車駕北巡。廷召與戰瀛州西，斬首二萬級，逐北至莫州東三十里，又斬首萬餘，奪其所掠老幼數萬口，契丹遁去。師還，録功加檢校太傅，益賦邑，又改殿前都指揮使。四年正月被疾，車駕臨問，卒，年七十五，贈侍中。《宋史》卷二八九有傳。《長編》卷四五咸平二年（遼統和十七年，999）十一月丁卯載："初，河北轉運使裴莊屢條奏傅潛無將略，恐失機會。樞密使王顯與潛俱起攀附，頗庇之，莊奏至，輒不報。潛屯於定州，緣邊城堡悉飛書告急，潛麾下步騎凡八萬餘，咸自置鐵撾、鐵捶，爭欲擊敵。潛畏懦，閉門自守，將校請戰者輒醜言詈之。無何，敵破狼山諸寨，悉鋭攻威虜，兩晝夜不勝，遂引兵略寧邊軍，入祁、趙，大縱抄劫，遊騎出邢、洺間，百姓驚擾，攜挈老幼爭入城郭，鎮、定路不通者踰月。朝廷屢間道遣使，督其出師，會諸路兵合擊，其都監秦翰及定州行營都部署范廷召等屢促之，皆不聽。廷召怒，因詬潛曰：'公性怯，乃不如一嫗耳。'潛不能答。"

[2]隆慶（？—1016）：遼聖宗耶律隆緒同母弟。統和中進封爲梁國王，拜南京留守，手握重兵，稱雄一方。統和十七年（999）南征，隆慶率軍爲先鋒，至瀛州（今河北省河間市），與宋將范廷召相遇，隆慶命蕭柳迎戰，將宋軍擊潰，並圍而殲之。十九年（1001）復敗宋人於行唐（今屬河北省）。他的權勢、地位不斷上升，威脅着遼聖宗。《宋朝事實類苑》卷七七引《乘軺録》稱其"調度之物，悉侈於隆緒"。

[3]敢當者：【劉校】原本作"敢嘗者"，據明抄本、南監本、北監本、殿本改。中華點校本、修訂本和補注本徑改。長箋本引《初校》出校。

[4]裹創而戰：【劉校】中華修訂本校勘記云，"裹"原作一字空格，據明抄本、南監本、北監本、殿本改。今從。中華點校本、補注本和長箋本徑改。

明年爲北女直詳穩，[1]政濟寬猛，部民畏愛。遷東路統軍使，秩滿，百姓願留復任，許之。從伐高麗，遇大蛇當路，前驅者請避，柳曰："壯士安懼此！"拔劍斷蛇。師還，致仕。

[1]女直：部族名。本作"女真"，因避遼興宗宗真名諱，改稱"女直"。遼時居東北地區東部。其在南者入遼籍，稱"熟女真"或"合蘇館女真"；在北者不入遼籍，稱"生女真"。

柳好滑稽，雖君臣燕飲，詼諧無所忌，時人比之俳優。[1]臨終謂人曰："吾少有致君志，不能直遂，故以諧進。冀萬有一補，俳優名何避！"頃之，被寢衣而坐，呼曰："吾去矣！"言訖而逝。耶律觀音奴集柳所著詩千篇，目曰《歲寒集》。

[1]俳優：古代指以樂舞諧戲爲業的藝人。

高勳字鼎臣，晉北平王信韜之子。[1]性通敏，仕晉爲閤門使。[2]會同九年與杜重威來降，[3]太宗入汴授四方館使。[4]好結權貴，能服勤大臣，多推譽之。

[1]信韜：【劉校】原本、明抄本、南監本、北監本、殿本和修訂本均作"信韜"。據補注本改。補注本校勘記稱："《舊五代史》卷一三二《世襲列傳》：高萬興兼彰武、保大兩鎮，封北平王。子允韜，後唐清泰二年卒於華州節度使任內。陳大任避金章宗父允恭諱，改'允'爲'信'。"中華點校本徑改。長箋本作"信韜"，引《索隱》出校。

[2]閤門使：官名。即古者擯相之職。唐末、五代凡取稟旨命、供奉乘輿、朝會遊宴及贊導三公、群臣、蕃國朝見、辭謝、糾彈失儀之事，由閤門使、副掌管。閤門使多以處武臣。參見《文獻通考·職官十二》。

[3]杜重威（？—948）：朔州（今山西省朔州市）人。其妻石氏是晉高祖石敬瑭之妹。出帝與契丹絕好，契丹連歲入侵。重威爲北面行營招討使、鄴都留守。開運三年（946）秋重威有異志，遣人向契丹請降，契丹許以重威爲中原皇帝，重威信以爲然，乃伏甲士召諸將，出降表，令諸將署名，並告軍士以糧盡出降，軍士解甲大哭，聲震原野。明年契丹北歸，漢高祖劉知遠攻鄴，重威食盡請降。爲漢大臣共誅之。《舊五代史》卷一〇九、《新五代史》卷五二有傳。

[4]四方館使：【靳注】官名。四方館長官。掌諸路驛舍及陳設器皿等事。

天禄間爲樞密使，[1]總漢軍事。[2]五年劉崇遣使來求封册，[3]詔勳册崇爲大漢神武皇帝。應曆初封趙王，出爲上京留守，[4]尋移南京。會宋欲城益津，[5]勳上書請假巡徼以擾之，[6]帝然其奏，宋遂不果城。十七年宋略地益津關，勳擊敗之，知南院樞密事。景宗即位，以定策功進王秦。

[1]天禄：遼世宗耶律阮年號（947—951）。

[2]漢軍：也稱“漢兵”。遼朝有衆多的漢軍，其中有阿保機收編的“山北八軍”以及趙延壽的軍隊。此外，遼朝還有自己按照中原軍隊編制組建的漢軍，其中最重要的是燕京等地的禁軍。據《長編》卷五五宋真宗咸平六年（1003）七月己酉記李信云：“國中所管幽州漢兵，謂之神武、控鶴、羽林、驍武等，約萬八千餘騎。”

其中"羽林""控鶴"是唐、五代禁軍舊有的名號。因此可以斷定李信所説的遼燕京的"漢兵"就是戍衞京城的禁軍。

[3]劉崇（895—955）：後漢高祖同母弟。後改名。劉知遠即位，崇爲太原尹、北京留守、同中書門下平章事。郭威代漢自立，崇於後周廣順元年（951）正月即皇帝位於太原，與契丹約爲父子之國，致書遼世宗兀欲，稱其爲"叔"。史稱"北漢"。

[4]上京：遼五京之一。前期都城，稱臨潢府，故址在今内蒙古自治區巴林左旗林東鎮波羅城。

[5]益津：地名。在今河北省霸州市。

[6]勳上書請假巡徼以擾之：【劉校】據中華點校本校勘記，"按《紀》，勳上書在應曆十七年二月"。

保寧中以南京郊内多隙地，請疏畦種稻。帝欲從之，林牙耶律昆宣言於朝曰："高勳此奏，必有異志。果令種稻，引水爲畦，設以京叛，官軍何自而入？"帝疑之，不納。尋遷南院樞密使。[1]以毒藥餽駙馬都尉蕭啜里，事覺，流銅州。[2]尋又謀害尚書令蕭思温，詔獄誅之，没其產，皆賜思温家。

[1]南院樞密使：即漢人樞密院之樞密使。爲南面官最高官職。詳見本書卷四七《百官志三》。

[2]銅州：渤海置，遼屬東京道。下轄析木縣，治所在今遼寧省海城市。

奚和朔奴字籌寧，奚可汗之裔。保寧中爲奚六部長。[1]

[1]奚六部長：【靳注】即奚王，又稱"奚六部大王"。爲北面官。太祖阿保機始置，終遼之世爲奚族最高長官，統領奚族軍民之政。

統和初皇太后稱制，以耶律休哥領南邊事，[1] 和朔奴爲南面行軍副部署。四年宋曹彬、米信等來侵，[2] 和朔奴與休哥破宋兵于燕南，手詔褒美。軍還，怙權搧無罪人李浩至死，上以其功釋之。[3] 六年冬，南征，[4] 將本部軍由別道進擊敵軍於狼山，俘獲甚衆。

[1]耶律休哥（？—998）：字遜寧。出身皇族，應曆末爲惕隱。乾亨元年（917）與耶律斜軫分左右翼，擊敗宋軍於高梁河。是年冬，休哥率本部兵從韓匡嗣等戰於滿城。匡嗣敗績。休哥整兵進擊，敵乃却。詔總南面戍兵，爲北院大王。聖宗即位，太后稱制，令休哥總南面軍務，多有戰功。統和四年（986）封宋國王。本書卷八三有傳。

[2]曹彬（931—999）：北宋將領。字國華。真定靈壽（今屬河北省）人。後周時累官至引進使。宋初參加滅蜀及征北漢之役，皆有功。開寶七年（974）受命率軍滅南唐，自出師至凱旋，士衆畏服，無肆意殺掠者。未幾，拜樞密使、檢校太尉、忠武軍節度使。宋太宗即位，加同平章事，封魯國公，益得信任。雍熙三年（986）宋分兵三路攻遼，曹彬任幽州（今北京市）道行營前軍馬步水陸都部署，率宋軍主力自雄州（今河北省雄縣）向涿州（今屬河北省）進發。大敗於岐溝關（今河北省淶水縣東）。致使其他兩路軍也被迫退兵。《宋史》卷二五八有傳。 米信（928—994）：奚族，舊名海進。少勇悍、善射。趙匡胤總領後周禁兵，以米信隸麾下，委爲心腹。及即位，補殿前指揮使。太宗即位，轉散都頭指揮使，繼領高州團練使。太平興國八年（983）改領彰化軍節度使。

雍熙三年征幽薊，命信爲幽州西北道行營馬步軍都部署，敗契丹於新城。契丹率衆復來戰，王師稍却，信獨以麾下龍衛卒三百禦敵，敵圍之數重，信以百餘騎突圍得免。《宋史》卷二五九有傳。

[3]上以其功釋之：【劉校】“上”原本誤作“止”，據明抄本、南監本、北監本、殿本改。中華點校本、修訂本和補注本徑改。長箋本引《羅校》出校。

[4]六年冬，南征：【劉校】據中華點校本校勘記，“六年”二字原脱。用兵爲六年事，原連敘在四年下。據文意補。今從。

八年上表曰：“臣竊見太宗之時，奚六部二宰相、二常袞，[1]誥命大常袞班在酋長左右，副常袞總知酋長五房族屬，二宰相匡輔酋長，建明善事。今宰相職如故，二常袞別無所掌，乞依舊制。”從之。

[1]常袞：契丹官名。遙輦九帳有常袞司之設，掌遙輦九宮分事務。此外奚六部也設常袞。

十三年秋遷都部署，伐兀惹。駐于鐵驪，[1]秣馬數月，進至兀惹城。利其俘掠，請降不許，令急攻之。城中大恐，皆殊死戰。和朔奴知不能克，從副部署蕭恒德議，掠地東南，循高麗北界而還。以地遠粮絶，士馬死傷，詔降封爵，卒。子烏也，郎君班詳穩。

[1]鐵驪：族名。遼置鐵驪國王府，以統其衆。其地當今黑龍江省東部松花江流域。

蕭塔列葛字雄隱，五院部人。[1]八世祖只魯，遙輦氏時嘗爲虞人。[2]唐安禄山來攻,[3]只魯戰于黑山之陽,[4]敗之。以功爲北府宰相,世預其選。

[1]五院:契丹部族名。天贊元年(922)以迭剌部強大難制,析五石烈爲五院,六爪爲六院,各置夷离堇。會同元年(938)更夷离堇爲大王,部隸北府,以鎮南境。

[2]遙輦氏:契丹氏族名。開元二十三年(735)可突于殘黨泥禮殺李過折,立阻午可汗,傳九世,至907年阿保機建國。遙輦九可汗繼位後各建宮衛,遼朝立國後,有遙輦九帳大常袞司之設,掌遙輦九世宮分之事務。亦指唐朝中晚期至契丹建國前的契丹族可汗姓氏,或稱這一時期爲遙輦氏時期。 虞人:古代掌山澤苑囿之官。《周禮・夏官・大司馬》:"虞人萊所田之野爲表。"賈公彥疏:"虞人者,若田在澤,澤虞;若田在山,山虞。"《左傳・昭公二十年》:"十二月,齊侯田於沛,招虞人以弓,不進。"杜預注:"虞人,掌山澤之官。"

[3]安禄山(708—757):唐營州柳城(今遼寧省朝陽市)胡人。本姓康,隨母嫁突厥人安延偃,改姓安,名禄山。初爲互市郎,被幽州節度使張守珪養以爲子。後任平盧、范陽、河東三鎮節度使。天寶十四載(755)起兵叛亂,兩年後爲其子所殺。

[4]黑山:本書卷三二《營衛志中》載,"黑山在慶州北十三里,上有池,池中有金蓮"。黑山近慶陵,故"道宗每歲先幸黑山,拜聖宗、興宗陵,賞金蓮,乃幸子河避暑"。另據本書卷三七《地理志一》,慶州"在州西二十里。有黑山、赤山、太保山、老翁嶺、饅頭山、興國湖、轄失瀹、黑河"。慶州治所在今內蒙古自治區巴林右旗索博日嘎鎮。

塔列葛仕開泰間,累遷西南面招討使。[1]重熙十一年使西夏,諭伐宋事,約元昊出別道以會。[2]十二年改右夷离畢、同知南京留守，[3]轉左夷离畢，俄授東京留守，以世選爲北府宰相，[4]卒。

[1]累遷西南面招討使：【劉校】據中華點校本校勘記，本書卷一九《興宗本紀二》重熙十二年（1043）八月，"以前西北路招討使蕭塔烈葛爲右夷离畢"。官職歧互，或有脱誤。

[2]元昊：即李元昊（1003—1048）。諡武烈皇帝，廟號景宗，陵號泰陵。小字嵬理，後更名曩霄，李德明長子。公元1031年，李德明死後嗣位，宋授爲定難軍節度、夏銀綏宥靜等州觀察處置押蕃落使、西平王。遼封他爲夏國王。宋寶元元年（1038）十月，他更名曩霄，建國號大夏，年號天授禮法延祚，自稱皇帝。進表宋朝，要求承認建國稱帝的既成事實，雙方隨即發生戰爭。七年後，雙方重新媾和。西夏國主稱臣，宋朝同意每年給予銀、絹、茶、采共二十五萬五千兩、匹、斤。夏宋媾和，夏遼矛盾隨之激化。西夏景宗與遼興平公主婚後失和，再加這時遼境内的党項部落多叛附西夏，糾紛益形擴大。遼興宗親征西夏，遭遇失敗。從此夏、宋、遼三方鼎峙的局勢形成。

[3]夷离畢：契丹官名。爲執政官，相當於副宰相參知政事。後來官分南、北，北面官有夷离畢院，主要掌刑政。

[4]世選：世選是氏族社會遺留下的選任首領和官員的制度，契丹立國初期汗位繼承在形式上仍實行世選。世選與世襲的區別在於，世襲之制即專制時代盛行的嫡長子繼承制，在這種制度下，嫡長子是當然的繼承人。世襲制度下的繼承問題，是皇帝自己的事情，不容許他人介入。世選之制則不同，在這種制度下，有權勢、地位的貴族們介入確定汗位繼承人之事，由他們在可汗的兄弟子侄中量才推選繼承人。這種"世選"制度不僅存在於契丹社會中，在這一發展階段上的各個民族，無不如此。

耶律撒合字率懶，乙室部人，[1]南府宰相歐禮斯子。天禄間始仕。應曆中拜乙室大王兼知兵馬事。

[1]乙室部：契丹部族名。爲太祖阿保機時期二十部之一，統以本部夷离堇。會同二年（939）該部夷离堇稱大王，隸南府。其大王及都監率部鎮守西南境，負責防禦西夏。

乾亨初宋來侵，詔以本部兵守南京，與北院大王奚底、統軍蕭討古等逆戰，[1]奚底等敗走，獨撒合全軍還。上諭之曰：“拒敵當如此，卿勉之，無憂不富貴。”加守太保。統和間卒。

[1]奚底：遼太祖阿保機之孫。其父牙里果，字敵輦，宫人蕭氏生。見本書卷六四《皇子表》。 蕭討古：北府宰相蕭敵魯之孫，事見本書卷六七《外戚表》。

論曰：遼在統和間數舉兵伐宋，諸將如耶律諧理、奴瓜、蕭柳等俱有降城擒將之功。最後，以蕭撻凛爲統軍直抵澶淵。將與宋戰，撻凛中弩，我兵失倚，和議始定。或者天厭其亂，使南北之民休息者耶！

（李錫厚注　劉鳳翥校）

遼史　卷八六

列傳第十六

耶律合住　劉景　劉六符　耶律褭履　牛温舒　杜防
蕭和尚　特末　耶律合里只　耶律頗的[1]

[1]“耶律合住”至“耶律頗的”：【劉校】原本、明抄本、南
監本無，據北監本和殿本補。耶律合里只，北監本與殿本均誤作
“耶律合理只”，據本書本卷本傳改。

　　耶律合住字粘袞，[1]太祖弟迭剌之孫。[2]幼不好弄，
臨事明敏，善談論。

[1]耶律合住：【劉注】據《東北考古與歷史》創刊號（文物
出版社 1982 年版）所載《耶律琮神道碑》，耶律合住不僅有漢名
“琮”，還“字伯玉”。又據中華點校本校勘記，“合住”，本書卷八
《景宗本紀上》保寧六年三月作“昌朮”。　《長編》景德二年
（1005）十二月作“昌主”。漢名琮，見《職官分紀》及《太平治
迹統類》。羅繼祖《遼史校勘記》謂“‘朮’‘住’音近，‘合’
‘昌’則殊不類，意本作‘曷’，傳寫誤‘昌’耳”。

[2]迭剌（？—926）：阿保機弟，排行第三。聰明過人，是契丹小字的創製者。曾參與其兄剌葛謀反。【劉注】《耶律琮神道碑》謂"祖諱匀賭袞，乃大聖皇帝之同母弟也。謀智深博，達於理行，咸推奇德……乃秣馬礪兵，躬擐甲冑，蒙犯霜露，跋履山川，而恭陪大聖皇帝。待有道而征無道，改霸圖而版圖。富有天下，大崇宗嗣。乃公烈祖之勳也"。匀賭袞爲迭剌的契丹語第二個名字，本書卷六四《皇子表》作"雲獨昆"，乃同名異譯。迭剌有子名允，爲耶律合住之父，謂"烈考諱允，與嗣聖皇帝爲從昆弟"。

初以近族入侍。每從征伐有功，保寧初加右龍虎衛上將軍。[1]以宋師屢梗南邊，拜涿州刺史，[2]西南兵馬都監、招安、巡檢等使，賜推忠奉國功臣。

[1]保寧：遼景宗耶律賢年號（969—979）。
[2]涿州：治所在今河北省涿州市。

合住久任邊防，雖有克獲功然務鎮靜，不妄生事以邀近功，鄰壤敬畏，屬部乂安。宋數遣人結歡，冀達和意，合住表聞其事，帝許議和。安邊懷敵，多有力焉。拜左金吾衛上將軍，秩滿遙攝鎮國軍節度使。[1]卒。

[1]鎮國軍：治華州（今陝西省渭南市華州區），另外陝州也設鎮國軍。此兩地均不在遼境。

合住智而有文，曉暢戎政。鎮范陽時嘗領數騎徑詣雄州北門，[1]與郡將立馬陳兩國利害及周師侵邊本末，[2]辭氣慷慨，左右壯之。自是邊境數年無事，識者以謂：

合住一言賢於數十萬兵。

[1]范陽：縣名。治所在今河北省涿州市。　雄州：治所在今河北省雄縣。

[2]周（951—960）：朝代名。五代時，郭威繼後漢稱帝，國號周，史稱“後周”。“周師侵邊”指應曆九年（959）夏四月周拔淤口關（在今河北省霸州市東）、益津關（在今河北省霸州市）、瓦橋關（在今河北省雄縣），以及隨後陷瀛、莫二州。《新五代史》卷七三《四夷附録第二》載：“顯德六年夏，世宗北伐……至益津關，降其守將，而河路漸狹，舟不能進，乃舍舟陸行。瓦橋、淤口關、瀛、莫州守將，皆迎降。方下令進攻幽州，世宗遇疾，乃置雄州於瓦橋關、霸州於益津關而還。周師下三關、瀛、莫，兵不血刃。述律聞之，謂其國人曰：‘此本漢地，今以還漢，又何惜耶?’”瀛州，治所在今河北省河間市；莫州，治所在今河北省任丘市。

劉景字可大，河間人。[1]四世祖怦，[2]即朱滔之甥，[3]唐右僕射、盧龍軍節度使。[4]父守敬，南京副留守。[5]

[1]河間：縣名。治所在今河北省河間市。

[2]四世祖怦：【劉注】劉怦之子爲劉濟，劉濟之子爲劉總，劉總之子爲劉守敬。劉怦、劉濟、劉總、劉守敬共四代。還可以往上推，劉怦之父爲劉貢，劉貢之父爲劉宏遠。

[3]即朱滔之甥：【劉校】據中華點校本校勘記，“朱”原誤“木”。據《舊唐書》卷一四三、《新唐書》卷二一二本傳改。今從。

[4]盧龍軍：唐軍鎮名。據《唐會要》卷七八，該軍鎮係天寶

二年（743）設置，治所在今河北省盧龍縣。

[5]南京：遼五京之一。故址在今北京市。

景資端厚，好學能文，燕王趙延壽辟爲幽都府文學。[1]應曆初遷右拾遺、知制誥，[2]爲翰林學士。九年周人侵燕，留守蕭思溫上急變，[3]帝欲俟秋出師，景諫曰："河北三關已陷于敵，今復侵燕，安可坐視！"上不聽。會父憂去，未幾起復舊職。一日召草赦，既成，留數月不出。景奏曰："唐制：赦書日行五百里，今稽期弗發，非也。"上亦不報。

[1]趙延壽（？—946）：恒山（今河北省正定縣）人。本姓劉。後爲劉守光偏將趙德鈞養子，改姓趙，並娶後唐明宗李嗣源之女爲妻。明宗即位，延壽爲駙馬都尉，樞密使。清泰三年（天顯十一年，936），在契丹圍攻晉安寨之役中與其父德鈞一同降遼。遼以延壽爲南京留守，總山南事。會同初加政事令。大同元年（947）遼滅晉，趙延壽率漢軍攻入汴京，求爲皇太子，遼太宗不許。授中京留守。太宗死後又與兀欲爭位，失敗後被囚禁。次年病死。本書卷七六有傳。

[2]應曆：遼穆宗耶律璟年號（951—969）。

[3]蕭思溫（？—970）：宰相蕭敵魯族弟忽没里之子。小字寅古。通書史。穆宗時爲南京留守，但畏懦不敢戰。應曆八年（958），後周占束城，遼軍退渡滹沱河而屯，思溫飾他説請濟師。已而周圍瀛州，陷益津、瓦橋、淤口三關，迫近固安，思溫不知計所出。十九年（969）穆宗遇弑。思溫與南院樞密使高勳、飛龍使女里等立景宗。保寧初爲北院樞密使兼北府宰相，仍命世預其選。思溫女册爲皇后（即睿智皇后），加尚書令，封魏王。保寧二年（970）爲賊所害。本書卷七八有傳。

　　景宗即位，以景忠實擢禮部侍郎，遷尚書、宣政殿學士。[1]上方欲倚用，乃書其笏曰：[2]"劉景可爲宰相。"頃之，爲南京副留守。時留守韓匡嗣因扈從北上，[3]景與其子德讓共理京事。[4]俄召爲户部使，[5]歷武定、開遠二軍節度使。[6]

　　[1]宣政殿學士：遼代官名。屬南面官。宣政殿是唐代宫殿名，皇帝在此會見百官、命婦。

　　[2]笏：古代臣子朝見君主時所執的狹長板子，用玉、象牙、竹木製成。後世惟品官執之。

　　[3]韓匡嗣（917—982）：遼初著名漢臣韓知古之子。隸屬宫籍。初以善醫直長樂宫。《韓匡嗣墓誌》透露出他最初是受到太宗德光（即嗣聖皇帝）賞識，這可能與靖安皇后有關。因爲匡嗣是景宗耶律賢藩邸故人，所以景宗即位以後他很快即受到重用。保寧二年（970）景宗睿智皇后之父蕭思温遭謀殺。十年（978）景宗發現並處決了殺害蕭思温的兇手高勳和女里。此後，韓匡嗣更成了景宗和睿智皇后僅存的心腹人物，加開府儀同三司、政事令，授南面行營都統、燕京留守，封燕王。晚年任西南面招討使，與景宗死於同一年——乾亨四年（982）。《韓匡嗣墓誌》云："以乹亨五年，孝成皇帝登遐……以當年十二月八日薨於神山之行帳，享年六十六。"按本書卷一〇《聖宗本紀一》"四年秋九月壬子，景宗崩"。次年改元統和，乾亨無"五年"。《韓德威墓誌》亦云"四年，丁秦王之憂"。匡嗣誌有誤。本書卷七四有傳。

　　[4]德讓：即韓德讓（942—1011）。韓匡嗣第四子。統和初年承天皇太后稱制，韓德讓以南院樞密使的身份"總宿衛事"。統和十七年（999）北院樞密使、魏王耶律斜軫病故，承天太后以韓德讓兼知北院樞密使事，至此，遼朝的蕃漢軍政大權就集於其一身了。統和二十二年（1004）承天太后又賜韓德讓姓耶律，徙封晉

王，並且仍舊爲大丞相，事無不統。次年十一月又詔德讓"出宮籍，屬於橫帳"。二十八年更名耶律隆運。本書卷八二有傳。

[5]户部使：户部使司之長官。

[6]武定：遼代軍號。治奉聖州（今河北省涿鹿縣）。 開遠：遼代軍號。治開州（今遼寧省鳳城市）。《武經總要》前集卷一六下《戎狄舊地》載："開州，渤海古城也。遼主東討，新羅國都其城，要害，建爲州，仍曰開遠軍，西至來遠城一百二十里，西南至吉州七十里，東南至石城六十里。" 二軍節度使：【劉校】"二"，原本作"一"，據明抄本、南監本、北監本、殿本改。中華點校本、修訂本和補注本徑改。長箋本引《羅校》出校。

統和六年致仕，[1]加兼侍中。卒，年六十七。贈太子太師。子慎行，孫一德、二玄、三嘏、四端、五常、六符，皆具《六符傳》。

[1]統和六年致仕：【劉校】據中華點校本校勘記，本書卷一二《聖宗本紀三》統和六年（988）二月，大同軍節度使、同平章政事劉京致仕。

劉六符，父慎行，由膳部員外郎累遷至北府宰相、監修國史。時上多即宴飲行誅賞，慎行諫曰："以喜怒加威福，恐未當。"帝悟，諭政府："自今宴飲有刑賞事，翌日禀行。"爲都統，[1]伐高麗，[2]以失軍期下吏，議貴乃免，[3]出爲彰武軍節度使。[4]賜保節功臣。子六人：一德、二玄、三嘏、四端、五常、六符。德早世。玄終上京留守。[5]常歷三司使、武定軍節度使。[6]嘏、端、符皆第進士。嘏、端俱尚主，爲駙馬都尉。三嘏獻聖宗《一矢斃雙鹿賦》，上嘉其瞻麗。與公主不諧，奔宋；歸，殺之。四端以衛尉少卿使宋賀生辰，方宴，大張女樂，竟席不顧，人憚其嚴。還，拜樞密直學士。

［1］都統：官名。唐乾元中，始以都統名官，總諸道征伐。後若調諸道兵馬會戰，多置此職，爲臨時軍事長官，不賜旌節，事解即罷。遼設諸路兵馬都統署司，下有諸路兵馬都統署，都統爲其長官。

［2］高麗：古國名。即王建創建的高麗王朝（918—1392）。統治地域在今朝鮮半島，首都在開京（今朝鮮開城市）。《高麗史》卷四《顯宗世家》載，六年（乙卯，開泰四年，1015）春正月癸卯“契丹兵圍興化鎮，將軍高積餘、趙弋等擊却之，甲辰又侵通州”。七年（丙辰，開泰五年，1016）秋七月甲辰都兵馬使奏：“將軍高積餘、中郎將徐肯、郎將守岩等三千一百八人曾於通州之役殺獲甚多，請不拘存没增職一級。”本書卷一五《聖宗本紀六》開泰四年五月辛巳，“命北府宰相劉晟爲都統，樞密使耶律世良爲副，殿前都點檢蕭屈烈爲都監以伐高麗。晟先攜家置邊郡，致緩師期，追還之”。劉晟即劉慎行。

［3］議貴：唐律中關於對權貴犯罪應減免處罰的規定，爲“八議”之一。《唐律疏議》卷二《名例律》：“議者，原情議罪，稱定刑之律而不正決之。”

［4］彰武：遼代軍號。治霸州，後升興中府，治所在今遼寧省朝陽市。

［5］上京：遼五京之一。前期都城，稱臨潢府，故址在今内蒙古自治區巴林左旗林東鎮波羅城。 玄終上京留守：【劉校】“玄”原本誤作“亥”。據明抄本、南監本、北監本和殿本改。中華點校本、修訂本、補注本和長箋本徑改。

［6］三司使：唐宋以鹽鐵、度支、户部爲三司，主理財賦。其

長官爲三司使。《通鑑》卷二六五唐昭宣帝天祐三年三月戊寅："以朱全忠爲鹽鐵、度支、户部三司都制置使。三司之名始於此。"遼代在南京設三司使司。此外，在上京設鹽鐵使司，東京設户部使司，中京設度支使司，西京設計司。 武定軍：遼代軍號。治奉聖州（今河北省涿鹿縣）。

六符有志操，能文。重熙初遷政事舍人，[1] 擢翰林學士。十一年與宣徽使蕭特末使宋索十縣地。[2] 還，爲漢人行宮副部署。[3] 會宋遣使增歲幣以易十縣，復與耶律仁先使宋，[4] 定"進貢"名，宋難之。六符曰："本朝兵彊將勇，海内共知，人人願從事于宋。若恣其俘獲以飽所欲，與'進貢'字孰多？況大兵駐燕，萬一南進，何以禦之！顧小節，忘大患，悔將何及！"宋乃從之，歲幣稱"貢"。[5] 六符還，加同中書門下平章事。[6] 及宋幣至，命六符爲三司使以受之。

[1] 重熙：遼興宗耶律宗真年號（1031—1055）。

[2] 十縣地：《九朝編年備要》卷一一宋仁宗慶曆二年（1042）二月載："契丹遣其臣蕭英、劉六符來求石晉所割瓦橋關十縣。其書略曰：'李元昊於北朝爲甥舅之親，設罪合致討，曷不以一介爲報？況營築長堤、填塞隘路、歸決塘水、添置邊軍，既稔猜疑，慮隳信睦。倘思久好，共遣疑懷，以晉陽舊附之區、關南元割之縣見歸敝國，共康黎元。'初有涿州進士梁濟世嘗主文書遼帳下，一日得罪來歸，言彼將有割地之請。又知雄州杜推序亦先得其事以聞。至是上發書示輔臣，色皆不動，六符亦疑其書之先漏。"

[3] 漢人行宮副部署：職官名。漢人行宮都部署的副職。遼在北南面官系統中，分別設契丹行宮都部署和漢人行宮都部署，其上

則有諸行宮都部署。行宮都部署完全是傲中原王朝官制設置的，它不同於專管斡魯朵事務的某宮都部署的宮官。宋朝皇帝巡幸亦有行宮，且亦有行宮都部署之設。後避英宗趙曙名諱，改稱行宮都總管。

[4]耶律仁先（1012—1072）：契丹皇族。孟父房之後。字糺鄰，小字查剌。重熙三年（1034）補護衛。十一年升北院樞密副使。與劉六符使宋，定議增歲幣。既還，同知南京留守事。十八年再舉伐夏，仁先與皇太弟重元爲前鋒。清寧初爲南院樞密使。九年（1063）重元謀逆，仁先受命討賊。事後，加尚父，進封宋王，爲北院樞密使。本書卷九六有傳。

[5]歲幣稱“貢”：此係遼單方面説詞。

[6]同中書門下平章事：唐制，大臣中有此名義者即爲事實上的宰相。遼襲唐制，在分設北南面官之後，以同中書門下平章事爲南面宰相。

六符與參知政事杜防有隙，[1]防以六符嘗受宋賂，白其事，出爲長寧軍節度使，[2]俄召爲三司使。

[1]參知政事：始見於唐前期，宋初作爲副宰相，至真宗以後，其地位更與宰相同平章事等。遼朝參知政事的地位類似宋朝的參知政事，與同中書門下平章事一樣，都是中書省長官、宰相。

[2]長寧軍：遼代軍號。治川州。據《大清一統志》卷二八：“白川州故城在朝陽縣東北六十七里。遼置川州，會同中改爲白川州，治咸康縣……今縣境東北之四角阪有廢城，週二里餘，蒙古名卓索喀喇城，城內有遼開泰二年《佛頂尊勝陀羅尼石幢記》，爲白川州官吏所建，知即故白川州地。”

道宗即位將行大册禮，北院樞密使蕭革曰：[1]“行大禮備儀物，必擇廣地，莫若黃川。”六符曰：“不然。
禮儀國之大體，帝王之樂不奏于野。[2]今中京四方之
極，[3]朝覲各得其所，宜中京行之。”上從其議。尋以
疾卒。

[1]蕭革（？—1063）：契丹外戚。國舅房林牙和尚之子。小
字滑哥，字胡突堇。重熙十二年（1043）爲北院樞密副使。十三
年，拜北府宰相。十五年，改同知北院樞密事。革怙寵專權，同僚
以其奸佞，言用之將敗事，興宗不聽。拜南院樞密使，詔班諸王
上，封吳王。道宗即位後，與國舅蕭阿剌同掌朝政。帝訪群臣以時
務，阿剌陳利病，言甚激切。革因譖阿剌“有慢上心”。道宗大怒，
縊阿剌於殿下。清寧九年（1063）秋重元之亂，革預其謀，陵遲處
死。本書卷一一三有傳。

[2]帝王之樂不奏于野：帝王之樂又稱“王者之樂”，乃宮廷
音樂，故不能在村野即民間演奏。

[3]中京：遼五京之一。稱大定府，故址在今内蒙古自治區寧
城縣大明鎮。

　　耶律褭履字海隣，六院夷離堇蒲古只之後。[1]風神
爽秀，工于畫。

[1]六院夷離堇：六院部的首領。六院部原爲迭剌部一部分。
太祖阿保機以迭剌部強大難制，析爲五院部和六院部。

　　重熙間累遷同知點檢司事。駙馬都尉蕭胡覩爲夏人
所執，[1]奉詔索之，三返以歸，轉永興宮使、右祇候郎
君班詳穩。[2]褭履將娶秦晉長公主孫，[3]其母與公主婢有

隙，謂裹履曰："能去婢，乃許爾婚。"裹履以計殺之。
婚成事覺，有司以大辟論。[4]裹履善畫，寫聖宗真以獻，
得減，坐長流邊戍。復以寫真，召拜同知南院宣徽事。
使宋賀正，寫宋主容以歸。

[1]蕭胡覩（？—1063）：遼外戚。字乙辛。重熙中尚秦國長
公主，授駙馬都尉，以不諧離婚，復尚齊國公主，爲北面林牙。清
寧中歷北、南院樞密副使，清寧九年（1063）七月參與重元叛亂，
失敗投水死。五子，同日誅之。本書卷一一四有傳。

[2]永興宮：太宗德光宮分。　詳穩：遼朝軍官名。元帥府下
設大詳穩司。"詳穩"即漢語"將軍"的轉譯。【劉注】"詳穩"即
漢語"將軍"的轉譯的説法似有值得商榷之處。在契丹小字中，
"詳穩"作 ，"將軍"作 ，或 、 ；在
契丹大字中，"詳穩"作 ，"將軍"作 。"詳穩"不是漢
語"將軍"的轉譯，而是音譯的契丹語。契丹語中"將軍"是漢
語借詞。

[3]秦晉長公主（970—1045）：遼景宗長女，承天太后所生，
聖宗爲其同母弟。下嫁蕭繼遠。乾亨三年（981）始封齊國公主，
開泰元年（1012）册爲晉國長公主。重熙七年（1038）封爲秦晉
國大長公主。重熙十四年薨於龍化州西南坐冬之行帳。享年七十六
歲。參見《秦晉國大長公主墓誌銘》。

[4]大辟：死刑。《尚書·呂刑》："大辟疑赦，其罰千鍰。"孔
傳："死刑也。"孔穎達疏："《釋詁》云：辟，罪也。死是罪之大
者，故謂死刑爲大辟。"

清寧間復使宋。[1]宋主賜宴，[2]瓶花隔面，未得其
真。陛辭，僅一視，及境，以像示餞者，駭其神妙。聞

重元亂，[3]不即勤王。賊平入賀，帝責讓之。宴酣，顧裹履曰：“重元事成，卿必得爲上客！”裹履大慙。咸雍中加太子太師，[4]卒。

[1]清寧：遼道宗耶律洪基年號（1055—1064）。

[2]宋主：當時的宋朝皇帝是仁宗。

[3]重元（1021—1063）：本名宗元，因避興宗諱，改重元，小字孛吉只，亦作孛己只，聖宗次子。太平三年（1023）封秦國王。聖宗死後，欽愛皇后稱制，曾密謀立重元。重元以所謀告於興宗，封爲皇太弟。賜以金券誓書。道宗即位册爲皇太叔，爲天下兵馬大元帥，復賜金券。清寧九年（1063）與其子涅魯古謀亂，失敗自殺。本書卷一一二有傳。

[4]咸雍：遼道宗耶律洪基年號（1065—1074）。

牛溫舒范陽人，剛正，尚節義，有遠器。

咸雍中擢進士第，滯小官。大安初累遷户部使，[1]轉給事中、知三司使事。國、民兼足，上以爲能，加户部侍郎，改三司使。壽隆中拜參知政事兼同知樞密院事，[2]攝中京留守，部民詣闕請真拜，從之。召爲三司使。

[1]大安：遼道宗耶律洪基年號（1085—1094）。

[2]壽隆：遼道宗耶律洪基年號（1095—1101）。據遼代碑刻和錢幣，此年號本爲“壽昌”。元代修《遼史》時誤書爲“壽隆”。據中華修訂本校勘記，“按此係陳大任避金欽慈皇后‘壽昌’諱而改”。後爲元修《遼史》所承襲。

乾統初復參知政事，[1]知南院樞密使事。五年夏爲宋所攻，[2]來請和解。溫舒與蕭得里底使宋，[3]方大燕，優人爲道士裝，索土泥藥爐。優曰："土少不能和。"溫舒遽起，以手藉土懷之。宋主問其故，[4]溫舒對曰："臣奉天子威命來和，若不從則當卷土收去。"宋人大驚，遂許夏和。還，加中書令，卒。

[1]乾統：遼天祚帝耶律延禧年號（1101—1110）。

[2]夏爲宋所攻：《宋史》卷四八六《夏國傳》載，崇寧四年（1105），詔西邊能招致者，毋問首從，賞同斬級令，用京計也。陶節夫在延州，大加招誘，乾順遣使巽請，皆拒之，又令殺其牧放者。夏人遂入鎮戎，略數萬口，執知鄯州高永年而去，又攻湟州，自是兵連者三年。大觀元年（1107）始遣人修貢。

[3]蕭得里底（？—1122）：字紇鄰，晉王蕭孝先之孫。乾統元年（1101）爲北面林牙、同知北院樞密事，受詔與北院樞密使耶律阿思懲治乙辛餘黨。阿思受賄，多爲乙辛餘黨減輕治罪；得里底也附會阿思的做法。女直初起，得里底阻礙發兵進討。後任北院樞密使，受到天祚信任。保大二年（1122）天祚率衛兵出逃，得里底離開天祚後，爲耶律淳所獲，不食數日而卒。本書卷一〇〇有傳。

溫舒與蕭得里底使宋：【劉校】據中華點校本校勘記，"《紀》記此事在乾統六年正月"。

[4]宋主：此時的宋朝皇帝是徽宗。

杜防，涿州歸義縣人。[1]開泰五年擢進士甲科，[2]累遷起居郎、知制誥，人以爲有宰相器。太平中遷政事舍人，[3]拜樞密副使。

[1]歸義縣：治所在今河北省高碑店市東南新城鎮。據宋人歐陽忞《輿地廣記》卷一〇，該縣"晉時入於契丹，周顯德六年世宗克瓦橋關，置雄州，治歸義縣。皇朝太平興國元年改爲歸信"。後，遼置僑歸義縣於新城縣，屬涿州。

[2]開泰：遼聖宗耶律隆緒年號（1012—1021）。

[3]太平：遼聖宗耶律隆緒年號（1021—1031）。

重熙九年夏人侵宋，[1]宋遣郭積來告，[2]請與夏和。上命防使夏解之，如約罷兵，各歸侵地，拜參知政事。韓紹芳、劉六符忌之，[3]防待以誠。十二年紹芳等罷，愈見信任。十三年拜南府宰相。[4]十五年，防生子，帝幸其第，[5]賜名王門奴。以進奏有誤，出爲武定軍節度使。十七年，復召爲南府宰相。[6]二十一年秋祭仁德皇后，詔儒臣賦詩，防爲冠，賜金帶。

[1]夏人侵宋：據《宋史》卷四八五《夏國傳》載，康定元年（1040），環慶路鈐轄高繼隆、知慶州張崇俊攻後橋，而柔遠砦主武英入自北門，拔之。未幾，夏人攻金明砦，執都監李士彬父子。破安遠、塞門、永平諸砦，圍延州，設伏三川口，執劉平、石元孫、傅偓、劉發、石遜等。又攻鎮戎軍，敗劉繼宗、李緯兵五千。環慶部署任福入白豹城，焚其積聚，破四十一族。

[2]郭積來告：【劉校】原本作"郭損來告"，南監本和殿本作"郭禎來告"，據北監本和明抄本改。中華點校本徑作"郭積來告"。修訂本作"郭禎來告"，其校勘記曰："'郭禎'，《長編》卷一二八仁宗康定元年（1040）秋七月乙丑，《宋史》卷三〇一本傳皆作'郭積'，按宋仁宗諱禎，其名當作'積'。"郭積（？—1040），字仲微，開封祥符人。累遷尚書刑部員外郎，同修起居注。據《宋史》卷三〇一《郭積傳》"康定元年（遼重熙九年，1040）

使契丹，告用兵西鄙。契丹厚禮之，與同出觀獵，延積射。積一發中走兔，衆皆愕視，契丹主遺以所乘馬及他物甚厚”。

[3]韓紹芳：遼聖宗太平四年（1024）爲樞密直學士，興宗重熙十二年（1043）官至參知政事。

[4]南府宰相：契丹部族官名。契丹可汗之下有北、南二府，各部族則分屬二府。二府分設北府宰相、南府宰相，簡稱北宰相、南宰相。乙室、楮特、突舉等部隸南府。遼建國後，南府宰相以皇族充任。聖宗以後，也用漢人任此職。　十三年拜南府宰相：【劉校】據中華點校本校勘記，“十三年”，原誤“十二年”。本書卷一九《興宗本紀二》載，杜防爲南府宰相在重熙十三年二月，據改。今從。

[5]十五年，防生子，帝幸其第：【劉校】據中華點校本校勘記，“十五年”三字原脱。“按《遊幸表》防生子，帝幸其第在十五年八月，據補”。今從。

[6]十七年，復召爲南府宰相：【劉校】據中華點校本校勘記，“十七年”原誤“十四年”。本書卷一九《興宗本紀二》載，杜防復爲南府宰相在十七年（1048）四月，據改。今從。

　　道宗諒陰，[1]爲大行皇帝山陵使。[2]清寧二年上諭防曰：“朕以卿年老嗜酒，不欲煩以劇務，朝廷之事總綱而已。”頃之，拜右丞相，加尚父，卒。上歎悼不已，賵贈加等，官給葬具，贈中書令，謚曰元肅。子公謂，終南府宰相。

[1]諒陰：亦作“諒闇”。本義是居喪期間所住的房子，借指居喪。多用於皇帝。《文選》卷一六潘安仁《閒居賦》“今天子諒闇之際”李善注：“天子，［晉］惠帝也。諒闇，今謂凶廬裏寒涼幽闇之處，故曰諒闇。”

[2]大行皇帝：古代稱剛死而尚未定諡號的皇帝、皇后爲“大行皇帝”“大行皇后”。《後漢書》卷五《安帝紀》：“孝和皇帝懿德巍巍，光於四海；大行皇帝不永天年。”李賢注引韋昭曰：“大行者，不反之辭也。天子崩，未有諡，故稱大行也。” 山陵：帝、后的墳墓。《水經注》卷一九《渭水三》：“秦名天子塚曰山，漢曰陵，故通曰山陵矣。”

蕭和尚字洪寧，國舅大父房之後。忠直，多智略。

開泰初補御盞郎君，尋爲内史、太醫等局都林牙。[1]使宋賀正，將宴，典儀者告，班節度使下。和尚曰：“班次如此，是不以大國之使相禮。且以錦服爲覜，如待蕃部。若果如是，吾不預宴。”宋臣不能對，易以紫服，位視執政，使禮始定。

[1]林牙：契丹官名。掌文翰，相當於翰林學士。太醫局所屬太醫，皆是讀書人，故統以林牙。

八年秋爲唐古部節度使，[1]卒。弟特末。

[1]唐古部：當係遼朝西南部的吐蕃部族。聖宗時有匿訖唐古部、北唐古部、南唐古部、鶴剌唐古部等部。大石西行所歷諸部中也有唐古部。詳本書卷三三《營衛志下·部族下》。

特末字何寧，爲人機辨任氣。太平中累遷安東軍節度使，有能稱。十一年召爲左祇候郎君班詳穩，未幾遷左夷离畢。重熙十年累遷北院宣徽使。明年，與劉六符使宋，[1]索十縣故地，宋請增銀、絹十萬兩、疋以易之。

歸，稱旨，加同政事門下平章事。詔城西南渾底甸。
還，復爲北院宣徽使，[2]卒。

[1]"重熙十年"至"與劉六符使宋"：【劉校】"明年與"三
字原脱。據中華點校本校勘記，本書卷一九《興宗本紀二》，"重
熙十年十二月，謀取宋舊割關南十縣地，遂遣蕭英、劉六符使宋。
十一年正月，遣南院宣徽使蕭特末、翰林學士劉六符使宋取晉陽及
瓦橋以南十縣地。英爲特末漢名，並見《長編》《國志》及《富弼
奉使録》。十年定議遣使明年成行，據補"。今從。又"北院宣徽
使"《紀》作"南院宣徽使"。

[2]宣徽使：遼朝官名。遼設北、南宣徽，分隸北、南樞密院
之下。宣徽北院使常執行軍事使命。此外，宣徽使還掌領朝會、宴
饗、禮儀、祭祀及御前祗應之事。

耶律合里只字特滿，六院夷离堇蒲古只之後。重熙
中累遷西南面招討都監。充宋國生辰使，館于白溝驛。
宋宴勞，優者嘲蕭惠河西之敗。[1]合里只曰："勝負兵家
常事。我嗣聖皇帝俘石重貴，[2]至今興中有石家寨。惠
之一敗，何足較哉！"宋人慚服。帝聞之曰："優伶失
辭，何可傷兩國交好！"鞭二百，免官。

[1]蕭惠河西之敗：此事在重熙十八年（1049）。據本書卷一
一五《西夏傳》："［重熙］十八年，復議伐夏，留其賀正使不遣，
遣北院樞密副使蕭惟信以伐夏告宋。六月，夏國遣使來貢，留之。
七月，親征。八月，渡河，夏人遁。九月，蕭惠爲夏人所敗。"《長
編》卷一六八宋仁宗皇祐二年（遼重熙十九年，1050）三月庚子記
事："契丹遣殿前副點檢忠正節度使耶律益、彰德節度使趙悚之來

告伐夏國還。益自言契丹三路進討，契丹主出中路，大捷。北路兵至西涼府，獲羊百萬、橐駝二十萬、牛五百，俘老幼甚衆，惟南路小失利，恐夏人妄説軍勝，誇南朝。然得邊奏，皆以謂遼主濟河不遇賊，無水草，馬多死。耶律貫寧大敗於師子口。惟劉五常獲陝西所陷屬户羌二十餘人，因而來獻。其言多俘獲，蓋妄也。”

[2]嗣聖皇帝：遼太宗耶律德光的尊號。

清寧初起爲懷化軍節度使。七年入爲北院大王，封豳國公。歷遼興軍節度使、東北路詳穩，加兼侍中。致仕，卒。

合里只明達勤恪，懷柔有道。置諸賓館及西邊營田，皆自合里只發之。

耶律頗的字撒版，季父房奴瓜之孫。孤介寡合。重熙初補牌印郎君。清寧初稍遷知易州。去官，部民請留，許之。

咸雍八年改彰國軍節度使。[1]上獵大牢古山，頗的謁于行宮。[2]帝問邊事，對曰：“自應州南境至天池，[3]皆我耕牧之地。清寧間邊將不謹，爲宋所侵，烽堠内移，似非所宜。”道宗然之。拜北面林牙。後遣人使宋，得其侵地，命頗的往定疆界。還，拜南院宣徽使。

[1]彰國軍：遼代軍號。治應州（今山西省應縣）。

[2]行宮：亦稱行帳，即阿保機轉徙隨行的車帳組成的朝廷，契丹語稱“捺鉢”，遼中葉逐漸形成“四時捺鉢”制度。

[3]應州：治所在今山西省應縣。 天池：【靳注】湖泊名。在今山西省寧武縣。

大康四年遷忠順軍節度使，尋爲南院大王，改同知南京留守事，召拜南府宰相，賜貞良功臣，封吳國公，爲北院樞密使。廉謹奉公，知無不爲。大安中致仕，[1]卒。子霞抹，北院樞密副使。

[1]致仕：【劉校】原本作“致性”，據明抄本、南監本、北監本、殿本改。中華點校本、修訂本和補注本徑改。長箋本引《羅校》出校。

論曰：耶律合住安邊講好、養兵息民，其慮深遠矣。六符啓釁邀功，豈國家之利哉？牛、杜、頗的、合里只輩銜命出使，幸不辱命。裏履殺人婢以求婚，[1]身負罪釁，畫其主容，以冀免死，亦可醜也。

[1]裏履殺人婢以求婚：【劉校】“履”原作“里”，中華修訂本據明抄本、南監本、北監本、殿本及上下文本傳改。今從。中華點校本和補注本徑改。長箋本雖作“里”，但引《羅校》“百作‘里’，非”。

（李錫厚注　劉鳳翥校）

遼史　卷八七

列傳第十七

蕭孝穆　撒八　孝先　孝友　蕭蒲奴　耶律蒲古
夏行美[1]

[1]“蕭孝穆”至“夏行美”：【劉校】原本、明抄本、南監本
無，據北監本和殿本補。

蕭孝穆小字胡獨堇，淳欽皇后弟阿古只五世孫。[1]
父陶瑰爲國舅詳穩。[2]

[1]淳欽皇后：遼太祖阿保機皇后述律氏的謚號。遼興宗重熙
二十一年（1052）九月追謚。本書卷七一有傳。　阿古只：即蕭阿
古只。阿保機妻述律氏之弟，契丹王朝建立之初，與其兄蕭敵魯銅
掌腹心部，神册三年以功拜北府宰相。本書卷七三附蕭敵魯傳後。

[2]詳穩：遼朝軍官名。元帥府下設大詳穩司。“詳穩”即漢
語“將軍”的轉譯。【劉注】“詳穩”即漢語“將軍”的轉譯的説
法似有值得商榷之處。在契丹小字中，“詳穩”作󰀀，“將軍”作

󰀀　󰀀，或󰀀　󰀀、󰀀　󰀀；在契丹大字中，“詳穩”作

夊 夅，"將軍"作𠂤号。"詳穩"不是漢語"將軍"的轉譯，而是音譯的契丹語。契丹語中"將軍"是漢語借詞。

　　孝穆廉謹有禮法，統和二十八年累遷西北路招討都監。[1]開泰元年遙授建雄軍節度使，[2]加檢校太保。是年尤烈等變，[3]孝穆擊走之。冬，進軍可敦城，[4]阻卜結五群牧長查剌、阿覩等謀中外相應，[5]孝穆悉誅之，廼嚴備禦以待，餘黨遂潰。以功遷九水諸部安撫使。[6]尋拜北府宰相，[7]賜忠穆熙霸功臣、檢校太師、同政事門下平章事。[8]八年還京師。

　　[1]統和：遼聖宗耶律隆緒年號（983—1012）。　西北路招討都監：官名。西北路招討司官員。西北路招討司又稱西北路都招討司，遼朝統治漠北屬部的最高軍政機構，主官爲招討使。聖宗以後主要負責鎮壓阻卜。

　　[2]開泰：遼聖宗耶律隆緒年號（1012—1021）。　建雄軍：本後梁建寧軍，後唐更名。治晉州（今山西省臨汾市），不屬遼。

　　[3]尤烈等變：據本書卷一五《聖宗本紀六》，蕭孝穆於開泰二年（1013）十二月出任西北路招討使，所謂"尤烈等變"當是指阻卜酋長的叛亂。

　　[4]可敦城：即鎮州。故城在今蒙古國布爾干省青托羅蓋。陳得芝《耶律大石北行史地雜考》（《歷史地理》第二輯）說，遼朝統治漠北屬部的最高軍政機構是西北路招討司（又稱西北路都招討司），遼聖宗統和十二年（994），因西北"阻卜"諸部作亂，以蕭撻凜爲西北路招討使，命隨皇太妃（齊王妃）出征，"屯西鄙臚駒兒河，西捍轄軶，盡降之"。蕭撻凜鑒於達旦諸部叛服不常，上表乞建三城以鎮之。統和二十二年（1004）三城完工，設置鎮、防、

維三州。

[5]阻卜：即達旦、韃靼。元人諱言達旦，而稱達旦爲阻卜。詳王國維《觀堂集林》卷一四《達旦考》。　群牧：契丹專門管理畜群的機構。諸路設群牧使司，下設某群太保、某群侍中、某群敞史；朝廷設總典群牧使司，有總典群牧部籍使、群牧都林牙。以“群”爲單位設某群牧司，設群牧使、群牧副使。此外，還有僅管理馬及牛群的機構。遼亡之後，金稱契丹群牧爲“烏魯古”。

[6]九水諸部安撫使：【劉校】據中華點校本校勘記，本書卷一五《聖宗本紀六》開泰二年（1013）十二月作“西北路招討使”，三年四月作“西北路招討都監”，官名各異。

[7]宰相：契丹部族官名。契丹可汗之下有北、南二府，各部族則分屬二府，故北宰相亦稱北府宰相，南宰相亦稱南府宰相。

[8]檢校：職官制度用語。唐宋皆有檢校官，屬加官而非正授。
同政事門下平章事：唐制，大臣中有此名義者即爲事實上的宰相。遼襲唐制，在分設北南面官之後，以同中書門下平章事或同政事門下平章事爲南面宰相。

太平二年知樞密院事，[1]充漢人行宮都部署。[2]三年封燕王、南京留守、兵馬都總管。[3]九年大延琳以東京叛，[4]孝穆爲都統討之，[5]戰于蒲水。[6]中軍稍却，副部署蕭匹敵、都監蕭蒲奴以兩翼夾擊，[7]賊潰，追敗之于手山北。[8]延琳走入城，深溝自衛。孝穆圍之，築重城、起樓櫓，使內外不相通，城中撤屋以爨。其將楊詳世等擒延琳以降，遼東悉平。改東京留守，賜佐國功臣。爲政務寬簡，撫納流徙，其民安之。

[1]太平：遼聖宗耶律隆緒年號（1021—1031）。

[2]漢人行宮都部署：遼在北南面官系統中，分別設契丹行宮都部署和漢人行宮都部署，其上則有諸行宮都部署。行宮都部署完全是倣中原王朝官制設置的，它不同於專管斡魯朵事務的某宮都部署的宮官。宋朝皇帝巡幸亦有行宮，且亦有行宮都部署之設。後避英宗趙曙名諱，改稱行宮都總管。詳本書卷四七《百官志三》。

[3]南京：遼五京之一。故址在今北京市。

[4]大延琳（？—1030）：渤海人。遼東京軍將，反遼鬥爭領導人。

[5]都統：官名。唐乾元中，始以都統名官，總諸道征伐。後若調諸道兵馬會戰，多置此職，爲臨時軍事長官，不賜旌節，事解即罷。遼設諸路兵馬都統署司，下有諸路兵馬都統署，都統爲其長官。

[6]蒲水：【靳注】河名。即今渾河右岸支流，在遼寧省。

[7]蕭匹敵：聖宗時曾任殿前副點檢，與蕭孝穆一同平定大延琳叛亂。本書卷八八有傳。

[8]手山：據清代楊鑣、施鴻纂修《遼陽州志》卷七"首山""城西南十五里，一作手山，山頂石上有掌指狀泉出其中，挹之不竭。晉司馬懿圍公孫淵於襄平有星墜首山即此。唐太宗征高麗，駐蹕於上數日，勒石紀功，改爲駐蹕山。上有清風寺"。

　　興宗即位徙王秦，尋復爲南京留守。重熙六年進封吳國王，[1]拜北院樞密使。[2]八年表請籍天下户口以均徭役，又陳諸部及舍利軍利害。[3]從之。繇是政賦稍平，衆悦。九年徙王楚。時天下無事，[4]户口蕃息，上富于春秋，每言及周取十縣，[5]慨然有南伐之志，群臣多順旨。孝穆諫曰："昔太祖南伐，終以無功。嗣聖皇帝仆唐立晉，[6]後以重貴叛，[7]長驅入汴，[8]鑾馭始旋，[9]反來侵軼。自後連兵二十餘年，僅得和好，蒸民樂業，南北相通。今國家比之曩日雖曰富彊，然勳臣、宿將往往物故，且宋人無罪，陛下不宜棄先帝盟約。"[10]時上意已決，書奏不報。以年老乞骸骨，不許。十二年，復爲北院樞密使，[11]更王齊，薨。追贈大丞相、晉國王，諡曰貞。

[1]重熙：遼興宗耶律宗真年號（1032—1055）。

[2]北院樞密使：即契丹樞密院之樞密使，爲北面官之最高官職，掌軍事、部族。詳本書卷四五《百官志一》。

[3]又陳諸部及舍利軍：【劉校】"及"字處原本爲一空白，據明抄本、南監本、北監本、殿本補。中華點校本、修訂本和補注本徑改。長箋本引《羅校》出校。

[4]時天下無事：【劉校】"天下"處原本作二字空白，據明抄本、南監本、北監本、殿本補。中華點校本、修訂本和補注本徑改。長箋本引《羅校》出校。

[5]周取十縣：指瓦橋以南十縣地。

[6]嗣聖皇帝：遼太宗耶律德光的尊號。

[7]重貴：石重貴（914—964）。即後晉出帝。後晉高祖石敬瑭之姪，後晉末代皇帝，公元942年至946年在位。即位後與契丹交惡，開運三年（946）契丹攻入開封，被俘，後死於建州（今遼寧省朝陽市西南）。

[8]汴：即汴州。治所在今河南省開封市。

[9]鑾馭始旋：大同元年（947）二月，德光在汴京即皇帝位，建國號大遼，因遭遇中原人民激烈反抗，旋即北返。【劉注】這裏說的建國號大遼是指把後晉的國號改成大遼。即把後晉合併到遼朝去。遼朝改稱大遼在會同元年（938）。

[10]先帝盟約：指統和二十二年（1004）與宋訂立的澶淵之盟。

[11]十二年，復爲北院樞密使：【劉校】據中華點校本校勘記，"十二年"原作"十一年"。本書卷一九《興宗本紀二》載，蕭孝穆復爲此官在重熙十二年（1043）六月，據改。今從。

孝穆雖椒房親，位高益畏，太后有賜輒辭不受。[1]妻子無驕色，與人交，始終如一。所薦拔皆忠直士。嘗語人曰："樞密選賢而用，何事不濟！若自親煩碎，則大事凝滯矣。"自蕭合卓以吏才進，[2]其後轉劾，不知大體。歎曰："不能移風易俗，偷安爵位，臣子之道若是乎？"時稱爲"國寶臣"，目所著文曰《寶老集》。二子阿剌、撒八，弟孝先、孝忠、孝友，各有傳。

[1]太后：一説爲睿智皇后蕭氏（？—1009），諱綽，小字燕燕，北府宰相思温女。景宗即位，選爲貴妃。尋册爲皇后，生聖宗。景宗崩，尊爲皇太后，攝國政。統和元年（983），上尊號曰承天皇太后。本書卷七一有傳。【劉注】指聖宗欽哀皇后蕭耨斤，重熙元年（1032）尊爲仁慈聖善欽孝廣德安靖貞純寬厚崇覺儀天皇太后。蕭孝穆是蕭耨斤之弟。本書卷七一有傳。

[2]蕭合卓（？—1025）：突呂不部人，字合魯隱。始爲本部吏。統和十八年（1000）使宋還，遷北院樞密副使。開泰三年（1014）爲左夷离畢。本書卷八一有傳。

撒八字周隱，七歲以戚屬加左右千牛衛大將軍。[1]重熙初補祗候郎君。

[1]以戚屬加左右千牛衛大將軍：【劉校】據中華點校本校勘記，本書卷一六《興宗本紀七》太平四年（1024）六月載，"辛

未，以燕王蕭孝穆子順爲千牛衛將軍"。

性廉介，風姿爽朗，善毬馬、馳射，帝每燕飲喜諧
謔。撒八雖承寵顧，常以禮自持，時人稱之。以柴冊
禮，[1]恩加檢校太傅、永興宮使，[2]總領左右護衛，同知
點檢司事。尚魏國公主，[3]拜駙馬都尉，爲北院宣徽
使，[4]仍總知朝廷禮儀。重熙末出爲西北路招討使、武
寧郡王。居官以治稱。清寧初薨，[5]年三十九，追封
齊王。

[1]柴冊禮：此禮源於中國傳統的"燔柴告天"，是古代天子
祭天之禮。據《爾雅·釋天》："祭天曰燔柴。"行禮時，積薪於壇，
取玉及牲置於柴上焚燒。此禮與契丹的再生禮合併舉行，是爲契丹
部落聯盟選汗和遼建國後新皇帝即位舉行的禮儀。相傳遙輦氏阻午
可汗始制此儀，遼朝建國後有所增飾。

[2]永興宮：太宗德光宮分。

[3]魏國公主：名跋芹，興宗長女，仁懿皇后生。初封魏國公
主。重熙末，徙封晉國，加長公主。詳本書卷六五《公主表》。

[4]宣徽使：遼朝官名。遼設北、南宣徽，分隸北、南樞密院
之下。宣徽北院使常執行軍事使命。此外，宣徽使還掌領朝會、宴
饗、禮儀、祭祀及御前祗應之事。

[5]清寧：遼道宗耶律洪基年號（1055—1064）。

孝先字延寧，小字海里。統和十八年補祗候郎君。
尚南陽公主，[1]拜駙馬都尉。

[1]南陽公主（？—1030）：聖宗第四女崔八。蕭氏生，封南

陽郡主,進封公主。太平末東京大延琳反,遇害。見本書卷六五《公主表》。

　　開泰五年爲國舅詳穩,[1]將兵城東鄙。[2]還,爲南京統軍使。太平三年爲漢人行宮都部署,尋加太子太傅。五年遷上京留守,[3]以母老求侍,復爲國舅詳穩。改東京留守,會大延琳反,被圍數月,穴地而出。延琳平,留守上京。十一年帝不豫,欽愛召孝先總禁衛事。[4]

　　[1]開泰:遼聖宗耶律隆緒年號(1012—1021)。
　　[2]城東鄙:在東部邊境築城防禦高麗。
　　[3]上京:遼五京之一。前期都城,稱臨潢府,故址在今内蒙古自治區巴林左旗林東鎮波羅城。
　　[4]欽愛:原本作"欽哀",據哀冊篆蓋改。即欽愛皇后(?—1057)。小字耨斤,淳欽皇后弟阿古只五世孫。爲聖宗元妃,生宗真,仁德皇后無子,取而養之如己出。聖宗死後,宗真即位,耨斤自立爲皇太后,攝政,並殺害仁德皇后,謀廢興宗,立重元。本書卷七一有傳。

　　興宗諒陰,[1]欽愛弒仁德皇后,孝先與蕭涅卜、蕭匹敵等謀居多。[2]及欽愛攝政,遙授天平軍節度使,[3]加守司徒兼政事令。[4]重熙初封楚王,爲北院樞密使。孝先以椒房親爲太后所重,[5]在樞府好惡自恣,權傾人主,朝多側目。三年太后與孝先謀廢立事,帝知之,勒衛兵出宮,召孝先至,諭以廢太后意,孝先震懾不能對。遷太后于慶州,[6]孝先恒鬱鬱不樂。四年徙王晉。後爲南京留守,卒,謚忠肅。

[1]諒陰：亦作"諒闇"。本義是居喪期間所住的房子，借指居喪。多用於皇帝。《文選》卷一六潘安仁《閒居賦》："今天子諒闇之際。"李善注："天子，[晉]惠帝也。諒闇，今謂凶廬裏寒涼幽闇之處，故曰諒闇。"

[2]欽愛弒仁德皇后，孝先與蕭涅卜、蕭匹敵等謀居多：據中華點校本校勘記，按此處似有錯簡。蕭涅卜即蕭鋤不里，與蕭匹敵以黨仁德已於景福元年爲欽愛所殺，仁德被殺於後一年即重熙元年，涅卜、匹敵何能預其謀？應作："欽愛弒仁德皇后及殺蕭涅卜、蕭匹敵等，孝先謀居多。"仁德皇后（982—1032），聖宗皇后，姓蕭氏，小字菩薩哥，睿智皇后弟隗因之女。年十二選入掖庭。統和十九年（1001）册爲齊天皇后。生皇子二，皆早卒。開泰五年（1016）宮人耨斤生興宗，后養爲子。興宗即位後，耨斤自立爲皇太后並將齊天皇后殺害，死時年五十。追尊仁德皇后。與欽愛並祔慶陵。

[3]天平軍：唐始置。北宋初廢。治鄆州（今山東省東平縣）。

[4]政事令：遼朝南面宰相。遼世宗天禄四年（950）建政事省之前，漢人宰相無定稱；建政事省之後，南面宰相稱"政事令"，且多由契丹貴族擔任這一職務。

[5]椒房：皇后所居之宮殿。《漢書》卷六六《車千秋傳》："曩者江充先治甘泉，宮人轉至未央椒房。"師古曰："椒房，殿名，皇后所居也，以椒和泥塗壁，取其温而芳也。"

[6]"三年，太后與孝先謀廢立事"至"遷太后于慶州"：【劉校】據中華點校本校勘記，"三年"，原作"二年"。本書卷一八《興宗本紀一》載"皇太后還政于上、躬守慶陵"，在三年五月，據改。今從。慶州，州城遺址在今内蒙古自治區巴林右旗索博日嘎鎮。

孝友字撻不衍，小字陳留。開泰初以戚屬爲小將軍。太平元年以大册加左武衛大將軍、檢校太保，賜名孝友。

　　重熙元年累遷西北路招討使，封蘭陵郡王。[1]八年進王陳。先是，蕭惠爲招討使，[2]專以威制西羌，諸夷多叛。孝友下車，厚加綏撫，每入貢輒增其賜物，羌人以安。[3]久之，寖成姑息，諸夷桀驁之風遂熾，[4]議者譏其過中。

　　[1]蘭陵郡：蕭氏郡望。戰國楚置蘭陵縣，在今山東省蘭陵縣西南蘭陵鎮。西晉置蘭陵郡，治丞縣（今山東省棗莊市嶧城區南，在古蘭陵縣西）。

　　[2]蕭惠（982—1056）：契丹外戚，字伯仁，小字脱古思，淳欽皇后弟阿古只五世孫。初爲國舅詳穩。從伯父排押征高麗，以功，授契丹行宮都部署。開泰二年（1013）改南京統軍使。後爲西北路招討使，封魏國公。興宗即位，知興中府，歷順義軍節度使、東京留守、西南面招討使，加開府儀同三司、檢校太師兼侍中，封鄭王。重熙六年（1037）復爲契丹行宮都部署，加守太師，徙王趙。拜南院樞密使，更王齊。惠贊成復取三關，與太弟帥師壓宋境，迫使宋朝增歲幣請和。惠以首事功，進王韓。重熙十七年，尚帝姊秦晉國長公主，拜駙馬都尉。本書卷九三有傳。

　　[3]羌人以安：【劉校】“安”原本作“妥”，中華點校本據南監本、北監本、明抄本及殿本改。今從。

　　[4]諸夷桀驁之風遂熾：【劉校】“夷”，原本作一空白，據明抄本、南監本、北監本、殿本補。中華點校本、修訂本和補注本徑改。長箋本引《羅校》出校。

　　十年加政事令，賜劾節宣庸定遠功臣，更王吳。後

以葬兄孝穆、孝忠，還京師，[1]拜南院樞密使，[2]加賜翊
聖協穆保義功臣，進王趙，拜中書令。[3]丁母憂，起復
北府宰相，出知東京留守。會伐夏，孝友與樞密使蕭惠
失利河南，[4]帝欲誅之，太后救免。復爲東京留守，徙
王燕，改上京留守，更王秦。

[1]京師：此處指遼中京，故址在今內蒙古自治區寧城縣大
明鎮。

[2]南院樞密使：即漢人樞密院之樞密使。爲南面官最高官職。
詳見本書卷四七《百官志三》。

[3]"十年，加政事令"至"拜中書令"：【劉校】據中華點校
本校勘記，按本書卷四七《百官志三》，中書省初名政事省，重熙
十三年（1044）改中書省。

[4]孝友與樞密使蕭惠失利河南：《長編》卷一六八宋仁宗皇
祐二年（1050）三月庚子記事："契丹遣殿前副點檢忠正節度使耶
律益、彰德節度使趙柬之來告伐夏國還。益自言契丹三路進討，契
丹主出中路，大捷。北路兵至西涼府，獲羊百萬、橐駝二十萬、牛
五百，俘老幼甚衆，惟南路小失利，恐夏人妄説軍勝，誇南朝。然
得邊奏，皆以謂遼主濟河不遇賊，無水草，馬多死。耶律貫寧大敗
於師子口。惟劉五常獲陝西所陷屬戶羌二十餘人，因而來獻。其言
多俘獲，蓋妄也。"

清寧初加尚父。頃之，復留守東京。明年復爲北府
宰相。帝親製誥詞以褒寵之。以柴冊恩，遙授洛京留
守，益賜純德功臣，致仕，[1]進封豐國王。

[1]致仕：【劉注】原本作"致位"，據明抄本、南監本、北監

本、殿本改。中華點校本、修訂本、補注本和長箋本徑改。

坐子胡覩首與重元亂，[1] 伏誅，年七十三。胡覩在《逆臣傳》。

[1] 重元（1021—1063）：本名宗元，因避興宗諱，改重元，小字孛吉只，亦作孛己只，聖宗次子。太平三年（1023）封秦國王。聖宗死後，欽愛皇后稱制，曾密謀立重元。重元以所謀告於興宗，封爲皇太弟。賜以金券誓書。道宗即位，册爲皇太叔，爲天下兵馬大元帥，復賜金券。清寧九年（1063）與其子涅魯古謀亂，失敗自殺。本書卷一一二有傳。

蕭蒲奴字留隱，奚王楚不寧之後。[1] 幼孤貧，傭于醫家牧牛。傷人稼，數遭笞辱。醫者嘗見蒲奴熟寐，有蛇遶身，[2] 異之。教以讀書，聰敏嗜學。不數年，涉獵經史，習騎射。既冠，意氣豪邁。

[1] 奚王：對奚部族首領的稱呼。據《五代會要》卷二八《奚》：“奚，本匈奴別種，即東胡之地，人物風俗與突厥同。族有五姓：一曰阿會部，管縣六；二曰啜米部，管縣四；三曰奧質部，管縣六；四曰奴皆部，管縣四；五曰黑訖支部，管縣三。每部有刺史，每縣有令，酋長號奚王。”此奚王是被契丹降伏以後的奚部族酋長。《新五代史》卷七四《四夷附錄第三》所記奚各部名稱與《五代會要》同：“（奚）分爲五部：一曰阿薈部，二曰啜米部，三曰粵質部，四曰奴皆部，五曰黑訖支部。後徙居琵琶川，在幽州東北數百里。地多黑羊，馬趫前蹄堅善走，其登山逐獸，下上如飛。”奚本來祇有五部，阿保機降伏五部奚之後設置墮瑰部，而成六部。

詳本書卷三三《營衞志下·部族下》。

[2]蛇遶身："遶"同"繞"。古人以爲有蛇繞身，或其母夢蛇繞身而生，其人皆非常人。唐代孫光憲《北夢瑣言》卷四《成令公爲蛇繞身》載，唐荆州成令公沝領蔡州，軍戍江陵，爲節度使張瑊謀害之，遂率本都奔於秭歸。一夜爲巨蛇繞身，幾至於殞，乃曰："苟有所負，死生唯命。"逡巡蛇亦亡去。爾後招輯戶口，訓練士卒，沿流而鎮渚宮。尋授節旄、撫綏凋殘、勵精爲理。初年，居民唯一十七家，末年至萬戶。勤王奉國，通商務農，有足稱焉。

開泰間選充護衞，稍進用。俄坐罪黥流烏古部。[1]久之，召還，累任劇，遷奚六部大王，治有聲。

[1]烏古部：古部族名。又稱"嫗厥律""于厥律"，居契丹西北。

太平九年大延琳據東京叛，蒲奴爲都監，將右翼軍遇賊戰蒲水。中軍少卻，蒲奴與左翼軍夾攻之。先據高麗、女直要衝，[1]使不得求援，又敗賊于手山。延琳走入城。蒲奴不介馬而馳，追殺餘賊。已而大軍圍東京，蒲奴討諸叛邑，平吼山賊，延琳堅守不敢出。既被擒，蒲奴以功加兼侍中。

[1]高麗：古國名。即王建創建的高麗王朝（918—1392）。統治地域在今朝鮮半島，首都在開京（今朝鮮開城市）。　女直：部族名。本作"女真"，因避遼興宗耶律宗真名諱，改稱"女直"。遼時居東北地區東部。其在南者入遼籍，稱"熟女真"或"合蘇館女真"；在北者不入遼籍，稱"生女真"。

重熙六年改北阻卜副部署，再授奚六部大王。十五年爲西南面招討使，西征夏國。[1]蒲奴以兵二千據河橋，聚巨艦數十艘，仍作大鈎，人莫測。戰之日，布舟于河，綿亘三十餘里。遣人伺上流，有浮物輒取之。大軍既失利，蒲奴未知，適有大木順流而下，勢將壞浮梁、斷歸路，操舟者爭鈎致之，橋得不壞。明年復西征，懸兵深入，大掠而還，復爲奚六部大王。致仕，卒。

[1]夏國（1038—1227）：以党項民族爲主體建立的政權。公元1038年，元昊叛宋稱帝，建立大夏王朝，傳十代，至1227年爲蒙古所滅。元昊稱帝以前，其作爲北宋境内的地方割據政權，已經具有獨立性。史稱“西夏”，先後與遼、北宋及金、南宋並立於中國境内。境土包括今寧夏回族自治區全部、甘肅省大部、陝西省北部以及青海省、内蒙古自治區的部分地區。

耶律蒲古字提隱，太祖弟蘇之四世孫。[1]以武勇稱。統和初爲涿州刺史，[2]從伐高麗有功。開泰末爲上京内客省副使。[3]

[1]太祖弟蘇（？—926）：阿保機幼弟，名蘇。神册五年（920）爲惕隱。次年爲南府宰相。據本書卷六四《皇子表》，滄州節度使劉守文求救，蘇曾奉阿保機之命前去解滄州之圍。天顯元年（926）從太祖征渤海還，卒。
[2]涿州：治所在今河北省涿州市。
[3]客省：官署名。會同元年（938）置，掌接待諸國使節。設官有都客省、客省使、左右客省使等。

太平二年城鴨綠江，蒲古守之，在鎮有治績。五年改廣德軍節度使，[1]尋遷東京統軍使，蒞政嚴肅，諸部懾服。九年大延琳叛，以書結保州，[2]夏行美執其人送蒲古。蒲古入據保州，延琳氣沮，以功拜惕隱。[3]

十一年爲子鐵驪所弒。[4]

[1]廣德軍：遼代軍號。治乾州（今遼寧省北鎮市西南部、盤山縣北部一帶）。《明一統志》卷二五《登州府》：“乾州城在廣寧衛西南七里，本漢無慮縣地，遼置乾州廣德軍。”

[2]保州：《武經總要》前集卷一六下《戎狄舊地》：“保州，渤海古城，東控鴨綠江新羅國界，仍置榷場，通互市之利。東南至宣化軍四十里，南至海五十里，北至大陵河二十里。”

[3]惕隱：契丹官名。又稱梯里己，掌皇族政教。

[4]十一年爲子鐵驪所弒：【靳注】耶律蒲古死後葬於今内蒙古自治區開魯縣東鳳鎮金寶屯東南。2016年，考古專家在金寶屯發掘兩座大型遼代墓葬。其規格很高，用琉璃磚砌成，應是遼皇室成員墓葬。其中，1號墓中出土墨書題記若干，有“蒲骨”“夷离”“惕隱”“削銘誌”“爲生”“四女”“男”“女”“六”“聟”（同婿）“小二人”“一人早［亡］”“纔啟”“妻生”“人小若”“長而”“罹難”“葬”“於龍化州西”“太［平］”“殁”等字，内容所述與本書所記《耶律蒲古傳》基本吻合。“蒲古”“蒲骨”當爲同一契丹名字的不同漢譯。耶律蒲古可能有六個兒女，爲四女二男，其中一男早夭。“罹難”“太［平］”“殁”等字也表明其於太平年間不幸身死，與本傳所載的結局和時間（太平十一年，1031）均相符。由此判定1號墓主人爲耶律蒲古。按，今金寶屯附近之地亦應是皇族耶律蘇的領地。詳參連吉林《内蒙古開魯縣遼墓發現的墨書題記與遼之龍化州》（《北方文物》2019年第2期）一文。

夏行美渤海人。[1]太平九年大延琳叛，時行美總渤海軍于保州。[2]延琳使人說欲與俱叛，行美執送統軍耶律蒲古，又誘賊黨百人殺之。延琳謀沮，廼嬰城自守，數月而破。以功加同政事門下平章事，錫賚甚厚。明年擢忠順軍節度使。[3]

[1]渤海人：即遼滅渤海國以後其治下的渤海人。渤海國爲靺鞨粟末部在今東北地區建立的政權。天顯元年（926）爲遼所滅，改稱東丹。至遼太宗時，遼把東丹國都遷至南京（今遼寧省遼陽市），其後逐漸成爲遼的直轄領土東京道。

[2]渤海軍：遼朝四類軍隊之一，其餘有契丹軍、奚軍和漢軍。

[3]忠順軍：遼代軍號。治蔚州（今河北省蔚縣）。

重熙十七年遷副部署，從點檢耶律義先討蒲奴里，[1]獲其酋陶得里以歸。致仕，卒。上思其功，遣使祭于家。

[1]耶律義先（1010—1052）：于越仁先之弟。重熙初補祗候郎君班詳穩。十六年（1047）爲殿前都點檢，討蒲奴里，多所招降，獲其酋長陶得里以歸，以功改南京統軍使，封武昌郡王。二十一年拜惕隱，進王富春。本書卷九〇有傳。

論曰：不有君子，其能國乎？方其擒延琳、定遼東，一時諸將之功偉矣。宜其撫劍抵掌、賈餘勇以威天下也。蕭孝穆之諫南侵，其意防何其弘遠歟，是豈瞋目語難者所能知哉！至論移風俗爲治之本，親煩碎爲失大臣體，又何其深切著明也。爲“國寶臣”，宜矣。孝先預弑仁德之謀，猶依城社以逃熏灌，[1]爲國巨蠹，雖功何議焉。

[1]猶依城社以逃熏灌：此言預弑仁德皇后謀，孝先猶如城狐社鼠。

（李錫厚注　劉鳳翥校）

遼史　卷八八

列傳第十八

蕭敵烈　拔剌　耶律盆奴　蕭排押　恒德　匹敵
耶律資忠　耶律瑤質　耶律弘古　高正　耶律的琭
大康乂[1]

[1]"蕭敵烈"至"大康乂"：【劉校】原本、明抄本、南監本
無，據北監本和殿本補。

　蕭敵烈字涅魯衮，宰相撻烈四世孫。[1]識度弘遠，
爲鄉里推重。始爲牛群敞史，[2]帝聞其賢，召入侍，遷
國舅詳穩。[3]

[1]宰相：契丹部族官名。契丹可汗之下有北、南二府，各部
族則分屬二府，故北宰相亦稱北府宰相，南宰相亦稱南府宰相。
[2]牛群敞史：契丹官名。群牧官中牛群司官員，屬北面官。
[3]詳穩：遼朝軍官名。元帥府下設大詳穩司。"詳穩"即漢
語"將軍"的轉譯。【劉注】"詳穩"即漢語"將軍"的轉譯的説
法似有值得商榷之處。在契丹小字中，"詳穩"作　，"將軍"作

今业 九亦，或 今群 九亦、幸群 九亦；在契丹大字中，"詳穩"作 史 省，"將軍"作 将景。"詳穩"不是漢語"將軍"的轉譯，而是音譯的契丹語，契丹語中"將軍"是漢語借詞。

統和二十八年帝謂群臣曰：[1]"高麗康肇弒其君誦，立誦族兄詢而相之，[2]大逆也。宜發兵問其罪。"群臣皆曰可。敵烈諫曰："國家連年征討，士卒抚敝，況陛下在諒陰，[3]年穀不登，創痍未復。島夷小國，城壘完固，勝不爲武；萬一失利，恐貽後悔。不如遣一介之使，往問其故。彼若伏罪則已；不然，俟服除、歲豐，[4]舉兵未晚。"時令已下，言雖不行，識者韙之。

[1]統和：遼聖宗耶律隆緒年號（983—1012）。

[2]高麗康肇弒其君誦，立誦族兄詢而相之：高麗，古國名。即王建創建的高麗王朝（918—1392）。統治地域在今朝鮮半島，首都在開京（今朝鮮開城市）。康肇，《高麗史》作"康兆"。據《高麗史》卷三《穆宗世家》："〔（己酉）十二年（統和二十七年，1009）正月壬申〕西京都巡檢使康兆領甲卒而至，遂謀廢立。二月戊子，請王出御龍興歸法寺。己丑，日色如張紅幕，兆兵闌入宮門，王知不免，與太后號泣出御法王寺。俄而俞義等奉院君而至，遂即位。兆廢王爲讓國公，遣兵殺金致陽父子及庾行簡等七人。王出自宣仁門，侍臣初皆步從，至是始有騎而從者。至歸法寺，解御衣，換食而進。兆召遷沆等供職，王謂沆曰：'頃府庫災而變起所忽，皆由予不德，夫復何怨。但願歸老於鄉，卿可奏新君且善輔佐。'遂向忠州。太后欲食，王親奉盤盂，太后欲御馬，王親執靶。行至積城縣，兆使人弒之。以王自刎聞。取門扇爲棺，權厝於館。王在位十二年，壽三十。"契丹是通過女真人得知高麗王誦遇弒的。

《高麗史》卷四《顯宗世家》：“〔（庚戌）元年（統和二十八年，1010）五月甲申〕女真訴於契丹，契丹主謂群臣曰：‘高麗康兆弒君，大逆也，宜發兵問。’”

　　[3]諒陰：亦作“諒闇”。本義是居喪期間所住的房子，借指居喪。多用於皇帝。《文選》卷一六潘安仁《閒居賦》：“今天子諒闇之際”，李善注：“天子，〔晉〕惠帝也。諒闇，今謂凶廬裏寒涼幽闇之處，故曰諒闇。”蕭敵烈所言，指遼聖宗在爲承天太后服喪。

　　[4]服除：守喪期滿。

　　明年同知左夷离畢事，[1]改右夷离畢。開泰初率兵巡西邊。[2]時夷离菫部下聞撒狘撲里、失室、勃葛率部民遁，[3]敵烈追擒之，令復業，遷國舅詳穩。從樞密使耶律世良伐高麗。[4]還，加同政事門下平章事，[5]拜上京留守。[6]

　　[1]夷离畢：契丹官名。爲執政官，相當於副宰相參知政事。後來官分南、北，北面官有夷离畢院，主要掌刑政。

　　[2]開泰：遼聖宗耶律隆緒年號（1012—1021）。

　　[3]夷离菫：契丹部族官名。源於突厥語官名“俟斤”（Irkin）。突厥各部的最高元首稱“可汗”（Qaghan），其他各部酋長則稱爲俟斤。初，契丹“其君大賀氏，有勝兵四萬，臣於突厥，以爲俟斤。”（《新唐書》卷二一九《契丹傳》）後，契丹首領自立爲可汗，其下所屬各部酋長則稱爲“俟斤”，亦即夷离菫。契丹立國後，大部族之夷离菫稱王，小部族之夷离菫則稱爲節度使。舉凡一部之軍政、民政皆由其統掌。參韓儒林《穹廬集》（上海人民出版社1982年版，第314—316頁）。

　　[4]耶律世良（？—1016）：六院部人。小字斡。統和末爲北院大王。開泰初加檢校太尉、同政事門下平章事。拜北院樞密使。

四年（1015）伐高麗，爲副部署。都統劉慎行逗留失期，執還京師，世良獨進兵。本書卷九四有傳。

[5]同政事門下平章事：亦稱同中書門下平章事。唐制，大臣中有此名義者即爲事實上的宰相。遼襲唐制，在分設北、南面官之後，以同中書門下平章事或同政事門下平章事爲南面宰相。

[6]上京：遼五京之一。前期都城，稱臨潢府，故址在今内蒙古自治區巴林左旗林東鎮波羅城。

　　敵烈爲人寬厚，達政體，廷臣皆謂有王佐才。漢人行宮都部署王繼忠薦其材可爲樞密使，[1]帝疑其黨而止。爲中京留守，[2]卒。族子忽古，有傳。弟拔剌。

[1]漢人行宮都部署：遼在北南面官系統中，分別設契丹行宮都部署和漢人行宮都部署，其上則有諸行宮都部署。行宮都部署完全是做中原王朝官制設置的，它不同於專管斡魯朵事務的某宮都部署的宮官。宋朝皇帝巡幸亦有行宮，且亦有行宮都部署之設。後避英宗趙曙名諱，改稱行宮都總管。詳本書卷四七《百官志三》。
王繼忠（？—1023）：宋降將。本書卷八一有傳。《宋史》卷二七九《王繼忠傳》載：“繼忠開封人。真宗在藩邸，得給事左右，以謹厚被親信。即位，補内殿崇班，累遷至殿前都虞候，領雲州觀察使，出爲深州副都部署，改鎮、定、高陽關三路鈐轄兼河北都轉運使，遷高陽關副都部署，俄徙定州。咸平六年，契丹數萬騎南侵，至望都，繼忠與大將王超及桑贊等領兵援之。繼忠至康村，與契丹戰，自日昳至乙夜，敵勢小卻。遲明復戰，繼忠陣東偏，爲敵所乘，斷餉道，超、贊皆畏縮退師，竟不赴援。繼忠獨與麾下躍馬馳赴，服飾稍異，契丹識之，圍數十重。士皆重創，殊死戰，且戰且行，旁西山而北，至白城，遂陷於契丹。真宗聞之震悼，初謂已死，優詔贈大同軍節度，賵賻加等，官其四子。景德初，契丹請

和，令繼忠奏章，乃知其尚在。朝廷從之，自是南北戢兵，繼忠有力焉。歲遣使至契丹，必以襲衣、金帶、器幣、茶藥賜之，繼忠對使者亦必泣下。嘗附表懇請召還，上以誓書約各無所求，不欲渝之，賜詔諭意。契丹主遇繼忠甚厚，更其姓名爲耶律顯忠，又改名宗信，封楚王。"

[2]中京：遼五京之一。稱大定府，故址在今內蒙古自治區寧城縣西。

　　拔剌字別勒隱。多智，善騎射。開泰間以兄爲右夷离畢，始補郎君，[1]累遷奚六部禿里太尉。[2]太平末大延琳叛，[3]拔剌將北、南院兵往討，[4]遇于蒲水，南院兵少却。至手山復與賊遇，[5]拔剌乃易兩院旗幟，鼓勇力戰，破之。上聞，以手詔褒獎，賜內廄馬。

[1]郎君：即"舍利"，契丹官名。本書卷一一九《國語解》："契丹豪民要裹頭巾者，納牛駝十頭，馬百匹，乃給官名曰舍利。"

[2]奚六部：據《五代會要》卷二八《奚》："奚，本匈奴別種，即東胡之地，人物風俗與突厥同。族有五姓：一曰阿會部，管縣六；二曰啜米部，管縣四；三曰奧質部，管縣六；四曰奴皆部，管縣四；五曰黑訖支部，管縣三。每部有刺史，每縣有令，酋長號奚王。"此奚王是被契丹降伏以後的奚部族酋長。《新五代史》卷七四《四夷附錄第三》所記奚各部名稱與《五代會要》相同：奚"分爲五部：一曰阿薈部，二曰啜米部，三曰粵質部，四曰奴皆部，五曰黑訖支部。後徙居琵琶川，在幽州東北數百里。地多黑羊，馬趫前蹄堅善走，其登山逐獸，下上如飛"。奚本來祇有五部，阿保機降伏五部奚之後設置墮瑰部，而成六部。詳本書卷三三《營衛志下·部族下》。

[3]太平：遼聖宗耶律隆緒年號（1021—1031）。　　大延琳

（？—1030）：渤海人。遼東京軍將。反遼鬬爭領導人。太平九年
（1029）八月己丑，東京舍利軍詳穩大延琳囚留守、駙馬都尉蕭孝
先及南陽公主，殺户部使韓紹勳、副使王嘉、四捷軍都指揮使蕭頗
得，建立政權，一年後失敗。

[4]北、南院兵：五院部有知五院事，在朝曰北大王院，六院
部有知六院事，在朝曰南大王院。北院大王和南院大王即是五院部
和六院部的首領，握有兵權。

[5]手山：據清代楊鑣、施鴻纂修《遼陽州志》卷七"首山"：
"城西南十五里，一作手山，山頂石上有掌指狀泉出其中，挹之不
竭。晉司馬懿圍公孫淵於襄平有星墜首山即此。唐太宗征高麗，駐
蹕於上數日，勒石紀功，改爲駐蹕山。上有清風寺。"

　　重熙中遷四捷軍詳穩，[1]謝事歸鄉里。數歲，起爲
昭德軍節度使，[2]尋改國舅詳穩，卒。

[1]重熙：遼興宗耶律宗真年號（1032—1055）。　　四捷軍：遼
以宋降者分立二部：一曰四捷軍，一曰歸聖軍。

[2]昭德軍：遼代軍號。治瀋州（今遼寧省瀋陽市）。《武經總
要》前集卷一六下《戎狄舊地》："瀋州，德光所建，仍曰昭德軍，
契丹舊地也，東至大遼水。水東即女真界。西南至東京一百三十
里，北至雙州八十里。"

　　耶律盆奴字胡獨堇，惕隱涅魯古之孫。[1]景宗時爲
烏古部詳穩，[2]政尚嚴急，民苦之。有司以聞，詔曰：
"盆奴任方面寄，以細故究問，恐損威望。"尋遷馬群
太保。

[1]惕隱：契丹官名。又稱梯里己，掌皇族政教。

[2]烏古部：部族名。又稱嫗厥律、于厥律，居契丹西北。

統和十六年隱實燕軍之不任事者，汰之。二十八年駕征高麗，[1]盆奴爲先鋒。至銅州，高麗將康肇分兵爲三以抗我軍：一營于州西，據三水之會，肇居其中；一營近州之山；一附城而營。盆奴率耶律弘古擊破三水營，擒肇，[2]李玄蘊等軍望風潰。會大軍至，斬三萬餘級，追至開京，破敵於西嶺。高麗王詢聞邊城不守，遁去。[3]

[1]駕征高麗：《高麗史》卷四《顯宗世家》顯宗元年（統和二十八年，1010）十一月丙子朔“契丹主遣將軍蕭凝來告親征”。辛卯，“契丹主自將步騎四十萬渡鴨綠江，圍興化鎮，楊規、李守和等固守不降”。

[2]擒肇：《高麗史》卷四《顯宗世家》顯宗元年十一月己亥記載，“康兆與契丹戰于通州，敗績，就擒”。

[3]高麗王詢聞邊城不守，遁去：高麗王詢居開京，《高麗史》卷四《顯宗世家》載，元年十二月“壬申夜，王與后妃避丹兵南幸”。

盆奴入開京，焚其王宮，[1]廼撫慰其民人。上嘉其功，遷北院大王，薨。

[1]盆奴入開京，焚其王宮：《高麗史》卷四《顯宗世家》記載，二年（統和二十九年，1011）春正月乙亥朔“契丹主入京城，焚燒大廟、宮闕、民屋皆盡”。

蕭排押字韓隱，國舅少父房之後。多智略，能騎射。統和初爲左皮室詳穩，[1]討阻卜有功。[2]四年破宋將曹彬、米信兵于望都。[3]凡軍事有疑，每預參決。尋總永興宮分糺及舍利、撻刺、二皮室等軍，[4]與樞密使耶律斜軫收復山西所陷城邑。[5]是冬攻宋隸先鋒，圍滿城，[6]率所部先登，拔之，改南京統軍使。[7]尚衛國公主，[8]拜駙馬都尉，加同政事門下平章事。

[1]皮室：契丹軍名。“皮室”意爲“金剛”。初爲阿保機所置，稱“腹心部”。後有南、北、左、右皮室及黃皮室等，皆掌精甲。

[2]阻卜：即達旦、韃靼。元人諱言達旦，而稱達旦爲阻卜。詳王國維《觀堂集林》卷一四《達旦考》。

[3]曹彬（931—999）：北宋將領。字國華。真定靈壽（今屬河北省）人。後周時累官至引進使。宋初參加滅蜀及征北漢之役，皆有功。開寶七年（974）受命率軍滅南唐，自出師至凱旋，士衆畏服，無肆意殺掠者。未幾，拜樞密使、檢校太尉、忠武軍節度使。宋太宗即位，加同平章事，封魯國公，益得信任。雍熙三年（986）宋分兵三路攻遼，曹彬任幽州（今北京市）道行營前軍馬步水陸都部署，率宋軍主力自雄州（今河北省雄縣）向涿州（今屬河北省）進發。大敗於岐溝關（今河北省淶水縣東）。致使其他兩路軍也被迫退兵。《宋史》卷二五八有傳。　米信（928—994）：奚族。舊名海進。少勇悍、善射。趙匡胤總領後周禁兵，以米信隸麾下，委爲心腹。及即位，補殿前指揮使。太宗即位，轉散都頭指揮使，繼領高州團練使。太平興國八年（983）改領彰化軍節度使。雍熙三年征幽薊，命信爲幽州西北道行營馬步軍都部署，敗契丹於新城。契丹率衆復來戰，王師稍却，信獨以麾下龍衛卒三百禦敵，敵圍之數重，信以百餘騎突圍得免。《宋史》卷二五九有傳。　望

都：縣名。今屬河北省。

[4]永興宮：太宗德光宮分。 　　挞剌：契丹語"走卒"謂之"挞剌"，後爲軍官名。有掌旗鼓者，稱"旗鼓挞剌"，還有專司偵候、探報等職者。

[5]耶律斜軫（？—999）：于越曷魯之孫。字韓隱。保寧初受命節制西南面諸軍，仍援河東。改南院大王。乾亨元年（979）秋，宋軍攻下河東，乘勝襲燕，高梁河一戰，他與耶律休哥分左右翼夾擊，大敗宋軍。統和初，承天皇太后蕭綽稱制，益見委任，爲北院樞密使。四年（986）宋軍三路來攻，斜軫指揮擊退西路來攻的宋軍，以功加守太保。本書卷八三有傳。

[6]滿城：縣名。治所在今河北省保定市滿城區。

[7]南京：遼五京之一。故址在今北京市。

[8]衛國公主（？—1017）：景宗第二女。睿智皇后生，名長壽女。封吳國公主。統和初進封衛國，改封魏國長公主。參見本書卷六五《公主表》。

　　十三年歷北、南院宣徽使，[1]條上時政得失及賦役法，上嘉納焉。十五年加政事令，[2]遷東京留守。[3]二十二年復攻宋，將渤海軍下德清軍。[4]後蕭撻凜卒，[5]專任南面事。宋和議成，爲北府宰相。

[1]宣徽使：遼朝官名。遼設北、南宣徽，分隸北、南樞密院之下。宣徽北院使常執行軍事使命。此外，宣徽使還掌領朝會、宴饗、禮儀、祭祀及御前祗應之事。

[2]政事令：遼朝南面宰相。遼世宗天禄四年（950）建政事省之前，漢人宰相無定稱；建政事省之後，南面宰相稱"政事令"，且多由契丹貴族擔任這一職務。

[3]東京：遼五京之一。故址在今遼寧省遼陽市。

　　[4]渤海軍：遼朝四類軍隊之一。其餘有契丹軍、奚軍和漢軍。
德清軍：後晉置，宋廢。治所在今河南省清豐縣。

　　[5]蕭撻凜（？—1004）：即蕭撻覽。蕭思温之再從侄。字駝
寧。保寧初，爲宿直官。統和四年（986）以諸軍副部署，從樞密
使耶律斜軫敗繼業於朔州。十一年與東京留守蕭恒德伐高麗，破
之。後攻西夏、阻卜皆有功。二十二年攻宋，進至澶淵，未接戰，
中伏弩卒。本書卷八五有傳。

　　聖宗征高麗，將兵由北道進，至開京西嶺破敵兵，
斬數千級。高麗王詢懼，奔平州。排押入開京，大掠而
還。帝嘉之，封蘭陵郡王。[1]開泰二年以宰相知西南面
招討使。五年進王東平。

　　[1]蘭陵郡：蕭氏郡望。戰國楚置蘭陵縣，在今山東省蘭陵縣
西南。西晉置蘭陵郡，治丞縣（今山東省棗莊市嶧城區南，在古蘭
陵縣西）。

　　排押爲政寬裕而善斷，諸部畏愛，民以殷富，時議
多之。七年再伐高麗，[1]至開京，敵奔潰，縱兵俘掠而
還。渡茶、陀二河，[2]敵夾射，排押委甲仗走，坐是免
官。太平三年復王幽，薨。弟恒德。

　　[1]再伐高麗：本書卷一六《聖宗本紀七》，開泰七年（1018）
十月“丙辰，詔以東平郡王蕭排押爲都統，殿前都點檢蕭虛列爲副
統，東京留守耶律八哥爲都監伐高麗。仍諭高麗吏，能率衆自歸
者，厚賞；堅壁相拒者，追悔無及”。《高麗史》卷四《顯宗世家》
九年（開泰七年，1018）十二月“戊戌契丹蕭遜寧以兵十萬來侵，

王以平章事姜邯贊爲上元帥，大將軍姜民瞻副之。帥兵至興化鎮，大敗之。遜寧引兵直趨京城，民瞻追及於慈州，又大敗之"。按，蕭遜寧即蕭排押。

〔2〕茶、陀二河：此二河應在開京以北朝鮮半島境内。

恒德字遜寧，有膽略而善謀。統和元年尚越國公主，[1]拜駙馬都尉，遷南面林牙。[2]從宣徽使耶律阿没里征高麗還，[3]改北面林牙。會宋將曹彬、米信侵燕，耶律休哥與恒德議軍事，[4]多見信用，爲東京留守。

〔1〕越國公主（976—997）：景宗第三女延壽女。生母爲睿智皇后。下嫁蕭恒德。年二十一，以疾終。

〔2〕林牙：契丹官名。掌文翰，相當於翰林學士。

〔3〕耶律阿没里：聖宗時期官至政事令。本書卷七九有傳。

〔4〕耶律休哥（？—998）：字遜寧。出身皇族，應曆末爲惕隱。乾亨元年（979）與耶律斜軫分左右翼，擊敗宋軍於高梁河。是年冬休哥率本部兵從韓匡嗣等戰於滿城。匡嗣敗績。休哥整兵進擊，敵乃却。詔總南面戍兵，爲北院大王。聖宗即位，太后稱制，令休哥總南面軍務，多有戰功。統和四年（986）封宋國王。本書卷八三有傳。

六年上攻宋，圍沙堆，[1]恒德獨當一面。城上矢石如雨，恒德意氣自若，督將士奪其陴。城陷，中流矢，太后親臨視賜藥。攻長城口復先登，[2]太后益多其功。時高麗未附，恒德受詔率兵拔其邊城，王治懼，[3]上表請降。

[1]圍沙堆：據本書卷一二《聖宗本紀三》，此役發生在遼統和六年（988）十月戊午，在攻打涿州之後。《長編》卷二九宋太宗端拱元年（988）則記遼宋此次戰事發生在十一月。當在本年十一月。

[2]長城口：此指燕趙分界處古長城之長城口，在今河北省固安縣南。

[3]王治（？—994）：高麗國王。太平興國七年（982）襲位，並接受宋朝册封。但亦不敢得罪遼朝。此次遣使契丹，奉表請罪，是因上年末受到契丹征伐。事後又求助於宋，宋未能相助，故此後倒向契丹。據《宋史》卷四八七《高麗傳》載：淳化五年（遼統和十二年，994）六月，"遣使元郁來乞師，訴以契丹寇境。朝廷以北鄙甫寧，不可輕動干戈，爲國生事，但賜詔慰撫，厚禮其使遣還。自是受制於契丹，朝貢中絕"。《高麗史》卷三《成宗世家》（甲午）十三年（遼統和十二年，994）："六月遣元郁如宋乞師，以報前年之役，宋以北鄙甫寧，不宜輕動，但優禮遣還。自是與宋絕。"

十二年八月賜啓聖竭力功臣。從都部署和朔奴討兀惹，[1]未戰，兀惹請降，恒德利其俘獲，不許。兀惹死戰，城不能拔，和朔奴議欲引退，恒德曰："以彼倔彊，吾奉詔來討，無功而還，諸部謂我何！若深入多獲，猶勝徒返。"和朔奴不得已，進擊東南諸部，至高麗北鄙。比還，道遠糧絕，士馬死傷者衆，坐是削功臣號。

[1]兀惹：又作"烏惹"。本書卷一四《聖宗本紀五》統和二十一年（1003）夏四月"兀惹、渤海、奧里米、越里篤、越里吉等五部遣使來貢"。説明該部是在遼東北境，與渤海餘部及五國部相鄰。

十四年爲行軍都部署，伐蒲盧毛朶部。[1]還，公主疾，太后遣宮人賢釋侍之，恒德私焉。公主恚而薨，太后怒，賜死。後追封蘭陵郡王。子匹敵。

[1]蒲盧毛朶部：女真部族名。遼屬部，爲遼國外十部之一。

匹敵字蘇隱，一名昌裔。生未月父母俱死，育于禁掖。

既長，尚秦晉王公主，[1]拜駙馬都尉，爲殿前副點檢。統和八年改北面林牙。[2]太平四年遷殿前都點檢，[3]出爲國舅詳穩。九年，渤海大延琳叛，[4]劫掠鄰部，與南京留守蕭孝穆往討。[5]孝穆欲全城降，乃築重城，圍之數月，城中人陰來納款，遂擒延琳。東京平，以功封蘭陵郡王。

[1]秦晉王公主：【劉校】據中華點校本校勘記，按秦晉王公主，即指秦晉國王隆慶女韓國長公主，見本書卷三七《地理志一》頭下軍州渭州。

[2]“生未月”至“改北面林牙”：據中華點校本校勘記，按上文，恒德於統和十四年（996）賜死。匹敵生未月，父母俱死，則匹敵生於統和十四年，不得於統和八年以前尚主、任官，八年又改北面林牙。“統和”似應作“開泰”。

[3]殿前都點檢：後周世宗設置殿前司，以都點檢、副都點檢爲正副長官，位在都指揮使之上，爲禁軍統帥。宋初廢。遼設殿前都點檢，爲南面軍官，當係模倣後周制。

[4]渤海：指渤海國亡後的殘餘勢力。

[5]蕭孝穆（？—1043）：小字胡獨堇，淳欽皇后弟阿古只五

世孫。統和二十八年累遷西北路招討都監。開泰元年（1012）冬進軍可敦城。敗阻卜結五群牧長謀叛，拜北府宰相，賜忠穆熙霸功臣，檢校太師，同政事門下平章事。太平九年（1029）平定大延琳謀反，改東京留守，賜佐國功臣。興宗即位，徙王秦，尋復爲南京留守。重熙六年（1037）進封吳國王，拜北院樞密使。十二年復爲北院樞密使，更王齊，死後追贈大丞相、晉國王，謚曰貞。本書卷八七有傳。

十一年聖宗不豫。先是，欽愛與仁德皇后有隙，[1]以匹敵嘗爲后所愛，忌之。時護衛馮家奴上變，誣后弟浞卜與匹敵謀逆，[2]以皇后攝政，徐議當立者。公主竊聞其謀，謂匹敵曰：“爾將無罪被戮，與其死，何若奔女直國以全其生！”[3]匹敵曰：“朝廷詎肯以飛語害忠良，寧死弗適他國。”及欽愛攝政，殺之。

[1]欽愛：即欽愛皇后（？—1057）。小字耨斤，淳欽皇后弟阿古只五世孫。爲聖宗元妃，生宗真，仁德皇后無子，取而養之如己出。聖宗死後，宗真即位，耨斤自立爲皇太后，攝政，並殺害仁德皇后，謀廢興宗，立重元。本書卷七一有傳。【劉注】“愛”原本作“哀”，據其本人的哀冊篆蓋改。

[2]后弟浞卜：【劉校】據中華點校本校勘記，“后”字原脱。浞卜爲仁德皇后弟，據上下文義補。

[3]女直：部族名。本作“女真”，因避遼興宗耶律宗真名諱，改稱“女直”。遼時居東北地區東部。其在南者入遼籍，稱“熟女真”或“合蘇館女真”；在北者不入遼籍，稱“生女真”。

耶律資忠字沃衍，小字札剌，系出仲父房。

兄國留善屬文，聖宗重之。時妻弟之妻阿古與奴通，將奔女直國，國留追及奴，殺之，阿古自經。阿古母有寵于太后，事聞，太后怒，[1]將殺之。帝度不能救，遣人訣別，問以後事，國留謝曰：“陛下憫臣無辜，恩漏九泉，死且不朽。”既死，人多冤之。在獄著《兔賦》、《寤寐歌》，爲世所稱。

[1]太后：指承天皇太后。

資忠博學、工辭章，年四十未仕。聖宗知其賢，召補宿衛。數問以古今治亂，資忠對無隱。開泰中授中丞，眷遇日隆。

初，高麗內屬，取女直六部地以賜。至是，貢獻不時至，詔資忠往問故。[1]高麗無歸地意。由是權貴數短於上，出爲上京副留守。三年再使高麗，[2]留弗遣。資忠每懷君親，輒有著述，號《西亭集》。帝與群臣宴，時一記憶曰：“資忠亦有此樂乎？”九年高麗上表謝罪，始送資忠還。帝郊迎，同載以歸，命大臣宴勞，留禁中數日。謂曰：“朕將屈卿爲樞密，何如？”資忠對曰：“臣不才，不敢奉詔。”乃以爲林牙，知惕隱事。初，資忠在高麗也，弟昭爲著帳郎君，坐罪沒家產。至是，乃復橫帳，[3]且還舊產，詔以外戚女妻之。

[1]耶律資忠使高麗索六城，《高麗史》卷四《顯宗世家》顯宗四年（開泰二年，1013）三月戊申載：“契丹使左監門衛大將軍耶律行平來責取興化等六城。”秋七月戊申又載：“契丹使耶律行平

復來索六城。"乙卯（開泰四年）夏四月庚申又載："契丹使將軍耶律行平來，又索六城，拘留不遣。"此耶律行平即本書中的耶律資忠。行平（資忠）直至開泰九年纔被高麗放回。《高麗史》卷四《顯宗世家》庚申年三月癸丑載："歸契丹使耶律行平。"

[2]三年再使高麗：據中華點校本校勘記，"三"，原誤作"四"。本書卷一五《聖宗本紀六》載，耶律資忠復使高麗在開泰三年二月，《高麗史》同，據改。今從。

[3]橫帳：契丹以玄祖之後爲皇族，分爲三房：孟父房、仲父房和季父房。季父房一系太祖阿保機子孫爲"橫帳"。本書卷一六《聖宗本紀七》，開泰八年冬十月癸巳，詔"橫帳、三房不得與卑小帳族爲婚；凡嫁娶，必奏而後行"。本書卷四五《百官志一》："玄祖伯子麻魯無後，次子巖木之後曰孟父房；叔子釋魯曰仲父房；季子爲德祖，德祖之元子是爲太祖天皇帝，謂之橫帳；次曰剌葛，曰迭剌，曰寅底石，曰安端，曰蘇，皆曰季父房。"

　　是時，樞密使蕭合卓、少師蕭把哥有寵，[1]資忠不肯俛附，詆之。帝怒，奪官。數歲，出知來遠城事，[2]歷保安、昭德二軍節度使。[3]

[1]蕭合卓（？—1025）：突呂不部人。字合魯隱。始爲本部吏。統和十八年（1000）使宋還，遷北院樞密副使。開泰三年（1014）爲左夷离畢。本書卷八一有傳。

[2]來遠城：位於鴨緑江西岸，築成後，成爲這一帶遼軍統帥部所在地。遼在東部邊境上是夾江設防的，而非盡在西岸設防。江東與來遠城隔江相望的開州也是遼所築。《武經總要》前集卷一六下《戎狄舊地》載："開州，渤海古城也。遼主東討，新羅國都其城，要害，建爲州，仍曰開遠軍，西至來遠城一百二十里，西南至吉州七十里，東南至石城六十里。遼中庚戌年討新羅國，得要害

地，築城以守之，即中國大中祥符三年也，東至新羅新化鎮四十
里，南至海三十里。西至保州四十里。”依據這一記載，開州初建
爲開遠軍，屬新羅。庚戌年（遼統和二十八年，宋大中祥符三年），
遼聖宗親自率軍東討，得到了開遠軍這一“要害地”，又建城守之。
按，創建來遠等城的時間，是在統和十二年。《高麗史》卷三《成
宗世家》：十三年（遼統和十二年）春二月，蕭遜寧致書曰：“近奉
宣命，‘但以彼國信好早通，境土相接，雖以小事大固有規儀，而
原始要終（須）存悠久。若不設於預備，慮中阻於使人。遂與彼國
相議，便於要衝路陌創築城池’者。尋准宣命，自便斟酌，擬於鴨
江西里創築五城，取三月初擬到築城處下手修築，伏請大王預先指
揮，從安北府至鴨江東，計二百八十里踏行穩便田地，酌量地里遠
近，並令築城，發遣役夫，同時下手。其合築城數，早與回報。所
貴交通車馬，長開貢覲之途；永奉朝廷，自協安康之計。”

　　[3]保安軍：遼代軍號。治雙州（今遼寧省鐵嶺市）。《武經總
要》前集卷一六下《戎狄舊地》：“雙州，契丹號保安軍，有通吳軍
營壘，東至逆流河二里入生女真界，西至遼州七十里，南至瀋州七
十里，北至渝州百二十里。”

　　聖宗崩，表請會葬。既至伏梓宮大慟曰：“臣幸遇
聖明，橫被構譖，不獲盡犬馬報。”氣絶而蘇，興宗命
醫治疾。久之，言國舅侍中無憂國心，陛下不當復用唐
景福舊號，[1]於是用事者惡之，遣歸鎮，卒。弟昭，
有傳。

　　[1]景福：唐昭宗李曄年號（892—893）。

　　耶律瑤質字拔里堇，積慶宮人。[1]父侯古，室韋部
節度使。[2]

[1]積慶宮：世宗耶律阮宮分。

[2]室韋部：部族名。北魏始見於記載，分佈於今黑龍江、嫩江流域，唐時分爲許多部。契丹興起時，多爲其役屬。

瑤質篤學廉介，有經世志。統和十年累遷至積慶宮使。聖宗嘗諭瑤質曰："聞卿正直，是以進用。國有利害，爾言宜無所隱。"由是所陳多見嘉納。

上征高麗，破康肇軍于銅州，[1]瑤質之力爲多。王詢乞降，群臣議皆謂宜納。瑤質曰："王詢始一戰而敗，遽求納款，此詐耳，納之恐墮其姦計。待其勢窮力屈，納之未晚。"已而詢果遁，清野無所獲。其衆阻險而壘，攻之不下，瑤質以計降之。擢拜四蕃部詳穩。

[1]破康肇軍于銅州：據本書卷一五《聖宗本紀六》，事在統和二十八年（1010）十一月，"乙酉，大軍渡鴨淥江，康肇拒戰，敗之，退保銅州。丙戌，肇復出，右皮室詳穩耶律敵魯擒肇及副將李立"。《高麗史》卷四《顯宗世家》顯宗一年（1010）"己亥，康兆與契丹戰於通州，敗績就擒"。按，銅州本渤海置，遼屬東京道。下轄析木縣在今遼寧省海城市。遼軍既已渡江，戰事發生在半島，與銅州無關。《遼史》誤。

時招討使耶律頗的爲總管，瑤質恥居其下，上表曰："臣先朝舊臣，今既垂老，乞還新命，覬得常侍左右。"帝曰："朕不使汝久處是任。"且命無隸招討，得專奏事到部。戡暴懷善，政績顯著。卒于官。

耶律弘古字盆訥隱，遙輦鮮質可汗之後。[1]

[1]鮮質可汗：遥輦第五代可汗。

統和初嘗以軍事任爲拽剌詳穩，尋徙南京統軍使。十三年徇地南鄙，克敵於四岳橋，斬首百餘級。攻宋，以戰功遷東京留守，封楚國公。後伐高麗，副先鋒耶律盆奴擒康肇于銅州。

三十年西北部叛，[1]從南府宰相耶律奴瓜討之。[2]及典禁軍，號令整肅，[3]諸部多降。尋遷侍中，卒。

[1]西北部叛：本書卷一五《聖宗本紀六》載，開泰元年（統和三十年，1012）十一月甲辰，“西北招討使蕭圖玉奏七部太師阿里底因其部民之怨，殺本部節度使霸暗並屠其家以叛，阻卜執阿里底以獻，而沿邊諸部皆叛”。

[2]耶律奴瓜：字延寧，太祖異母弟南府宰相蘇之孫。本書卷八五有傳。

[3]號令整肅：【劉校】“肅”原本誤作“蕭”。據明抄本、南監本、北監本和殿本改。中華點校本、修訂本和補注本徑改。長箋本引《初校》出校。

高正，不知何郡人。統和初舉進士第，累遷樞密直學士。上將伐高麗，遣正先往諭意。及還，遷右僕射。時高麗王詢表請入覲，[1]上許之，遣正率騎兵千人迓之，館于路，爲高麗將卓思正所圍。正以勢不可敵，與麾下壯士突圍出，士卒死傷者衆。上悔輕發，釋其罪。

明年遷工部侍郎，爲北院樞密副使。開泰五年卒。

[1]入覲：入朝晉見皇帝。原來以諸侯朝見天子稱“覲”。

　　耶律的琭字耶寧，仲父房之後。習兵事，爲左皮室詳穩。[1]統和二十八年伐高麗，的琭率本部軍與盆奴等擒康肇、李玄藴于銅州。帝壯之曰：“以卿英才，爲國戮力，真吾家千里駒也！”乃賜御馬及細鎧。明年爲北院大王，出爲烏古敵烈部都詳穩。年七十二卒。

　　[1]爲左皮室詳穩：【劉校】據中華點校本校勘記，本書卷一五《聖宗本紀六》統和二十八年（1010）十一月及《高麗外記》並作“右皮室詳穩耶律敵魯”。

　　大康乂，渤海人。開泰間累官南府宰相，出知黃龍府，[1]善綏撫，東部懷服。榆里底乃部長伯陰與榆烈比來附，送于朝，且言蒲盧毛朵界多渤海人，乞取之。詔從其請。康乂領兵至大石河馳準城，掠數百户以歸。未幾，卒。

　　[1]黃龍府：遼代六府之一，亦爲遼金軍事重鎮。治所在今吉林省農安縣。

　　論曰：高句驪弒其君誦而立詢，[1]遼興問罪之師，宜其簞食壺漿以迎、除舍以待，而廼乘險旅拒。俾智者竭其謀、勇者窮其力，雖得其要領，而顒顒獨居一海之中自若也。豈服人者以德而不以力歟？況乎殘毀其宫室，係累其民人，所謂以燕伐燕也歟？嗚呼！朱崖之棄，[2]捐之之力也，敵烈之諫有焉。

［1］高句驪：爲“高麗”之誤。

［2］朱崖之棄：《後漢書》卷八〇上《杜篤傳》：“郡縣日南，漂殞朱崖。”李賢注：“武帝元鼎六年平南越，以爲南海、蒼梧、鬱林、合浦、交阯、九真、日南、朱崖、儋耳九郡。”珠崖“去長安七千三百里”。宋代蘇軾《東坡全集》卷八六《伏波將軍廟碑》：“自漢以來朱崖、儋耳或置或否。揚雄有言：‘朱崖之棄，捐之之力也，否則介鱗易我衣裳。’此言施於當時可也，自漢末至五代，中原避亂之人多家於此，今衣冠、禮樂蓋斑斑然矣，其可復言棄乎！”

（李錫厚注　劉鳳翥校）

遼史　卷八九

列傳第十九

耶律庶成　庶箴　蒲魯　楊晳　耶律韓留　楊佶
耶律和尚[1]

[1]"耶律庶成"至"耶律和尚"：【劉校】原本、明抄本、南監本無，據北監本和殿本補。

　　耶律庶成字喜隱，小字陳六，季父房之後。[1]父吳九，檢校太師。[2]

[1]季父房：契丹以玄祖之後爲皇族，分爲三房：孟父房、仲父房和季父房。季父房一系是太祖阿保機及其兄弟的子孫。
[2]檢校：職官制度用語。唐宋皆有檢校官，屬加官而非正授。

　　庶成幼好學，書過目不忘，善遼、漢文字，[1]於詩尤工。重熙初補牌印郎君，[2]累遷樞密直學士。與蕭韓家奴各進《四時逸樂賦》，[3]帝嗟賞。初，契丹醫人鮮知切脉審藥，上命庶成譯方脉書行之，自是人皆通習，雖諸部族亦知醫事。時入禁中，參決疑議，偕林牙蕭韓家奴等撰《實錄》及《禮書》。[4]與樞密副使蕭德修定法令，[5]上詔庶成曰："方今法令輕重不倫。法令者，爲政所先、人命所繫，不可不慎。卿其審度輕重，從宜修定。"庶成參酌古今，刊正訛謬，成書以進，帝覽而善之。

[1]遼、漢文字：即契丹文字和漢文字。遼代契丹族有自己創製的文字。神册五年（920）創製"契丹大字"。此後，太祖阿保機弟迭剌又製"契丹小字"。契丹大字是一種採用漢字筆畫的表意文字。契丹小字是拼音文字。自金明昌二年（1191），契丹文字已被明令停止使用，後逐漸湮没無聞。近數十年來，兩種契丹文字的碑刻皆有發現，但因與漢字對譯的資料很少，特別是還没有發現契丹文字的字典，所以釋讀工作非常艱難。

[2]重熙：遼興宗耶律宗真年號（1032—1055）。

[3]蕭韓家奴：涅剌部人。字休堅。中書令安摶之孫。少好學，博覽經史，通遼、漢文字。統和十四年（996）始仕。本書卷一〇三有傳。

[4]林牙：契丹官名。掌文翰，相當於翰林學士。

[5]與樞密副使蕭德修定法令：【劉校】據中華點校本校勘記，"蕭德"，原誤作"耶律德"。本書卷一八《興宗本紀一》載，耶律德曾於重熙六年（1037）十二月使宋，無修定法令事。本書卷九六《蕭德傳》載："累遷北院樞密副使，詔與林牙耶律庶成修律令。"據改。今從。

庶成方進用，爲妻胡篤所誣，以罪奪官，絀爲"庶耶律"。[1]使吐蕃凡十二年，[2]清寧間始歸。[3]帝知其誣，詔復本族，[4]仍遷所奪官，卒。

[1]庶耶律：【劉注】指非皇族的耶律氏。

[2]吐蕃：原爲中國古代藏族政權名，公元七至九世紀在青藏高原建立。吐蕃政權崩潰以後，宋元及明初史籍稱青藏高原上的土著族、部爲吐蕃。

[3]清寧：遼道宗耶律洪基年號（1055—1064）。

[4]復本族：恢復皇族身份，重新隸屬季父房。

庶成嘗爲林牙，[1]夢善卜者胡呂古卜曰："官止林牙，因妻得罪。"及置於理，法當離婚。胡篤適有娠，至期不産而死。剖視之，其子以手抱心，識者謂誣夫之報。有詩文行于世。弟庶箴。

[1]嘗爲林牙：【劉校】"爲"，原本、明抄本、南監本、北監本和殿本均作"謂"，馮氏《初校》稱："'謂'當作'爲'。"是，據改。中華點校本、補注本和長箋本徑改。

庶箴字陳甫，善屬文。重熙中爲本族將軍。咸雍元年同知東京留守事，[1]俄徙烏衍突厥部節度使。[2]九年知薊州事。[3]

[1]咸雍：遼道宗耶律洪基年號（1065—1074）。　東京：遼五京之一。故址在今遼寧省遼陽市。

[2]突厥：古代族名。曾建立強大的突厥汗國，至公元六世紀分裂爲東、西兩汗國。當阿保機建立契丹王朝時，突厥汗國早已滅亡。這裏所謂"突厥"可能是指東突厥汗國的餘部。

　　[3]薊州：州名。治所在今天津市薊州區。

　　明年遷都林牙。上表乞廣本國姓氏曰：“我朝創業以來法制修明，惟姓氏止分爲二，耶律與蕭而已。始太祖制契丹大字，取諸部鄉里之名續作一篇，著于卷末。臣請推廣之，使諸部各立姓氏，庶男女婚媾有合典禮。”帝以舊制不可遽釐，不聽。

　　大康二年出耶律乙辛爲中京留守，[1]庶箴與耶律孟簡表賀。[2]頃之，乙辛復爲樞密使，[3]專權恣虐。庶箴私見乙辛泣曰：“前抗表，非庶箴之願也。”乙辛信其言，乃得自安。聞者鄙之。八年致仕，卒。子蒲魯。

　　[1]大康：遼道宗耶律洪基年號（1075—1084）。　耶律乙辛（？—1083）：五院部人。字胡覩袞。重熙中爲文班吏。道宗清寧五年（1059）爲南院樞密使，改知北院，封趙王。九年重元亂平，拜北院樞密使，進封魏王。咸雍五年（1069）加守太師。詔四方有軍旅，許以便宜從事，勢震中外。大康元年（1075）誣皇后蕭觀音致死，三年又害死太子耶律濬。七年冬坐以禁物鬻入外國，幽於來州。九年謀奔宋及私藏兵甲事發，伏誅。本書卷一一〇有傳。
　　[2]耶律孟簡：道宗時人，耶律屋質五世孫。本書卷一〇四有傳。
　　[3]樞密使：官名。樞密院之首長。遼有北、南樞密院，爲遼朝的實際宰輔機構，分別總領北、南面官。北樞密院又稱契丹樞密院，掌軍事、部族。南樞密院又稱漢人樞密院，掌漢人州縣之事。

　　蒲魯字乃展。幼聰悟好學，甫七歲能誦契丹大字。習漢文，未十年博通經籍。重熙中舉進士第。主文以國

制無契丹試進士之條聞于上，以庶箴擅令子就科目，鞭
之二百。尋命蒲魯爲牌印郎君。應詔賦詩，立成以進。
帝嘉賞，顧左右曰：“文才如此，必不能武事。”蒲魯奏
曰：“臣自蒙義方，[1]兼習騎射，在流輩中亦可周旋。”
帝未之信。會從獵，三矢中三兔，帝奇之，轉通進。[2]

[1]義方：啓蒙教育。宋代華鎮《雲溪居士集》卷二二《書上
楊帥章待制書》：“某材非魁秀，識慮不敏，幸賴父兄好善，幼承義
方之訓，生七年使誦書，又七年學文，又七年而應科舉。”

[2]通進：官名。遼金有御院通進。本書卷一〇九《宦官傳》
趙安仁“統和中，爲黄門令、秦晉國王府祗候。王薨，授内侍省押
班、御院通進”。《金史》卷五六《百官志》，“閤門”設御院通進
四員，從七品。掌諸進獻禮物及薦享編次位序。

是時，父庶箴嘗寄《戒諭詩》，蒲魯答以賦，衆稱
其典雅。[1]寵遇漸隆。清寧初卒。

[1]典雅：【劉校】原本作“興雅”，據明抄本、南監本、北監
本、殿本改。中華點校本、修訂本、補注本和長箋本徑改。

楊晢，[1]字昌時，安次人。[2]幼通《五經》大義。[3]
聖宗聞其穎悟，詔試詩，授秘書省校書郎。太平十一年
擢進士乙科，[4]爲著作佐郎。

[1]楊晢：【劉校】據中華點校本校勘記，按楊晢即本書卷九
七之楊績，一人兩傳。宋人陳襄《使遼語録》作楊晢。

[2]安次：縣名。治所在今河北省廊坊市。

[3]《五經》：五部儒家經典，即《詩》《書》《易》《禮》《春秋》。

[4]太平：遼聖宗耶律隆緒年號（1021—1031）。

重熙十二年累遷樞密都承旨，權度支使。[1]登對稱旨，進樞密副使。歷長寧軍節度使，[2]山西路轉運使，[3]知興中府。[4]清寧初入知南院樞密使，與姚景行同總朝政，[5]請行柴册禮。[6]封趙國公。以足疾復知興中府。咸雍初徙封齊，召賜同德功臣、尚書左僕射兼中書令，[7]拜樞密使，改封晉，給宰相、樞密使兩廳傔從，封趙王。屢請歸政，益賜保節功臣，致仕。大康五年例改遼西郡王，薨。

[1]度支使：度支使司之官。唐宋以鹽鐵、度支、户部爲三司，主理財賦。其長官爲三司使。《通鑑》卷二六五唐昭宣帝天祐三年（906）三月戊寅：“以朱全忠爲鹽鐵、度支、户部三司都制置使。三司之名始于此。”遼在南京設三司使司，此外上京設鹽鐵使司，東京設户部使司，中京設度支使司，西京設計司。

[2]長寧軍：遼代軍號。治川州（今遼寧省北票市）。據《大清一統志》卷二八：“白川州故城在朝陽縣東北六十七里。遼置川州，會同中改爲白川州，治咸康縣。……今縣境東北之四角阪有廢城，週二里餘，蒙古名卓索喀喇城，城内有遼開泰二年《佛頂尊勝陀羅尼石幢記》，爲白川州官吏所建，知即故白川州地。”

[3]轉運使：唐以後主管徵解錢穀及財政等事務的中央或地方官職。轉運使之名始於唐。宋太祖鑒於五代藩臣擅有財賦。自乾德以後始置諸路轉運使，以總利權。太宗至道中詔諸路轉運使並兼按察使，兼領考察地方官吏、維持治安、清點刑獄、舉賢薦能等職

責。宋真宗景德四年（1007）以前，轉運使實際上已成爲一路之最高行政長官。遼在境內南部各地設都轉運使司，各以使領之，掌管地方財政及徵解錢穀等事務。

[4]興中府：遼代六府之一。治所在今遼寧省朝陽市。

[5]姚景行（？—1075）：始名景禧。隷漢人宮分。既貴，始出宮籍，貫興中縣。重熙五年（1036）進士。不數年至翰林學士，樞密副使，參知政事。道宗即位，多被顧問，爲北府宰相。咸雍元年（1065）出爲武定軍節度使。明年驛召拜南院樞密使。大康初徙鎮遼興。本書卷九六有傳。

[6]柴册禮：此禮源於中國傳統的“燔柴告天”，是古代天子祭天之禮。據《爾雅·釋天》：“祭天曰燔柴。”行禮時，積薪於壇，取玉及牲置於柴上焚燒。此禮與契丹的再生禮合併舉行，是爲契丹部落聯盟選汗和遼建國後新皇帝即位舉行的禮儀。相傳遙輦氏阻午可汗始制此儀，遼朝建國後有所增飾。

[7]左僕射：官名。始置於秦。漢以後因之。唐不設尚書令，最初以左、右僕射與中書令、侍中同爲宰相。中宗以後，不加同中書門下平章事者即不爲宰相。遼、宋均襲唐制。宋以後廢。

　　耶律韓留字速寧，仲父隋國王之後。[1]有明識、篤行義，舉止嚴重，工爲詩。

[1]仲父隋國王：即玄祖匀德實第三子、阿保機的伯父釋魯。據本書卷六四《皇子表》：“賢而有智，爲迭剌部于越時教民種樹桑麻。年五十七，爲子滑哥所弑。重熙中追封爲隋國王。”《耶律仁先墓誌》稱他爲“述剌·實魯于越”。《耶律慶嗣墓誌》稱他爲“于越蜀國王述列·實魯，即太祖天皇帝之伯父也”。

　　統和間召攝御院通進。[1]開泰三年稍遷烏古敵烈部都監，[2]俄知詳穩事。[3]敵烈部叛，將宮分軍從樞密使耶律世良討平之，[4]加千牛衛大將軍。[5]

[1]攝：代理，兼理。

[2]開泰：遼聖宗耶律隆緒年號（1012—1021）。　烏古敵烈部：部族名。原爲二部。烏古又稱嫗厥律、于厥律，居契丹西北；敵烈又譯迪烈、敵烈德、迭烈德、達底。遼時以遊牧、捕獵爲業，分佈於臚朐河（今克魯倫河）流域。有八部，稱爲八部敵烈或八石烈敵烈。與烏古部並稱爲北邊大部。遼聖宗以敵烈部降人置迭魯敵烈部和北敵烈部。開泰四年（1015）築董城於臚朐河北，安置敵烈、烏古降人。壽昌二年（1096）徙敵烈、烏古於烏納水西。遼置烏古敵烈統軍司以應對阻卜諸部的反抗。金末元初，敵烈人逐漸與女真人、蒙古人等同化。

[3]詳穩：遼朝軍官名。元帥府下設大詳穩司。“詳穩”即漢語“將軍”的轉譯。【劉注】“詳穩”即漢語“將軍”的轉譯的説法似有值得商榷之處。在契丹小字中，“詳穩”作 𘱣，“將軍”作 𘱣𘱣，或 𘱣𘱣、𘱣𘱣；在契丹大字中，“詳穩”作 𘬻𘬻，“將軍”作 𘬻𘬻。“詳穩”不是漢語“將軍”的轉譯，而是音譯的契丹語，契丹語中“將軍”是漢語借詞。

[4]宮分軍：隸屬遼朝諸宮衛的軍隊。遼朝皇帝及攝政太后都有自己的宮衛。“遼國之法，天子踐位置宮衛：分州縣、析部族、設官府、籍户口、備兵馬。崩則扈從后妃宮帳，以奉陵寢。有調發，則丁壯從戎事，老弱居守。”所謂“分州縣”即將一部分州縣劃歸宮衛管轄，在這些州縣“設官府”。在漢地則設諸宮衛提轄司負責征招軍隊。“析部族”即將一部分小於部族的組織如石烈、瓦里等從原來的部族中分離出來，隸屬宮衛。這些部族戰時也要出兵。因此，所謂“宮分軍”包括隸屬諸宮衛的部族軍和諸宮衛提轄司臨時點集、調發的軍隊。　耶律世良（？—1016）：小字斡，六

院部人。統和末爲北院大王。開泰初加檢校太尉、同政事門下平章事。拜北院樞密使。四年伐高麗，爲副部署。都統劉慎行逗留失期，執還京師，世良獨進兵。本書卷九四有傳。

[5]千牛衛大將軍：禁衛官名。據《莊子·養生主》，庖丁宰牛十九年，解牛數十頭，所用刀刃仍像在磨刀石新磨過一樣鋒利。後世因稱鋒利的刀爲千牛刀，禁衛叫千牛衛、千牛備身、千牛仗等。北魏、北齊、北周都有千牛備身，執掌御刀。領左、右二府，所以有左、右千牛衛的名稱。唐置左、右千牛衛，各設大將軍一員，正三品；將軍二員，從三品。遼因襲唐制，亦設左、右千牛衛，每衛亦設大將軍、將軍。　千牛衛：【劉校】“牛”原本誤作“年”，據明抄本、南監本、北監本和殿本改。中華點校本、修訂本和補注本徑改。長箋本引《羅校》出校。

重熙元年累遷至同知上京留守，改奚六部禿里太尉。[1]性不苟合，爲樞密使蕭解里所忌。上欲召用韓留，解里言目病不能視，議遂寢。四年召爲北面林牙。帝曰：“朕早欲用卿，聞有疾，故待之至今。”韓留對曰：“臣昔有目疾，才數月耳，然亦不至于昏。第臣駑拙，不能事權貴，是以不獲早睹天顏。非陛下聖察，則愚臣豈有今日耶！”詔進《述懷詩》，上嘉歎。方將大用，卒。

[1]禿里太尉：【劉校】“太”原本作“大”，據明抄本、南監本、北監本和殿本改。中華點校本、修訂本和補注本徑改。長箋本引《羅校》出校。

楊佶字正叔，南京人。幼穎悟異常，讀書自能成句，識者奇之。弱冠，聲名籍甚，統和二十四年舉進士第一，歷校書郎、大理正。開泰六年轉儀曹郎，典掌書命，加諫議大夫。出知易州，[1]治尚清簡，徵發期會必信。入爲大理少卿，累遷翰林學士，文章號得體。八年燕地饑疫，民多流殍，以佶同知南京留守事，發倉廩振乏絶，貧民鬻子者計傭而出之。宋遣梅詢賀千齡節，[2]詔佶迎送，多唱酬，詢每見稱賞。復爲翰林學士。

[1]易州：州名。治所在今河北省易縣。
[2]千齡節：遼以聖宗生日爲千齡節。

重熙元年陞翰林學士承旨。丁母憂，起復工部尚書。歷忠順軍節度使，[1]朔、武等州觀察、處置使，[2]天德軍節度使，[3]加特進、檢校太師、同中書門下平章事，復拜參知政事兼知南院樞密使。[4]

[1]忠順軍：遼代軍號。治蔚州（今河北省蔚縣）。
[2]朔：州名。今屬山西省。　武：州名。治所在今河北省張家口市宣化區。
[3]天德軍：唐軍鎮名。治豐州。遼太祖阿保機於神册五年（920）平党項，仍以此地爲天德軍。其地在今内蒙古自治區呼和浩特市東白塔一帶。
[4]參知政事：始見於唐前期，宋初作爲副宰相，至真宗以後，其地位更與宰相同平章事等。遼朝參知政事的地位類似宋朝，與同中書門下平章事一樣，都是中書省長官、宰相。

十五年出爲武定軍節度使。[1]境内亢旱，苗稼將槁。

視事之夕雨澤霑足。百姓歌曰："何以蘇我？上天降雨。誰其撫我？楊公爲主。"灤陽水失故道，[2]歲爲民害，乃以己俸創長橋，人不病涉。及被召，郡民攀轅泣送。上御清涼殿宴勞之，即日除吏部尚書兼門下侍郎、同中書門下平章事。上曰："卿今日何減呂望之遇文王！"[3]佶對曰："呂望比臣遭際有十年之晚。"上悅。其居相位，以進賢爲己任，事總大綱，責成百司，人人樂爲之用。三請致政，許之，月給錢粟、傔隸，四時遣使存問。卒。有《登瀛集》行于世。

[1]武定軍：遼代軍號。治奉聖州（今河北省涿鹿縣）。

[2]灤陽水失故道：《畿輔通志》卷二一："灤水出鴈門陰館縣，東北過代郡桑乾縣南，又東過涿鹿縣北，又東南出山，過廣陽薊縣北。《水經》：'盧溝河其源出於代地，名曰小黃河。'以流濁故也。自奉聖州界流入宛平縣境，至都城西四十里東麻谷分爲二派。"

[3]呂望：即周初人呂尚。"姓姜，名牙。炎帝之裔，伯夷之後，封之於呂，子孫從其封姓，尚其後也。"後文王得之渭濱，云"吾先君太公望子久矣"，故號太公望。參閱《史記》卷三二《齊太公世家》。

耶律和尚字特抹，系出季父房。善滑稽，重熙初補祗候郎君。時帝篤于親親，凡三父之後皆序父兄行第，於和尚尤狎愛。然每侍宴飲，雖詼諧未嘗有一言之過，由是上益重之。歷積慶、永興宮使，[1]累遷至同知南院宣徽使事、南面林牙。[2]十六年出爲懷化軍節度使，[3]俄召爲御史大夫。二十三年因大册加天平軍節度使、檢校太師，[4]徙中京路案問使，卒。

[1]永興宮：太宗德光宮分。

[2]宣徽使：遼朝官名。遼設北、南宣徽，分隸北、南樞密院之下。宣徽北院使常執行軍事使命。此外，宣徽使還掌領朝會、宴饗、禮儀、祭祀及御前祗應之事。

[3]懷化軍：遼置。隸屬保州。治所在今朝鮮平安北道義州一帶。

[4]天平軍：宋置。治鄆州（今山東省東平縣）。

和尚雅有美行，數以財恤親友，人皆愛重。然嗜酒不事事，以故不獲柄用。或以爲言，答曰：“吾非不知，顧人生如風燈石火，不飲將何爲？”晚年沈湎尤甚，人稱爲“酒仙”云。

論曰：庶成定法令，治民者不容高下其手。庶箴雖嘗表請廣姓氏以秩典禮，其隨勢俯仰，則有愧於其子蒲魯矣。楊皙爲上寵遇，迭封王爵，而功業不少槩見。然得愛民治國之要，其楊佶哉。

（李錫厚注　劉鳳翥校）

遼史　卷九〇

列傳第二十

蕭阿剌　耶律義先　信先　蕭陶隗　蕭塔剌葛
耶律敵禄[1]

　　[1]“蕭阿剌”至“耶律敵禄”：【劉校】原本、明抄本、南監
本無，據北監本和殿本補。

　　蕭阿剌字阿里懶，北院樞密使孝穆之子也。[1]幼養
宮中，興宗尤愛之。重熙六年爲弘義宮使，[2]累遷同知
北院樞密使，加同中書門下平章事，[3]出爲東京留守。[4]
二十一年拜西北路招討使，[5]封西平郡王。[6]尋尚秦晉國
王公主，[7]拜駙馬都尉。[8]

　　[1]北院樞密使：即契丹樞密院之樞密使，爲北面官之最高官
職，掌軍事、部族。詳本書卷四五《百官志一》。　孝穆：即蕭孝
穆（？—1043）。小字胡獨菫，淳欽皇后弟阿古只五世孫。統和二
十八年（1010）累遷西北路招討都監。開泰元年（1012）冬進軍
可敦城。敗阻卜結五群牧長謀叛，拜北府宰相，太平九年（1029）

平定大延琳謀反，改東京留守，尋復爲南京留守。重熙六年（1037）進封吳國王，拜北院樞密使。死後追贈大丞相、晉國王，謚曰貞。本書卷八七有傳。

[2]重熙：遼興宗耶律宗真年號（1032—1055）。　弘義宮：遼太祖阿保機宮分。

[3]同中書門下平章事：唐制，大臣中有此名義者即爲事實上的宰相。遼襲唐制，在分設北南面官之後，以同中書門下平章事爲南面宰相。　累遷同知北院樞密使：【劉校】“樞”原本誤作“極”，據明抄本、南監本、北監本和殿本改。中華點校本、修訂本和補注本徑改。長箋本引《羅校》出校。

[4]出爲東京留守：【劉校】據中華修訂本校勘記，“東京”原作“東宮”。馮家昇《遼史初校》謂“宮”當作“京”，今據改。東京，遼五京之一。故址在今遼寧省遼陽市。

[5]西北路招討使：遼朝官名。西北路招討司的最高長官。該機構是遼朝統治漠北屬部的最高軍政機構，又稱西北路都招討司。

[6]西平郡王：【劉校】據中華點校本校勘記，“平”字，原誤作“北”。本書卷二〇《興宗本紀三》重熙二十一年四月作“西平郡王”，據改。今從。

[7]秦晉國王公主：即聖宗之弟隆慶之女。

[8]拜駙馬都尉：【劉校】原本作“與附馬都尉”，據明抄本、南監本、北監本、殿本改。中華點校本、修訂本和補注本徑改。長箋本引《初校》出校。

清寧元年遺詔拜北府宰相兼南院樞密使，[1]進王韓。明年改北院樞密使，徙王陳，與蕭革同掌國政。[2]革諂諛不法，阿剌爭之不得，告歸。上由此惡之，除東京留守。會行瑟瑟禮，[3]入朝陳時政得失。革以事中傷，帝怒，縊殺之。皇太后營救不及，大慟曰：“阿剌何罪而遽見殺？”帝乃優加賻贈，葬乾陵之赤山。[4]

[1]清寧：遼道宗耶律洪基年號（1055—1064）。 北府宰相：契丹部族官名。契丹可汗之下有北、南二府，各部族則分屬二府，故北宰相亦稱北府宰相，南宰相亦稱南府宰相。 南院樞密使：遼朝官名。南樞密院的最高長官。南樞密院又稱漢人樞密院，是南面官中的宰輔機構。 北府宰相兼南院樞密使：據中華點校本校勘記，本書卷二一《道宗本紀一》清寧元年八月作“北府宰相，權知南院樞密使事”。

[2]蕭革（？—1063）：契丹外戚。國舅房林牙和尚之子。興宗時拜南院樞密使，詔班諸王上，封吳王。道宗即位後，與國舅蕭阿剌同掌朝政。革因譖阿剌“有慢上心”。道宗大怒，縊阿剌於殿下。清寧九年（1063）秋，重元之亂，革參預其謀，凌遲處死。本書卷一一三有傳。

[3]瑟瑟禮：契丹禮儀名。大旱時，舉行此禮儀，祈求上天降雨。

[4]乾陵：遼景宗陵，位於乾州（今遼寧省北鎮市）。《武經總要》前集卷一六下《戎狄舊地》：“乾州在醫巫閭山之南，古遼澤之地，遼主景宗陵寢在焉。今置廣德軍節度，兼山陵都署。東至顯州八里，西南至銀野砦二十五里，西至遼州六十里，北至兔兒橋四十里。”《明一統志》卷二五《登州府》：“乾州城在廣寧衛西南七里，本漢無慮縣地，遼置乾州廣德軍。”

　　阿剌性忠果，曉世務，有經濟才。議者以謂阿剌若在，無重元、乙辛之亂。[1]

[1]重元（1021—1063）：聖宗次子。本名宗元，因避興宗諱，改重元，小字孛吉只，亦作孛己只。太平三年（1023）封秦國王。

聖宗死後，欽愛皇后稱制，曾密謀立重元。重元以所謀告於興宗，封爲皇太弟。賜以金券誓書。道宗即位，册爲皇太叔，爲天下兵馬大元帥，復賜金券。清寧九年（1063）與其子涅魯古謀亂，失敗自殺。本書卷一一二有傳。　乙辛：即耶律乙辛（？—1083）。字胡覩袞，五院部人。重熙中爲文班史。道宗清寧五年爲南院樞密使，改知北院，封趙王。九年重元亂平，拜北院樞密使，進封魏王。咸雍五年（1069）加守太師。詔四方有軍旅，許以便宜從事，勢震中外。大康元年（1075），誣皇后致死，三年又害死太子耶律濬。七年冬，坐以禁物鬻入外國，幽於來州。九年謀奔宋及私藏兵甲事發，伏誅。本書卷一一〇有傳。

　　耶律義先，于越仁先之弟也。[1]美風姿，舉止嚴重。重熙初補祗候郎君班詳穩。十三年車駕西征，[2]爲十二行糺都監，戰功最，改南院宣徽使。

　　[1]于越：契丹語音譯詞。官名。爲契丹貴官，非有大功德者不授。位在北、南大王之上。　仁先：即耶律仁先（1012—1072）。契丹皇族。孟父房之後。清寧初，爲南院樞密使。九年（1063），重元謀逆，仁先受命討賊。事後，加尚父，進封宋王，爲北院樞密使。本書卷九六有傳。
　　[2]西征：進攻西夏。

　　時蕭革同知樞密院事，席寵擅權，義先疾之。因侍讌，言于帝曰：“革狡佞喜亂，一朝大用，必誤國家！”言甚激切，不納。它日侍宴，上命群臣博，負者罰一巨觥。義先當與革對，憮然曰：“臣縱不能進賢退不肖，安能與國賊博哉！”帝止之曰：“卿醉矣！”義先厲聲詬不已。上大怒，賴皇后救，得解。翌日，上謂革曰：
“義先無禮，當黜之。”革對曰：“義先天性忠直，今以
酒失而出，誰敢言人之過？”上謂革忠直，益加信任。
義先欝欝不自得，然議事未嘗少沮。又於上前博，義先
祝曰：“向言人過，冒犯天威。今日一擲可表愚款。”俄
得堂印。[1]上愕然。

[1]堂印：擲骰子如果擲了個雙重四，即謂得“堂印”。

十六年爲殿前都點檢，[1]討蒲奴里，[2]多所招降，獲
其酋長陶得里以歸，手詔褒獎，以功改南京統軍使，封
武昌郡王。奏請統軍司錢營息以贍貧民。未朞，軍器完
整，民得休息。二十一年拜惕隱，[3]進王富春，薨，年
四十二。

[1]殿前都點檢：後周世宗設置殿前司，以都點檢、副都點檢
爲正副長官，位在都指揮使之上，爲禁軍統帥。宋初廢。遼設殿前
都點檢，爲南面軍官，當係模倣後周制。
[2]蒲奴里：遼東北部族名。與越里篤、剖阿里、奧里米和越
里吉統稱五國部。
[3]惕隱：契丹官名。又稱梯里己，掌皇族政教。

義先常戒其族人曰：“國中三父房皆帝之昆弟，不
孝不義尤不可爲。”其接下無貴賤賢否，皆與均禮。其
妻晉國長公主之女，[1]每遇中表親，非禮服不見，故內
外多化之。清寧間追贈許王。弟信先。

　[1]晉國長公主：世宗次女，名觀音。保寧間，封晉國長公主。下嫁蕭夏剌。

　　信先，興宗以其父瑰引爲剌血友，[1]幼養于宮。善騎射。

　[1]剌血友：結盟、結社。本書卷九五《耶律馬六傳》載，與耶律弘古爲剌血友。顧炎武《日知録》卷二三《社》：“《元史·泰定帝紀》‘禁饑民結扁擔社，傷人者杖一百’。不知後之士人何取而名此也。天啓以後士子書剌往來，社字猶以爲汎，而曰盟、曰社盟。此《遼史》之所謂剌血友也。”

　　重熙十四年爲左護衛太保，同知殿前點檢司事。十八年兼右祇候郎君班詳穩。上問所欲，信先曰：“先臣瑰引與陛下分如同氣，[1]然不及王封。儻使蒙恩地下，臣願畢矣。”上曰：“此朕遺忘之過。”追封燕王。是年從蕭惠伐夏，[2]敗於河南，例被責。

　[1]瑰引：【劉注】又作“鄔引”，耶律信先父親契丹語小名 𱁬 的音譯。

　[2]蕭惠（982—1056）：契丹外戚，淳欽皇后弟阿古只五世孫。初爲國舅詳穩。從伯父排押征高麗，以功，授契丹行宮都部署。重熙六年（1037），復爲契丹行宮都部署，拜南院樞密使。惠贊成復取三關，與太弟帥師壓宋境，迫使宋朝增歲幣請和。惠以首事功，進王韓。重熙十七年尚帝姊秦晉國長公主，拜駙馬都尉。本書卷九三有傳。

清寧初爲南面林牙，[1]卒。

[1]林牙：契丹官名。掌文翰，相當於翰林學士。

蕭陶隗字烏古鄰，宰相轄特六世孫。剛直，有威重。咸雍初任馬群太保。素知群牧名存實亡，[1]悉閱舊籍，除其羸病，録其實數，牧人畏服。陶隗上書曰："群牧以少爲多，以無爲有。上下相蒙，積弊成風。不若括見真數，著爲定籍，公私兩濟。"從之。畜産歲以蕃息。

[1]群牧：契丹有專門機構管理畜群，這類機構稱"群牧"。諸路設群牧使司，下設某群太保、某群侍中、某群敞史；朝廷設總典群牧使司，有總典群牧部籍使、群牧都林牙。以"群"爲單位設某群牧司，設群牧使、群牧副使。此外，還有僅管理馬及牛群的機構。遼亡之後，金稱契丹群牧爲"烏魯古"。

大康中累遷契丹行宮都部署。[1]上嘗謂群臣曰："北樞密院軍國重任，久闕其人，耶律阿思、蕭斡特剌二人孰愈？"[2]群臣各譽所長，陶隗獨默然。上問："卿何不言？"陶隗曰："斡特剌懦而敗事；[3]阿思有才而貪，將爲禍基。不得已而用，敗事猶勝基禍。"上曰："陶隗雖魏徵不能過，但恨吾不及太宗爾！"然竟以阿思爲樞密使。由是阿思銜之。

[1]契丹行宮都部署：遼北面行宮官。遼在北南面官系統中，

分別設契丹行宮都部署和漢人行宮都部署，其上則有諸行宮都部署。行宮都部署完全是倣中原王朝官制設置的，它不同於專管斡魯朵事務的某宮都部署的宮官。宋朝皇帝巡幸亦有行宮，且亦有行宮都部署之設。後避英宗趙曙名諱，改稱行宮都總管。

[2]耶律阿思：字撒班。清寧初，補祗候郎君。重元之亂，與護衛蘇射殺涅魯古，賜號靖亂功臣，徙契丹行宮都部署。壽昌元年（1095）爲北院樞密使，監修國史。道宗崩，受顧命，加于越。受賂，包庇乙辛黨人。本書卷九六有傳。

[3]斡特剌懦而敗事：【劉校】“斡”原作“訛”。中華點校本據上下文改。今從。

九年西圉不寧，阿思奏曰：“邊隅事大，可擇重臣鎮撫。”上曰：“陶隗何如？”阿思曰：“誠如聖旨。”遂拜西南面招討使。[1]阿思陰與蕭阿忽帶誣奏賊掠漠南牧馬及居民畜產，[2]陶隗不急追捕，罪當死。詔免官。久之，起爲塌母城節度使。未行，疽發背卒。

[1]西南面招討使：西南面招討司的長官，負責對西夏防禦。

[2]居民畜產：【劉校】“畜”原本作“蓄”，明抄本、南監本、北監本和殿本均作“畜”。中華點校本、修訂本和補注本徑改。長箋本引《羅校》出校。今從改。

陶隗負氣，怒則鬚髯輒張。[1]每有大議，必毅然決之。[2]雖上有難色，未嘗遽已。見權貴無少屈，竟爲阿思所陷，時人惜之。二子，曰圖木、轄式。阿思死，始獲進用。

[1]鬚髯：【劉校】各本均作"須髯"，據明抄本改。

[2]必毅然決之：【劉校】"決"原本誤作"快"，明抄本、南監本、北監本、殿本均作"決"。中華點校本、修訂本和補注本徑改。長箋本引《初校》出校。今從改。

蕭塔剌葛字陶哂，六院部人。[1]素剛直。太祖時，坐叔祖臺哂謀殺于越釋魯，[2]没入弘義宮。世宗即位，以舅氏故出其籍，補國舅別部敞史。

[1]六院部：太祖析迭剌部爲五院部和六院部。太宗會同元年（938）改夷离堇爲大王。北院大王和南院大王即是五院部和六院部的首領。

[2]釋魯：玄祖匀德實第三子，阿保機的伯父。據本書卷六四《皇子表》："賢而有智，爲迭剌部于越時教民種樹桑麻。年五十七，爲子滑哥所弑。重熙中追封爲隋國王。"

或言泰寧王察割有無君心，[1]塔剌葛曰："彼縱忍行不義，人孰肯從！"佗日侍宴，酒酣，塔剌葛捉察割耳強飲之曰："上固知汝傲狠，[2]然以國屬曲加矜憫，使汝在左右，且度汝才何能爲。若長惡不悛，徒自取赤族之禍！"察割不能答，強笑曰："何戲之虐也！"

天禄末塔剌葛爲北府宰相，及察割作亂，塔剌葛醉詈曰："吾悔不殺此逆賊！"尋爲察割所害。

[1]察割：即耶律察割（？—951）。遼皇族，其父即明王安端，爲阿保機同母弟。世宗即位，察割封泰寧王。天禄五年（951）九月，南伐途中行弑逆，隨即爲壽安王誘殺。本書卷一一二有傳。

〔2〕傲狠：【劉校】原本、修訂本和補注本作"傲很"，據明抄本、南監本、北監本、殿本改。中華點校本和長箋本徑改。

耶律敵禄字陽隱，孟父楚國王之後。性質直，多膂力。

察割作亂，敵禄聞之，入見壽安王，慷慨言曰："願得精兵數百破賊黨。"王嘉其忠。穆宗即位，爲北院宣徽使。上以飛狐道狹，[1]詔敵禄廣之。明年將兵援河東，[2]至太原，與漢王會于高平，擊周軍，敗之，仍降其衆。忻、代二州叛，[3]將兵討之，會耶律撻烈至，敗周師於忻口。[4]師還，卒。

〔1〕飛狐道：古時飛狐道有二。一爲東漢時築，由飛狐縣（今河北省淶源縣）至嬀州懷戎縣（今河北省懷來縣）；二爲北魏所開靈丘道，由今山西省大同市至今河北省定州市。

〔2〕河東：指五代時期的北漢，是十國之一。後漢乾祐四年（951）河東節度使劉崇稱帝，國號仍稱漢，都太原（今屬山西省），史稱北漢。依附契丹。太平興國四年（979）爲北宋所滅。歷四主，凡二十九年。

〔3〕忻：州名。今屬山西省。　代：州名。治所在今山西省代縣。

〔4〕忻口：在州北五十五里，兩山相夾，滹沱水經其中。位於今山西省忻州市北忻口村。漢高帝出平城之圍，還軍至此，六軍忻然，因名忻口。參《清一統志》卷一一三。

論曰：忠臣惟知有國而不知有身，故惡惡不避其患。阿剌以諂諛不法折蕭革，陶隗以"用必基禍"言阿

思，塔剌葛以“忍行不義”徒自取赤族之罪責察割，其
心可謂忠矣。言一出而禍輒隨之。吁，邪正既不辨，國
焉得無亂哉！

（李錫厚注　劉鳳翥校）